历史老师教你读历史

—中国史—

王金辉 著　　蔡 月 绘

北京理工大学出版社
BEIJING INSTITUTE OF TECHNOLOGY PRESS

图书在版编目（CIP）数据

历史老师教你读历史 . 中国史 / 王金辉著 ; 蔡月绘 . — 北京 : 北京理工大学出版社 , 2022.7

ISBN 978-7-5763-1354-3

Ⅰ . ①历… Ⅱ . ①王… ②蔡… Ⅲ . ①中国历史 – 古代史 – 通俗读物 Ⅳ . ① K109 ② K220.9

中国版本图书馆 CIP 数据核字（2022）第 094417 号

出版发行 / 北京理工大学出版社有限责任公司
社　　址 / 北京市海淀区中关村南大街 5 号
邮　　编 / 100081
电　　话 /（010）68914775（总编室）
（010）82562903（教材售后服务热线）
（010）68944723（其他图书服务热线）
网　　址 / http：// www.bitpress.com.cn
经　　销 / 全国各地新华书店
印　　刷 / 天津丰富彩艺印刷有限公司
开　　本 / 710 毫米 ×1000 毫米　1/16
印　　张 / 36.75
字　　数 / 411 千字
版　　次 / 2022 年 7 月第 1 版　2022 年 7 月第 1 次印刷
定　　价 / 128.00 元（全 2 册）

责任编辑 / 顾学云
文案编辑 / 顾学云
责任校对 / 刘亚男
责任印制 / 李志强

目录

第六章 你方唱罢我登场（辽、宋、夏、金、元）

第一章

远古时期的先人们

1. 一个用石头打下来的江山

人到底是怎么来的

人是怎么来的？在远古社会，不同的国家、地区都根据自己的文化特色，对人类的起源打上了宗教、神话传说的烙印。西方人说，人是上帝创造的，上帝按照自己的形象，用地上的泥土捏成一个人，对他吹一口气，有了灵气，人就活了，能说话，能行走。上帝给他起了一个名字，叫亚当。后来上帝又从亚当身上抽下一条肋骨，亚当疼得嗷嗷大叫，上帝又吹了一口气，将肋骨变成了女人，起名叫夏娃。上帝命亚当和夏娃结婚，繁衍子孙后代，于是人类便一代代地传承了下来。

而中国神话说，一个叫女娲的神仙，根据自己的模样，在一条大河边，用黄土和着水，捏成一个个小泥人。让人惊奇的是，小泥人不久竟活了，他们对着女娲大喊："妈妈，妈妈！"女娲娘娘很高兴，给这些泥人取名为"人"，然后又亲自筛选性别，将人分为男人和女人，让他们自己创造后代。于是女娲娘娘也被后人称为"始母神"。

关于人类的起源，无论东方还是西方，宗教论、神话论一直长期控制着人类的大脑。直到一个有点秃头、满脸大胡子的英国人，他改变了人类长期以来错误的看法。这个大胡子老头叫达尔文。他是一名生物科学家，根据他的考证，人是由猿猴进化而来的，并且找到了远古时期人类的化石。

中国早期人类具有代表性的有：元谋人、北京人、山顶洞人。他们的命名大抵和我们今天一样，都是按照地域划分，例如，山东人、河南人、安徽人，等等。

事实胜于雄辩，我们中国人的祖先，不是女娲，而是他们这些早期的人类。

我国已知的最早的人类——元谋人

1965 年，钱方、浦余庆等学者来到云南省，寻找人类化石。他们在元谋县上那蚌村西北的小山岗上，在一位牧牛老人的指点下，找到了云南马的化石，接着又发现了两枚上内侧门齿，多件粗糙的石器，还发现大量炭屑和两小块烧骨。后来，学者将牙齿化石带回北京。经过科学家的研究，这两颗牙齿正是中国早期的原始人类的牙齿，因为发掘地点在云南省元谋县，所以取名为“元谋直立人”，俗称“元谋人”。

元谋人距今约一百七十万年，什么概念呢？尧舜禹至今，大约只有四五千年的历史。可见我们所知的人类文明史，在漫长的人类进化史面前，犹如沧海一粟。

元谋人可以直立行走，只是弓着腰，和今天的大猩猩十分类似，也可以说从外貌特点上，元谋人不具备今天人的定义。但人不可貌相，元谋人更不可貌相。

元谋人长相“不帅”，但已经拥有了智慧。在野兽出没的大森林

里，没有智慧，那是很难生存的。

元谋人不仅没有被这些猛兽吃掉，而且通过大量的狩猎活动，将一些猛兽逼迫到灭绝的边缘。那么身材矮小的元谋人，究竟是如何做到的呢?

首先，他们会打造石器。他们挑出质地坚硬的石块，用力打磨成粗糙的石器，例如，石刀、石锤，等等。跟我们今天的钝刀有一拼，虽然不锋利，但配合蛮力，效果不错。

其次，他们会使用火。我们的日常生活中，纸的燃点是130至180摄氏度，木头的燃点是250至330摄氏度。火柴中使用的红磷，燃点很低，只有260度左右。而云南山高林密，树木很多，老天爷时常“咔嚓”一声，一个惊天大雷劈到了树木上，燃点摩擦便可瞬间达到17 000度，那是什么样的场景呢?天火降下，许多小动物被引燃。元谋人捡拾到被火烤熟的小动物，用削石器将毛皮划开，一阵肉香味扑鼻而来，于是他们便学会了使用火。他们拿火当作武器、工具，制作成火把，用来驱逐野兽，防御寒冷。从此野兽见到拿着火把的元谋人，便吓得浑身颤抖、四处逃窜。人与兽的力量对比，从此发生了天翻地覆的变化。

会不会制造工具是人和动物的根本区别。元谋人不仅开始制作石器，也学会了使用火，那么元谋人就可以作为早期人类的代表，元谋县也被称为“东方人类的故乡”。

会保存火种的“北京人”

顾名思义，在北京发现的人，被称为“北京人”。那是什么时间发现的呢? 1929年冬天，考古学家在北京西南角的周口店进行挖掘，他们意外发现了距今约60万年的一些完整的猿人头盖骨化石，考古学家非常振奋，取名“北京人”头盖骨，也由此揭开了研究“北京人”的序幕。

有的人长相颧骨突出，鼻骨扁平，嘴巴前伸，前额低平，如果很不幸再有些驼背，便可能有人会开玩笑地对他说：“兄弟，你的长相有些返古啊。”听到的人肯定很不开心，闷闷不乐。因为“北京人”的外貌特点恰恰如此。如果你说了这一番话，那岂不是嘲笑人家一直没有进化好吗？

“北京人”与元谋人相比，不仅五官更加端正，而且可以直立行走，在外貌特征上，“北京人”与今天的现代人更加相像了一些。而

远古人类，生火烤肉。

且，“北京人”的智商再次升级，通过自我学习，他们掌握了很多生存本领。

例如，“北京人”可以利用石头、兽骨、鹿角等，制作不同的石器，例如，尖状器、刮削器、石锤等，这些石器用途广泛，体现了“北京人”的高超智慧，历史学家将这一个时代称为“旧石器时代”，这个时代的奠基者，无疑就是“北京人”。

再比如，元谋人只会使用火，但不会保存，什么时候需要火了，只能抬头看天，跪在地上磕三个头，期望老天再次打雷，而且雷要准确地劈在易燃的树木、杂草上，如果劈在石头上，那是没有用的。而“北京人”则学会了保存火，即砍伐树木、杂草引火、留火，这是人类进化发展的一大重要特征。

有爱美意识的“山顶洞人”

山顶洞人，指住在山顶洞中的早期人类，为什么他们要住在山顶上呢？首先因为安全，不容易受到猛兽的攻击；其次住在山顶上，能够避免洪水的侵袭；最后也是最重要的，有利于储存食物，又可以遮蔽风雨，毕竟当时的人还不会盖房子。

山顶洞人的长相已经与现代人大致相同，脸部轮廓端庄。根据考古发现，他们打造的石器，已经有了磨光技术，并可以将石头制造成骨器、角器和装饰物等。他们还会“钻燧取火”，这是山顶洞人的又一大贡献。

有一部美国电影叫《荒岛余生》，著名演员汤姆•汉克斯扮演一个航运公司的经理，他的飞机出事，坠入海底，他一个人游到了一个海岛。他到海岛的第一件事儿，就是找打火机，但不幸的是，打火机却意外地丢了。于是他钻木取火，大家可能认为钻木取火就是拿一个木头不停地钻，错！

钻木取火，首先要看天气，如果阴天、刮风，无论如何都钻不出火。如果天气合适，要找到一块有缝隙的干木头，在缝隙里面放上干草等易燃物用来引火，而且要有充足的耐心，需要很长时间，才能冒烟，才能钻出火。电影里的汤姆•汉克斯也是费了九牛二虎之力，终于钻出了火，他高兴地大叫起来。

随着科学技术的发展，人类掌握了很多新技能，也丧失了很多基本技能。如果给我们一块木头，我们能钻出火来吗？这时也许我们就会仰慕山顶洞人的神奇发明了吧。

山顶洞人还有了爱美意识，他们穿着兽皮做的衣服，带着小饰品，而且他们有了情感，懂得了喜怒哀乐，也会悼念身边去世的人。

一、课外史事

“北京人”头盖骨的下落之谜

“北京人”头盖骨被中国考古学家发现之后，考古学家将头盖骨送到了北平协和医院，供德国古人类学家魏敦瑞做学术研究。然而，1937年，卢沟桥事变爆发，日本发动全面侵华战争，到1941年，日美关系日趋紧张，出于安全与当时环境的考虑，政府决定暂时将“北京人”头盖骨送到美国保存，战后再运回。

孰料，在秦皇岛港口准备装船的时候，日本偷袭珍珠港，美国对日宣战。日本当地驻军扣留了美军相关人员，而他们随行携带的头盖骨，也成了日本人的战利品。四年后，抗日战争取得了胜利，然而头盖骨却下落不明，至今仍是一桩悬案。

“北京人”头盖骨的遗失，也在时刻警示着我们一代代的中国人，勿忘国耻！

二、趣味连线

元谋人　　　　　　使用火

北京人　　　　　　保存火

山顶洞人　　　　　人工取火

2. 远古时代，南方人与北方人的技能大比拼

有了粮食

元谋人、北京人、山顶洞人，他们以狩猎、采集为主，但他们不会种粮食，也没有粮食，因此他们经常饿肚子。大家都知道，冬天不是动物的繁育季节，猎物稀少，而且能吃的植物果实，随着天气的逐渐寒冷，也基本吃光了。动物们都会在冬天到来之前，就提前储藏食物，处于由猿向人类进化的早期人类，他们也要储存食物，但食物确实很少，怎么办呢?

大约一万年前左右，居住在长江中下游的先人，学会了栽培水稻；黄河中下游的先民，学会了种植黍、粟。从此，有粮心不慌，《管子·牧民》中说："仓廪实而知礼节，衣食足而知荣辱。"人类学会了种粮食，这是人类文明史上的一大重要进步。毕竟吃饱了肚子，才有力气讲礼貌。

有人一提到农业，就想到了种地。其实种地只是农业中最基础的一门技术，除此之外，还包括家畜饲养、早期村落的出现、由打制石器到磨制石器，这些都是早期农业成熟的标志，是人类文明进步的物质基础。

勤劳的河姆渡人

早期河姆渡人生活在今浙江余姚河姆渡镇河姆渡村，为什么如此精确呢？因为有出土的考古文物佐证，河姆渡遗址发掘了早期的稻谷化石和刻有猪纹的陶器，可见河姆渡人是多么的勤劳，不仅不缺粮食，而且还养了一大批的猪。

河姆渡人非常聪明，他们会盖二层小楼，也称干栏式建筑。即用木桩作为地基，上面用木板拼成房屋。房屋上面住人，下面养猪，彼此其乐融融、气氛融洽。这种二层小楼通风防潮，能够躲避野兽的侵袭。只是猪毕竟是臭的，河姆渡人能够和猪做楼上楼下的邻居，可见是多么勤劳且能吃苦。

河姆渡居民，人、畜“同居”，
生产、生活两不误。

河姆渡人会盖房子，已经不是元谋人、北京人、山顶洞人能够相比的了。他们盖了房子，有了家，还学会了挖井，再也不必一口渴便跑去河边喝水了。用木头搭建井口，说明有了安全意识。

河姆渡人不仅养猪，还养狗、牛，学会使用耒耜（lěi sì），也即用木头做的筢（pá）子。用它来翻土，大大提高了生产效率，粮食产量也增多了。

他们文娱活动丰富，除了唱歌、跳舞，还发明了简单的乐器。载歌载舞的河姆渡人，唱响了幸福生活的美好篇章。

陕北高原上的半坡人

一提到陕北高原，很多朋友的印象是，一个老汉穿着一件破旧的羊皮坎肩，头上裹着一条白毛巾，在一个山坡上，悠闲地放着羊群。旁边是他的孙子，在自由地玩耍。这时天色将晚，太阳落山，老汉唱起了“信天游”，赶着羊群悠闲地回家。

老汉之所以头上裹着白毛巾，是因为陕北干旱、风沙大，白毛巾可以起到御寒、防沙的作用。殊不知，在远古时期的黄河流域，气候非但不干燥，还非常湿润，非常适合人类居住，那时人们的头上也没有裹着白毛巾。

陕西西安东北部半坡村一带，有一处大型的部落遗址，考古学家取名为半坡遗址，生活在这里的人，被称为半坡人。半坡人身体强壮，穿着兽皮坎肩，显得威武雄壮，然而让当代人惊奇的是，半坡人不仅身强体健，而且头脑中充满了智慧，尤其善于建筑。

半坡人盖的房子属于半地穴式圆形房屋，用木头作柱子，屋内有灶坑，屋里挖了一个大大的地穴，可以用来居住，也可以作为仓

半坡人不仅会种植粟米，
还会做衣服。

库，储存粮食。这样设计，房屋冬暖夏凉而且能抵御野兽的侵袭，非常实用。

半坡人不仅会种植粟米，饲养家畜，还会做衣服，制作陶器。半坡人依靠勤劳的双手，日子过得越来越红火，为早期人类文明的发展，做出了重要的贡献。

一、建筑艺术

根据建筑特点，河姆渡人的干栏式建筑和半坡人的半地穴式房屋，你最喜欢哪一种风格？请说明原因。

二、发散小思维

种地属于原始农业，原始农业不等于种地，为什么？

3. 神话与传说，以及比传说还要离奇的禅让制

两次大战

黄帝和炎帝是上古时期中原地区两大部落的“豪酋”首领，黄帝号有熊氏、轩辕氏，姬姓，为五帝之首。炎帝号神农氏，传说姓姜。俗话说一山不容二虎，黄帝、炎帝都很伟大，但却崇尚武力，于是二人在阪泉（今山西阳曲）进行了大战。

司马迁在《史记》中记载了这一次详细的战斗，司马迁写道，开战后，黄帝率领“熊、罴、狼、豹、貙、虎”六部军队在阪泉之野与炎帝摆开战场，炎帝趁黄帝没有准备，在轩辕城下实施火攻，顿时轩辕城外浓烟滚滚，遮天蔽日。危急时刻，黄帝派应龙（上古时期的神兽）用水熄灭火焰，黄帝率兵将炎帝赶回阪泉之谷，叮嘱手下士兵只和炎帝斗智斗勇，不伤其性命。

在阪泉山谷，黄帝布下了“星斗七旗战法”，将炎帝围困，炎帝没有办法，只好投降。黄帝没有杀掉炎帝，反而将黄帝部落和炎帝部落联合，并且封炎帝为“二把手”，从此炎黄部落开始形成，于是今天的我们也都成了他们的子孙，我们称呼他们为“人文初祖”。

炎黄联盟成立以后，东方还有一个大部落，部落首领叫蚩尤。古代的历史书籍记载蚩尤的形象很有神秘感。宋代书籍《太平御览》引

炎、黄二帝，兄弟联手，
开创华夏文明。

《龙鱼河图》中说：蚩尤兄弟八十一人，人面兽身，手持铜锤，不吃粮食，专吃沙子。南朝《述异记》记载：蚩尤吃铁石头，人身牛蹄，四目六手，耳鬓如剑戟，头有角，长相马脸牛头。其实蚩尤的长相远没有史书记载的那么夸张，蚩尤是一个伟大的历史人物，他是九黎部落的伟大领袖，号称“战神”，并不是后来史学家笔下的“怪兽”。

后人之所以丑化蚩尤，除了情感因素，他的战败也是原因之一。黄帝和炎帝与蚩尤在涿鹿展开了大战，传说黄帝与蚩尤大战九天九夜，不分胜负。蚩尤作了法术，释放大雾，黄帝大军不分方向，顿时大乱。黄帝急中生智，发明指南车，找到方向杀出重围，最终反败为胜，击杀蚩尤，赢得了战争的胜利。

如果黄帝活在现在，那肯定是一名优秀的发明家。能在危险时刻，

以最短的时间发明出指南车这种高科技产品。殊不知，黄帝、炎帝都是发明家，而且发明了很多东西，有的甚至流传至今。

既要当帝王，又要当发明家

炎帝是一个伟大的专业技术人员，其实相对于做帝王，他更善于当一个农学家，他教会了人们开垦种地，制作生产工具，种植粮食和蔬菜，还制作陶器，发明纺织和煮盐，制作乐器，还制定了最早的天文历法等。

黄帝非常敬佩炎帝的一身本事，更透过炎帝身上的本事，察觉出炎帝心里高尚的品德，所以黄帝愿意与他结盟。

至于黄帝本人，也是一个很有才华的帝王。黄帝发明了宫殿的营造，这在当时属于建筑史上破天荒的大事儿。无论如何，宫殿比河姆渡的干栏式建筑、半坡人的半地穴式建筑要美观、实用多了。同时，黄帝还挖掘水井、制造船只、制作弓箭。他的妻子嫘祖教会了人们纺织、缫丝。

炎帝、黄帝的发明创造，也并不完全是他们个人的功绩，而是早期先人们在长期劳动中不断探索出来的集体智慧，因为黄帝、炎帝被称为中华民族的“人文初祖”，所以他们成了智慧的化身、代表。中华文明之所以源远流长，与黄帝、炎帝等一批开拓者的贡献是密不可分的。

以德服人——禅让制

“老子打天下，儿子坐天下。”世代富贵，永久不息，这是狭隘的个人主义思想，而且通常很难实现。秦始皇打下的江山，二世而亡，就是这个道理。

在黄帝、炎帝以后，中国进入了尧舜禹时期。尧是黄帝的五世孙，帝喾的儿子。他为人善良，很受百姓的欢迎，曾教人耕种，发展生产，让百姓安居乐业。在尧老年的时候，他发现了一个孝感天地的人才，这个人就是舜。

舜是黄帝的八世孙，他的父亲瞽叟、继母、继母所生儿子象，三个人联合起来虐待舜，想要寻机杀死舜。但舜仍然孝顺地侍奉父亲，谦让继母，友爱弟弟，不敢有半点不敬。后来瞽叟、继母、象陷害舜的计划暴露，舜没生三人的气，反而对三人比以前更好，三人感动，从此再也不怀陷害舜之心了。

尧被舜的动人事迹所感动，于是将自己的两个女儿，娥皇和女英，嫁给了舜。尧成了舜的岳父，而且后来又将部落首领的位子让给了舜。

舜在位仅八年，他制定刑法，完善制度，并派大禹治水，解决了黄河水患问题。大禹为了治水，曾三过家门而不入，一心扑在治水工作上，终于将黄河水患解决。舜看大禹是个好青年，晚年将部落首领的位子传给了大禹。

尧舜禹的继承方式，不是以血缘关系为纽带，而是依靠道德、才能，这种制度就叫作禅让制。

虽然大禹有才，工作努力，但却未必大公无私。他父亲鲧（gǔn）因为治水失败，又阻挠舜接首领之位，而被尧所杀，这给年幼的大禹心里埋下了仇恨的种子。部落首领的位子传到了他这里，还能继续禅让下去吗？与此同时，大禹的儿子启，早已蠢蠢欲动了。

一、发散小思维

传说和真实的历史之间的区别和联系。

二、文言文小阅读

当帝尧之时，鸿水滔天，浩浩怀山襄陵，下民其忧。尧求能治水者，群臣四岳皆曰鲧可。

——《史记·夏本纪》

本章思维导图

王老师划重点

第一章 远古时期的先人们

		生产方式	时间	
早期人类	元谋人	打制石器	公元前170万年	旧石器时代
	北京人	磨制石器	公元前70~前20万年	
	山顶洞人	磨光、钻孔技术	公元前3万年	
原始农耕生活	河姆渡居民	磨制石器 制作陶器、玉器	公元前7000年	新石器时代
	半坡居民	磨制石器 制作彩陶	公元前6000年	

远古传说 — 生产力的发展

- 生产力的发展 → 部落联盟 贫富分化 →
- 阶级出现 → 出现了氏族贵族、氏族平民

人物：黄帝、炎帝、尧、舜、禹、　大事件：大禹治水

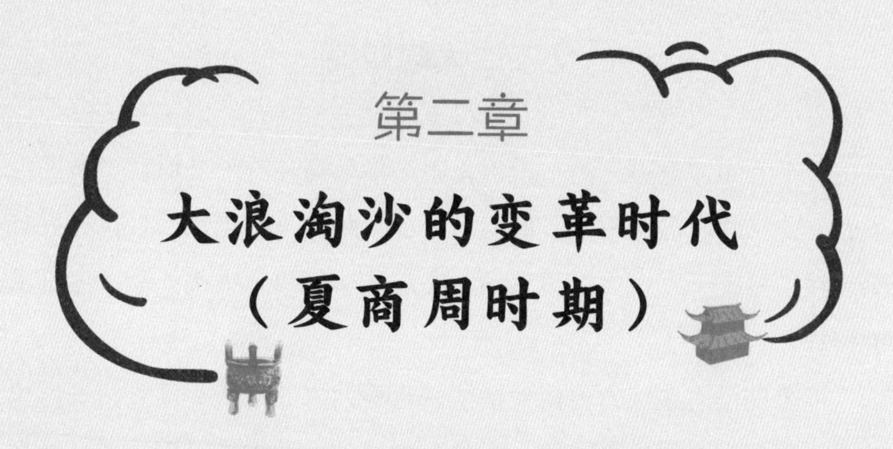

第二章

大浪淘沙的变革时代（夏商周时期）

1. 世袭王朝，各领风骚数百年

父子二人唱双簧

大禹晚年，身边有两个重臣，一个是皋陶，一个是伯益。大禹治水时，曾三过家门而不入，他们两个也紧跟大禹的步伐，日夜扑在抗洪一线，昼夜不眠。大禹很感动，决定从他们两个中挑一个，做自己的接班人。

但皋陶没有福气，传说他活了一百零六岁，竟然都没有活到即位的那一天，死在了大禹前面。在皋陶的葬礼上，大家号啕大哭。然而葬礼一过，众人却纷纷向伯益道喜，认为他将是即位的不二人选。大禹也握着伯益的手，动情地对众人说："我死了以后，他接我的班。"伯益听了，非常感激地望着大禹。孰料，理想太美好，现实太骨感。

随着社会的发展，部落联盟首领掌握的财富越来越多，人的私有观念也更强。大禹的儿子启很有野心，企图取伯益而代之。

大禹看到咄咄逼人的儿子，他陷入了自我矛盾当中。儿子启终于使大禹下决心"明修栈道，暗度陈仓"。

启在父亲大禹的帮助下，得到了很大的权力。在大禹奄奄一息，还没有断气的时候，启便立刻持刀找到了已经八十岁高龄的伯益，伯益见到血气方刚、杀气腾腾的启，暗自心惊肉跳，他主动让出了王位。

启见伯益很识时务，便立刻和颜悦色起来，让伯益当自己的“二把手”，伯益最终躲过一劫，活到了一百多岁。

伟大的夏文明

启继承王位后，建国号夏。王位继承制度发生了根本性的变化，世袭制取代了禅让制。世袭制即父子兄弟相承，保持同姓宗族的权力世代延续下去。

世袭制政权确立后，由于权力私有，军队、监狱、刑法也紧锣密鼓地登上了历史舞台，铁血的暴力机构赤裸裸地出现。

夏朝的都城在阳城，今河南中西部、山西南部一带，后来的考古学者在河南偃师西南二里头村发现了夏文明，出土了大量的乐器、酒器、铜器，以及王侯、百姓的墓葬群，王侯的陪葬品异常丰富，而百姓的陪葬品却寥寥无几，这是人类进入阶级社会的铁证。由于考古发掘是在河南二里头，所以史称“二里头文化遗址”。然而这些出土的器物上，却没有任何文字，也没有标注年代，因此夏文明便变得扑朔迷离起来。

时日曷丧的夏桀

夏启建立了夏朝，创建了世袭制度，自以为继承了一个永久性的不动产，没想到后代子孙并不争气，到了夏朝最后一任国王夏桀，夏朝的统治陷入了危机。

夏桀宠爱妃子妹喜，整日不朝，还杀害忠臣，残害百姓。老百姓对他恨之入骨，而夏桀却自诩为天上的太阳。他端着酒杯，旁边陪侍

着一群美女，悠闲地望着天上的太阳说："我就如同太阳一样。"老百姓气愤地望着他们，指着天上的太阳骂道："我们愿与你同归于尽。"

公元前1600年，夏朝的商部落崛起，首领商汤见夏桀失去民心，决心替天行道。他打败了夏桀，最终建立了商朝。

暴虐的商纣王

汤建立了商朝以后，前几任国王都是好君主。然而到了第十七代商纣王，夏桀的悲剧再次重演。

商纣王并不是一个名字，而是一个谥号。《吕氏春秋·功名》记载，西周武王姬发憎恨纣王，特赐谥号纣，按照西周谥法的解释，纣是残暴的意思。

商纣王原名叫帝辛，是帝乙的儿子。现在我们一说起昏君，脑海中便浮现出尖嘴猴腮的龌龊模样，或者阴险歹毒的嘴脸，然而商纣王却是一个例外，司马迁的《史记》记载：帝辛仪表堂堂，勇武有力，能言善辩，很有天子形象。

可是这样一位有气质的君主，内心却充满了邪恶。他大搞酒池肉林、制造炮烙酷刑，残害皇叔比干，囚禁皇叔箕子。一幕幕惊悚的画面，将商王朝带入了血雨腥风之中。

商纣王统治晚期，西部的一个周部落崛起，周文王姬昌痛恨商纣王的残暴，他的儿子伯邑考竟然被商纣王剁成肉酱，做成肉羹，送给他吃。这种骇人听闻的事儿，让周文王下决心起兵伐纣。

可是周文王出师未捷身先死，他的儿子周武王姬发继承遗志，继续伐纣。终于在公元前1046年，将商纣王打败。商纣王逃回皇宫，将金银珠宝全部挂在脖子上，登了平时寻欢作乐的鹿台，然后放了一把火，让自己化为了灰烬。统治了五百多年的商王朝也随着这场熊熊大火，彻底地烟消云散了。

武王的烦恼，姜尚的妙招

《诗经·小雅·谷风之什·北山》有一句名言：“溥天之下，莫非王土，率土之滨，莫非王臣。”这句话的大意是讲，全天下的土地，都是周王的土地；全天下的臣子，都是周王的臣子。周王即天子，上天之子。

而历史上第一位天子便是周武王。周武王灭商纣之后，深知商朝灭亡的原因与纣王残暴的性格有关。牧野大战，商军倒戈，也让他在狂喜之下留下了可怕的心理阴影。夜深人静的时候，周武王禁不住瑟瑟发抖。万一哪一天，自己遇到了危难，却如同商纣王这般无人救援，该怎么办？

夏商时期，邦国林立，邦国是独立的，有着自己的君主。夏商只是一个大的邦国，并不能直接干涉其他邦国的内部事务。一旦邦国力量强大，夏商的权威就会受到挑战。

西周建立以后，年已七旬的老臣姜尚，洞察出武王的烦恼，于是进言说：“封建亲戚，以藩屏周。”即将姬姓王族、功臣、先代贵族派到各地建立诸侯国，称为分邦建国。亲戚是指血缘关系，是分封制的依据。以藩屏周，是指众星拱月，巩固周王的统治，这就是分封制。

维护分封制的配套制度，叫宗法制，即嫡长子继承制。正妻的第一个儿子叫嫡长子，嫡长子继承爵位，其他的儿子降一个爵位依次分

封，形成了天子、诸侯、卿大夫、士的等级序列。分封制和宗法制互相维系，不得违反。

与夏商的邦国制度有根本的不同，西周的分封制，明确了诸侯的权力来源于周天子。所以诸侯必须定期纳贡、跟随天子作战、承担必要的义务。西周建国以后的几百年，没有出现大规模的叛乱，周天子成了这个制度的奠基者、维护者、受益者。

被远房亲戚驱赶

周武王煞费苦心搞了分封制，六年后，就放心地撒手人寰了。然而他走得毕竟有点早。其实现实远没有他想象的那么美好。

西周第七代君主周懿王死后，应该是儿子燮继承王位，然而周懿王的叔叔姬辟方却眼热天子的宝座，将侄孙燮踢下皇位，自立为王，史称周孝王。周孝王的离经叛道，致使分封制的权威受到了挑战，诸侯纷纷效仿，谁的拳头大，谁当老大，此为祸乱的开端。

到了第十代周厉王，周厉王非常地吝啬，将山川林泽全部据为己有，导致首都镐京的国人发起了暴动。

首先我们明确一个概念，什么是国人？西周的国人不是普通的平民，而是拥有首都户籍、世代居住、拥有贵族血缘的平民。换句话说，国人都属于周王的远房亲戚。在分封制的荫庇下，各个贵族三妻四妾比着生孩子，但爵位、土地、奴隶都是有限的，当周天子已经无法对庞大的王族人口进行分封的时候，边远的贵族就沦为了“国人”。他们依靠自己勤劳的双手，过起了普通人的生活。

周厉王的暴行，无疑触碰了国人的生存底线。他们拿着锄头、铁锹，骂骂咧咧地进攻王宫。周厉王急忙逃出京城，隐蔽到彘（zhì）（今山西霍州），后来死在了该地。

纵火与狼来了

今天的成年人都告诫自己的孩子，没事儿千万不要撒谎。

但周幽王我行我素，放荡不羁。他有个妃子叫褒姒（bāo sì），是个冷美人，平时不爱笑，这可愁坏了周幽王。为了博得美人一笑，周幽王登上城头，亲自点燃报警的烽火。诸侯们不敢怠慢，纷纷马不停蹄地赶来救援。千里奔驰地赶到后，却发现周幽王和冷美人褒姒正对着他们哈哈大笑。

周幽王见褒姒笑了，非常地兴奋，此后无聊时，便携爱妃登上烽

烽火滚滚戏诸侯，
只为博得美人笑。

火台频频点燃烽火。俗话说，事不过三，这事儿玩久了，诸侯再也不相信周幽王了。

周幽王宠爱褒姒，于是爱屋及乌，也喜欢起褒姒的儿子姬伯服，并且册封他为太子。原太子姬宜臼被废黜。姬宜臼哭着跑去找自己的姥爷申侯，申侯大怒，发兵攻打周幽王，周幽王派兵平叛。申侯走投无路，投靠西部的彪悍民族犬戎，犬戎派兵一万余众，杀向镐京。

周幽王再次登上烽火台，点燃烽火。但诸侯们却以为又是幽王的恶作剧，拒绝前来。最终周幽王被杀于骊山脚下，西周灭亡。

周幽王的故事告诉我们，玩火必自焚，每一个人都要遵守制度，天子也不例外。

一、选择题

中国历史上，大禹为了治理水患，曾经三过家门而不入。后来他建立了人类历史上的第一个朝代是（　）。

A. 夏朝　B. 商朝　C. 周朝　D. 秦朝

二、思考题

周幽王见褒姒笑了，非常地兴奋，此后无聊时，便携爱妃登上烽火台频频点燃烽火。俗话说，事不过三，这事儿玩久了，诸侯再也不相信周幽王了。

问题：周幽王为什么要点燃烽火？诸侯为何不再相信周幽王的话了？

2. 多功能的青铜器和有“天书”的乌龟壳子

大鼎——身份和地位的象征

距今四五千年前，在黄河流域出现了青铜器。夏商时期，青铜器被制作成鼎（食器）、爵（酒杯）、觚（gū）（酒器）、盉（hé）（酒

鼎由最初的食器，
变成了权力的象征。

壶），簋（guǐ）（圆口酒器），可见当时贵族们的日常生活，无酒不欢。而鼎不仅仅是一种食器，还是身份和地位的象征。

除此之外，鼎还是表彰功绩的礼器。在古代，每当重大胜利或者有重大礼典的场合，君王都会派人铸鼎，用来记录国家之盛事。刻在青铜器上的文字被称为铭文或者金文，成为记录历史的一手材料。

鼎最初只是一种炊具，专门用来烹煮食物，相比于原始人的野外烧烤，鼎的出现和应用，代表着先民生活的又一个重大进步。因此，在先民的生活之中，鼎占据着重要的地位。鼎最初只是用黏土烧制而成的陶器，后来，随着社会的不断进步，开始出现了阶级分化，贵族阶级变得不但对食物讲究，连食器也要讲究，于是，就出现了青铜铸造的鼎。

相传大禹用九州所贡之“金”，即当时的青铜，铸成了九鼎，并将之放置在荆山之下，从此鼎成了权力的象征。商朝时期，司母戊鼎和四羊方尊，制作风格大气、精美，被称为青铜器时代的瑰宝。

成汤灭夏，武王伐纣，都曾将九鼎迁往自己的都城，又称“革故鼎新”。春秋时期，楚庄王到了周天子的地盘耀武扬威，周定王派大夫王孙满去慰劳，楚庄王趁机询问周鼎的大小轻重，欲取周天子而代之。王孙满说：“政德清明，鼎小也重，国君无道，鼎大也轻。周王朝定鼎中原，权力天赐。”这也就是“问鼎天下”一词的由来。

西周的礼乐制度对天子王公贵族宴饮时，能够使用的鼎数是有明确规定的，例如，天子九鼎八簋，诸侯七鼎六簋，卿大夫五鼎四簋。一旦逾制便会受到严重的惩罚。

鼎的文化一直延续到今天，在联合国五十周年之际，中国政府就送上了极有民族特色的“世纪宝鼎”作为贺礼。

“天书”的乌龟壳子

2009年高考，一位名叫黄岭的考生，以《熟悉》为题写了一篇甲骨文。阅卷老师看着歪歪扭扭的“鬼画符”，一头雾水，一时无法判分。最终几位老师商议，给了他六分。虽然黄岭高考作文分低，却声名远播。当时可以识认的甲骨文仅有一千多个，他大约认识七八百个，被称为“古文字达人”。最终黄岭得到了四川大学青睐，被破格录取。

根据考证，甲骨文是商朝的文字，因刻在龟甲、兽骨上，被命名为甲骨文。由于河南处于中原文明的发源地，所以民间流传的甲骨很多，大多被当作治病的“龙骨”。晚清官员王懿荣在治病的时候，意外地发现了甲骨文，一举轰动了学术界，王懿荣成为研究甲骨文的“学术第一人”。

甲骨文有多种造字方法，有象形、指事、会意、形声、假借等造字方法，其中象形文最为普及。象形文即根据物体形状或者所表达的意思进行抽象的简单塑造。例如，太阳，甲骨文写法是一个圆圈里面一道横；月亮，外轮廓一个月牙里面一个点，大致相当于今天的简笔画。甲骨文是古代文字中，年代最久、体系完整的文字，对研究我国文字的历史有着极其重要的历史意义。

一、文物博览

司母戊鼎的解析

司母戊鼎是中国现存的较大的青铜器。1976年，安阳殷墟妇好墓发掘出后母辛鼎，对比发现后母辛鼎的形制、纹饰和铭文的风格均和司母戊鼎一致，而历史记载妇好是商王武丁的一个王后，专家由此断定出土司母戊鼎墓的主人也是武丁之妻。司母戊鼎是商王祖庚或祖甲为祭祀母亲戊而作的祭器。这样反推，“司”应当是“后”的意思。

二、读文思考

甲骨文的造字特点都有哪些？最原始的造字方法是哪种类型？

3. 东周—— 一个几乎没存在感的朝代

神一样的口号，尊王攘夷

犬戎杀死周幽王后，放火焚烧镐京，在一片废墟中，大臣们拥立姬宜臼为王，史称周平王。周平王看到满目疮痍的镐京，觉得已经不

《孙子兵法》——春秋战国时期的网红书，每位诸侯床头柜上必备的战略宝典。

适合他居住了，于是将都城迁到洛邑（今洛阳），史称东周。

周平王东迁后，地位一落千丈，但为了撑门面，维持摇摇欲坠的分封制，周天子依然打肿脸充胖子，还不断地将所剩无几的土地册封给诸侯，由于天子的地盘不断地缩小，渐渐地沦为了中等诸侯国。等周天子封无可封的时候，他再也没有号令群雄的实力了。后代史学家将东周划分为春秋和战国两个时期，由于周天子只是挂名天子，所以很多人认为东周几乎是一个没有存在感的朝代。

例如，公元前720年，周平王死后，即位的周桓王讨伐不听从号令的郑国，却被郑国打败，周桓王的肩膀也中了一箭，因为这场战役爆发在繻葛（今河南长葛北），所以史称“繻葛之战”。天子出征却被诸侯打败，从此天子的颜面扫地，诸侯们更不把周天子当盘菜了。

周天子的威信扫地，诸侯们纷纷发起战争，无人约束。南边的荆楚蛮横霸道，擅自称王。这时候礼崩乐坏，大有分崩离析之势，面对如此危局，素有大国之称的齐国站了出来，提出了“尊王攘夷”的口号。

尊王指诸侯国要尊敬周天子，攘夷指驱赶不服从天子号令的犬戎、夷狄。齐国提出的尊王攘夷只是表面旗号，暗地里是为自己称霸做准备。

齐国之所以能够率先强大起来，要得益于两位传奇的黄金搭档——齐桓公和管仲。

齐桓公名叫小白，是一个有大智慧的人。他曾与国相管仲有私人恩怨，管仲曾是公子纠（齐桓公哥哥）的谋士，为了阻挠齐桓公即位，管仲向他的身上射箭，并射中了齐桓公的带钩，齐桓公急中生智，倒地装死，才躲过一劫。如此深仇大恨，齐桓公竟然能不计前嫌，任命管仲为国相。

而管仲出身贫寒，社会履历却很丰富，他当过商人、逃兵、低级官吏，他一直努力，但一直失败。就在他极度绝望的时候，齐国大夫鲍叔牙将他引荐给齐王。从此一直低迷的管仲犹如一匹脱缰而出的千里马，将齐国套上飞驰的马车，带入了春秋五霸之首的序列。

公元前651年，齐桓公在葵丘召集各诸侯国开会，周襄王派代表参加，正式承认了齐国的霸主地位。

不久之后，为了紧追齐国这位标兵，晋文公、楚庄王、吴王阖闾、越王勾践先后称霸，史称春秋五霸。

那个年代，大的诸侯国之间相互厮杀、陷害，《孙子兵法》一度成为热卖的畅销书。战争势必加深老百姓的苦难，但战争后的通婚联姻、谈判，又加速了各个国家、民族之间的联系，从此形成了“你中有我，我中有你”的交融局面。

春秋时期繁荣的经济社会

春秋时期政治的礼崩乐坏，丝毫没有影响到经济的发展和生产技术的进步，而经济的发展、技术的改变反而促进了分封制的崩溃，进而客观上推动新的生产关系的产生。

西周时，天子将一块、一块的土地分封给诸侯，诸侯又分封给卿大夫，卿大夫分封给士，一级封一级的土地制度，因土地划作井字形，所以被称为井田制。在这个制度之下，土地归天子所有，诸侯及以下阶层只有使用权，没有所有权，不得买卖和转让。

但春秋以后，天子形同虚设。天子所封的土地大多被各大诸侯据为己有，有的诸侯拿土地交换奢侈品、乐器，土地私有已经成为定局，井田制随之崩溃。

春秋时期，铁犁牛耕技术横空出世。随着生产力的提高，粮食产量迅速增加，各大诸侯国积累了巨大的财富，他们在周天子面前，腰杆似乎比以前更硬了。他们越富，周天子就越软弱，分封制就愈加濒临崩溃。而这一切的幕后推动力，则是生产技术的进步。

与此同时，手工业的规模不断扩大。夏商西周的手工业只能是官府经营，而春秋时期，民间诞生了大量的手工业者，包括青铜器、冶铁业、纺织业等行业。

商业在这时期也有了发展，出现了临淄、定陶、大梁、咸阳等大都城，当时大富商很多，例如，人称陶朱公的范蠡（lǐ），从吴国辞相后，据说带着美人西施，一起经营商业，发了大财，个人资产达数千金。

一、选择题

他任用的丞相叫管仲，他提出了“尊王攘夷”的口号，他的名字是（　）。

A. 齐桓公　　B. 晋文公　　C. 楚庄王　　D. 越王勾践

二、读文思考

春秋时期，分封制崩溃的原因是什么？又有哪些表现呢？

4. 战争、变法，只为了最后一把豪赌

战国时期的三场恶仗

东周分为两个时期，一个是春秋，一个是战国。春秋时期，周天子开始走下神坛，但诸侯国君主还勉强能维持分封制的礼仪，逢年过节带点家乡土特产来周天子家，嘘寒问暖一番。各个诸侯国之间的战争，都是万人以内的小打小闹，打得差不多了，还会假惺惺地请周天子出面主持公道。

到了战国时期，各个诸侯国相互杀得鸡飞狗跳、一地鸡毛，春秋时期的小场面被翻篇了。十几万人、几十万人的大战，已经屡见不鲜。最著名的战役有秦赵的长平之战，齐魏的马陵之战、桂陵之战。

长平之战，赵国大将赵括是个夸夸其谈的军事理论家，但却从没有上过战场，他当上将军完全靠自己“将二代”的身份，他的父亲是六国八大名将之一的赵奢。

赵奢的老伴儿曾劝谏赵王，希望他不要重用自己的儿子，但赵王不听，依然拜赵括为大将军。公元前 260 年，秦军进攻赵国，当秦军打进赵军大营时，赵括竟然还在伏案读着兵书，虽然他奋力与秦军士兵厮杀，但寡不敌众，壮烈殉国。

秦军大将白起，将赵军四十余万降卒坑杀，差一点灭亡了赵国，其他五国更是胆战心惊，从此不敢与秦国正面交锋。

而马陵之战和桂陵之战，则是一对师兄弟的私人大比武。

孙膑和庞涓是师兄弟，他们都拜了当时著名的阴谋大家鬼谷子为师。但庞涓嫉妒孙膑的才学且心术不正，设计挖了师兄孙膑的膝盖骨，从此孙膑成了瘸子。

后来孙膑服务于齐国，庞涓服务于魏国。两个人的私仇、国仇一起爆发。庞涓心高气傲，孙膑冷静清醒。最后庞涓在桂陵之战遭遇了孙膑的围魏救赵之计，马陵之战遭遇了孙膑设计的减灶计，两次兵败。

庞涓逃到一棵大树底下，孙膑故意在大树底下写了一行字："庞涓死于此树下。"庞涓羞愧万分，含恨自杀。

君不君、臣不臣

战国时期不仅伴随着战争，内宫的权力游戏，更是登峰造极。一个三家分晋，一个田氏代齐，将西周延续了六百多年的分封制，给剥得体无完肤。

晋国是一个大国，占据今天山西、河南北部、河北南部、内蒙古中部部分地区，是一个地地道道的强大国家。第一任国君叫唐叔虞，是周武王的儿子。晋国是周天子的近亲邦国。

但到了公元前 403 年，韩、赵、魏三家的卿大夫将晋幽公废黜，瓜分其国，晋国灭亡。比较戏剧性的是，韩、赵、魏三家还象征性给"天下共主"的周威烈王递交了瓜分报告，请求周天子批准，周威烈王最终在报告上屈辱地签字，正式瓜分了晋国。

大的兼并战争由此拉开了序幕。司马光在《资治通鉴》中说，三家分晋代表春秋时期的结束，战国时期的兴起。

齐国原本属于姜姓子孙，第一任国君是周朝开国大功臣姜尚，共

传 32 王，国运六百余年。公元前 386 年，卿大夫田氏废黜齐康公，自立为王，周安王追认了这次政变，册封田氏为齐侯。

面对春秋战国的乱象，齐景公曾痛心疾首地说：“君不君、臣不臣、父不父，子不子，虽有粟，吾得而食诸？”

齐景公的担忧最终变成了现实。公元前 256 年，东周的第 25 代王周赧王病死，秦国趁机吞并了东周最后一块土地，周天子作为一个政治符号彻底消失在了历史的丛林里。周天子消失的同时，很多小诸侯国也陆续被吞并，最终形成了秦、楚、燕、韩、赵、魏、齐交替称雄的局面，史称“战国七雄”。

战国时期的七个大国，成为春秋时期八百多个诸侯经过残酷绞杀之后的幸存者，他们每一个都国力雄厚，兵强马壮，每一个国君犹如

坐到了赌桌上，正在进行着一场关系国运的豪赌，究竟谁会取得这场豪赌的胜利呢？远在西北边陲的秦国，为了可以笑到最后，确确实实下了一番大工夫。

商鞅死了，法变了

各大诸侯国为了强大，避免重蹈周天子的悲惨覆辙，纷纷希望变法，破除分封制在政治上的痼疾，因为遭到贵族的反对，难度特别大。然而很多有识之士为了实现平生抱负，还是走上了向各国国君推销变法的道路。然而法变了，他们却没了，这里面最成功的人是商鞅，下场最惨的也是他。

例如，与商鞅齐名的改革大家吴起，他在楚国的变法，主张楚国贵族三代以后，便停发俸禄，发配到边远地区。这引起了楚国贵族的强烈不满，他们拿箭射吴起，为了躲避仇杀，吴起扑到楚悼王的尸体上，号啕大哭，这一场千里马痛哭伯乐的悲情大戏，实际是为了寻求“政治庇护”。楚国法律规定冒犯王尸乃重罪，杀红了眼的楚国贵族还是将吴起乱箭射死。

相对于被乱箭射死的吴起来说，伟大的商鞅是死于五马分尸，五马分尸是一项非常残酷的刑罚，是为了惩罚谋反罪而特意设定的。那么商鞅都做了哪些事儿，又为什么会受到如此酷刑呢？

商鞅是卫国人，周游过很多国家，屡屡不得志。秦孝公发现了他的才能，于是将他引荐到了秦国，拜为左庶长（相当于早期的丞相），让他主持变法。因为商鞅是外地人，推行变法阻力重重，为了确立自己的威信，他让人在南门竖立一个木桩，贴上告示，鼓励全城人去搬，谁搬到北门，便赏赐十镒黄金。老百姓看了，都不相信天上掉馅饼的好事儿，于是商鞅一直增加赏金到五十镒，最后一个庄稼汉实在忍受不了看到金子却拿不到的煎熬，便把木桩从南门搬到了北门。商鞅亲自将五十镒黄金交到了庄稼汉手里。

庄稼汉激动得泪流满面，殊不知商鞅狡黠一笑，他的初衷并不是为了傻傻地白送金子，而是为了向天下人宣告自己就是说一不二的人，后人将这个典故称为“徙木立信”。

搬木头的剧情设计完之后，商鞅在政治、经济、军事等领域进行了重大改革。

政治上，确立县制，由国家直接管理地方官吏，废除了分封制的贵族世袭制，这引起贵族的强烈不满，但加强了国君的权力，得到了国君秦孝公的支持。

商鞅对老百姓实行严格的什伍制度，十家为一什，五家为一伍，一家犯罪，全部连坐。一时间告密成风，人人自危。孰料，若干年后，商鞅触怒了新王秦惠王，逃到边关，由于逃得着急，商鞅没有带身份文牒，客栈老板不敢收留。商鞅苦苦哀求，但店老板说：“商君有令，没有身份文牒，私自留宿者，全家连坐，我们哪敢让你住店啊？”商鞅只好出了客栈，仰天长啸说：“我真是作法自毙啊。”这个故事记载在《史记·商君列传》，流传了两千多年。

经济上，颁布律法，将周天子制定的井田制正式废除，承认了土地私有，并允许自由买卖。鼓励老百姓多种粮食，多织布，为了激励大家的积极性，商鞅规定凡是每年评定的劳模，可以免交徭役（老百姓向国家提供的一种无偿劳动）。统一度量衡，即为了市场交换方便，统一计量单位，方便核算。

军事上，商鞅奖励军功，对军功巨大者，封赏爵位和土地。这一条引起平时养尊处优众贵族们的不满，但得到士兵们的欢迎。为了立

功，士兵们在战场上勇往直前，让敌人闻风丧胆，被其他六国称之为“虎狼之师”。

商鞅变法，最终为秦国的强大奠定了基础，为秦国统一六国准备了条件。但商鞅施法过严，他曾在渭水河畔一次斩杀了八百多名因私自抢水打架斗殴的人，河水变红，惨不忍睹。商鞅最终也因为严刑峻法，激起众怒，法虽存，但商鞅却失去了宝贵的生命。

一、历史角色小转换

孙膑、庞涓都是战国的名将，你认为庞涓败给孙膑，究竟有哪些因素？如果你是庞涓，你会采取何种策略打败孙膑？

二、读文思考

商鞅变法是中国古代一次较为成功的改革，通过阅读该小节，你认为商鞅变法成功的原因是什么？又能得到何种启发呢？

5. 面对乱象，百家争鸣

百家争鸣

分封制崩溃，礼乐制度也崩溃了，各个国家进入了精神迷茫期，他们为了利益，相互征战，形成一片混乱的局面。然而面对乱局，民间却产生了各式各样的思想，为了引起统治者的注意，思想家们异常活跃，他们或者开堂讲课，或者周游列国，或者展开唇枪舌剑的辩论，都希望将自己的所感所想兜售给统治者。这引起了统治者的极大兴趣，很多思想家被委以重任，历史上称这一现象为“百家争鸣”。

但各国统治者往往只注重实效，他们欣赏思想家的个人学识，给予厚赐，却很少将他们的思想用于实践，因此引起很多思想家的不满。

有大智慧的老子

老子是春秋时期楚国人，道家学派的创始人。他学识渊博，后来的大儒孔子经常向他请教问题，因此名气很大。老子如此出名，却淡泊名利，晚年隐居深山，修身养性，钻研人生哲学。

老子的思想分为哲学思想和政治思想。他的哲学思想是朴素的辩证法，即顺其自然，矛盾双方可以相互转化；政治思想为无为而治。

关于老子的哲学思想，笔者体会最深的是《塞翁失马》的故事，朴素的塞翁丢失了一匹马，邻居们向他表达惋惜之情，他没有伤心，而是说并非坏事儿，后来马不但自己回来了，还带回了一匹母马，邻居们又来道喜，却见塞翁并没有高兴，再后来塞翁的儿子骑马摔伤，大舌头的邻居们又来安慰了，但塞翁没有悲伤，最后边境打仗，征发壮丁参军，塞翁的儿子因腿伤不必应征，塞翁全家避免了痛失爱子的人间悲剧。

无论狂风还是暴雨，无论惊喜还是意外，塞翁都心静如水，他的事迹与老子的思想如出一辙。老子是思想家，塞翁是实践家，他们身体力行，都告诉我们一个道理，遇到好事，不要得意忘形；遇到坏事，不要消极悲观，顺其自然，以乐观的态度迎接生活，但也有人说老子的思想非常消极，不适应今天激烈的社会竞争。但这话我们要反向理解，越是在竞争激烈的社会，人的内心深处越要波澜不惊，遇事儿惊慌失措，不仅于事无补，还会使事物朝反方向恶性地发展。

关于无为而治的政治思想，那是处在春秋时期的老子，目睹各国君主积极的“有为”，不是变法，就是发动战争，生灵涂炭，百姓流离失所，而发出的感叹。老子认为君主不需要有大的作为，只需要善待百姓即可，同理，百姓之间也不需要过多的交往，可以老死不相往来，积极修身养性。

通常大战后，百废待兴，老子的无为而治思想就会有很大的市场，例如，西汉初年，便盛行老子的思想。但在争霸战争的春秋时期，老子的思想被认为不合时宜，没有受到足够的重视。

老子将平生所学、所悟，写成《道德经》，一直流传到了今天。

大成至圣先师——孔子

孔子是春秋后期鲁国人，儒家学派的创始人。孔子出身没落贵族，什么叫没落贵族呢？孔子的父亲叔梁纥是宋国贵族、鲁国的大臣，他七十岁那年，碰到了一位年仅十八岁的女孩颜征在，叔梁纥一见钟情，最终因为家庭条件优越的缘故，赢得了少女的芳心，老夫少妻未婚先孕，在尼山生下了孔子。

然而，天有不测风云，孔子三岁那年，叔梁纥扔下妻子和年幼的孔子，突然撒手人寰，孔子沦为单亲家庭，生活陷入了困境。孔子出身贵族，但从小过着平民的生活，这就叫没落贵族。艰苦的生活磨炼了孔子的意志，长大成人后，孔子做过仓库的库管、畜牧官

等一系列粗活儿，锻炼了自己。经过艰苦的学习，孔子终于成为一个大思想家。

孔子的思想，概括起来三个字：仁、礼、德。

仁，仁者爱人，“己所不欲，勿施于人”。孔子将仁作为处理人际关系的最高准则，也即塑造国人的道德品质。很多人津津乐道地做一些“己所不欲，施于人”的事儿，刻意刷自己的存在感，喜欢戳别人的痛处，并且以此为乐，这在孔子眼里都属于低级趣味，是不仁的表现，必须遭受道德谴责的。

礼，克己复礼，即克服个人的欲望，恢复礼制。孔子生活在春秋晚期，眼见各大诸侯为了利益，不顾国计民生，频繁地发动战争，天子徒有虚名，礼崩乐坏，道德进一步沦丧。孔子对此大声疾呼，君不君、臣不臣、父不父、子不子。纲常伦理遭到破坏，秩序混乱，百姓遭殃。所以说孔子认为这是无礼的表现，属于历史的倒退。但法家思想认为孔子才是历史的倒退，他太过迂腐，不注重实效，法家思想之所以能够在百家争鸣中脱颖而出，就是因为它洞察出人性的自私，企图用物质激励的手段，调动全国人民的积极性，进而为国家和君主服务。

孔子的思想适于治世，而不适于乱世，在春秋混战的时代，孔子维护周天子的礼，与各路诸侯争霸理念严重不符。因此，孔子周游列国十四年，屡屡碰壁，他本人又没有效仿老子悠闲隐居的打算，仍然期望活在世俗世界影响普罗大众，最终忧郁而死。

德，为政以德。孔子在周游列国的路上，走到了一处人迹罕至的深山，恰巧碰到一个农妇在痛哭，他派徒弟子路前去探问。子路问：“为什么要哭？”农妇擦着面颊的眼泪说：“我的丈夫、儿子被猛虎吃了。”子路又问：“为什么不下山呢？”农妇说：“因为这里没有

苛政。”子路返回告诉孔子，孔子气愤地大喊：“苛政比老虎还要凶猛啊！”此后，他主张统治者要以德治国，善待百姓。历代的明君大多牢记孔子的以德治国，例如，唐太宗李世民提出的“水可载舟，亦可覆舟”。

此外孔子还是古代素质教育的集大成者，他不仅是一个教育思想家，更是一位兢兢业业的一线教师。夏商周时期，只有贵族才能接受教育，而春秋时期，孔子创办了私人学校，平民也可以来他的学堂上学，而且不收学费，顿时弟子云集，号“三千弟子，七十二贤人”。他提出因材施教、有教无类的教育思想。因材施教是老师根据学生的层次、水平，分层教学；有教无类是无论高低贵贱，都可以接受教育。孔子的思想对今天的学校教育仍然具有积极的指导作用。

孔子的思想影响了万千的国人，孔子去世后，孔子的弟子将他的一言一行，汇编成册，写成《论语》，后来成为少儿启蒙读书的教科书之一。孔子被历代帝王称为“大成至圣先师”，享有极高的荣誉，孔子作为一座永不磨灭的丰碑，永远受到中国国民的爱戴和尊敬。

百家争鸣

战国时期，随着旧制度的崩溃，思想界进一步解放，出现了百家争鸣的局面。儒家、道家、法家、墨家等学派的影响最大。

墨家的代表人是墨子，他提出兼爱、非攻、尚贤、节俭的平民思想。他的思想与孔子的仁、礼、德，颇为相似，但所代表的阶级群体不同。孔子反对战争，是代表没落贵族的利益，为了维护周天子的礼，站位格局高远、深邃，虽然孔子同情百姓，但必须限定在礼乐等级制度的框架内。而墨子反对战争，是坚决站在平民的立场上，反对旧贵族、新贵族打着任何旗号发动的任何战争。由于二人都反对战争，都提出仁爱的思想，所以在春秋战国时期，都被“主流法家”所排斥。

儒家的二号人物叫孟子，他被称为“亚圣”。他将孔子的仁发展为仁政，将人际关系哲学上升到政治哲学。他还提出“民贵君轻”的思想，对待这一条思想，历代帝王，除李世民等少数明君还算真心实意奉为真理之外，其他的帝王大多表面唱和，内心却嗤之以鼻，只想一路高歌孔子的“君君臣臣、父父子子”。殊不知，如果已经长眠地下一千多年的周天子听到这口号，会不会愤愤不平地大喊：“当年你们为什么不喊君君臣臣，父父子子呢？朕的江山呐！”

儒家的三号人物荀子，他提出礼治的思想，即用礼法来维护社会秩序，进而治理天下。他还提出人定胜天，口号颇为豪放、自信，但却忽视了自然规律。

道家的二号人物庄子，他发展了老子的思想，提出要顺应自然和民心，保持身心的自由和独立。唐代大诗人李商隐曾在《锦瑟》一诗中，写道“庄生晓梦迷蝴蝶”。庄子晓梦是一个典故，是说庄子深夜做了一个梦，梦见自己变成了蝴蝶，梦醒之后，庄子搞不清自己到底是梦到庄子的蝴蝶呢，还是梦到蝴蝶的庄子呢？这就是一种自由和独立的畅想。

春秋战国时期，百家皆不兴，唯有法家一枝独秀。商鞅、韩非、李斯都属于法家思想的杰出代表人物。西周的分封制主张分权，即按照血统一级级地分封，土地和实力越封越小，用所谓的礼来维持实力悬殊导致的差异。以至于东周时期，天子封无可封的时候，还要摆阔，将大片土地封给秦国、郑国，自己只剩下了洛阳城周围百余里的弹丸之地，致礼崩乐坏，周天子最终也消失在历史的长廊里。

法家主张用法治的形式集权，权力高度集中到国君的手里，国君

用铁血手段，打击贵族，压制豪民，宣传战争，增加国家凝聚力，创造社会财富。商鞅、韩非、李斯都曾为秦国效力，并向秦国国君推行法家思想，所以秦国国力蒸蒸日上，成为战国时代各霸主之首。然而后代史学家认为，秦国的法治实质属于君治，一旦遇到暴君，权力不受约束，国家就会陷入血雨腥风之中。而儒家思想主张仁君仁治，主张国君善待百姓，但儒家思想提倡人的道德修养，却没有具体的法律条文予以监督。两百多年后，西汉的董仲舒糅合了法家、儒家的两种思想，合并为新儒学，史称“外儒内法”，新儒学集合了儒家、法家各自的优点，开创了一种全新的思想体系，进而影响了中国社会，这当然就是后话了。

一、填表格

学派	代表人物	主要主张
儒家		
道家		
墨家		
法家		

二、选择题

春秋战国时期，百家争鸣中各派思想家都提出自己的治世方案，秦朝统一的历史证明，哪种思想最受当时执政者的欢迎？（　）。

A. 儒家　B. 墨家　C. 道家　D. 法家

本章思维导图

王老师划重点

第二章 大浪淘沙的变革时代（夏商周时期）

- 夏商周的更替
  - 夏：世袭制取代禅让制
  - 商：盘庚迁殷
  - 西周
    - 军事：武王伐纣
    - 政治：分封制，国人暴动
    - 公元前771年 西周灭亡，东周开始
- 春秋战国时期
  - 春秋时期
    - 春秋五霸：齐桓公，晋文公，楚庄王，吴王阖闾，越王勾践
    - 生产工具：出现了铁犁牛耕
    - 社会关系：分封制崩溃，奴隶社会开始瓦解
  - 战国时期
    - 战国七雄：齐楚燕韩赵魏秦
    - 社会变革：商鞅变法
    - 水利工程：都江堰
- 百家争鸣
  - 儒家：孔子，孟子，荀子
  - 道家：老子，庄子
  - 墨家：墨子
  - 法家：韩非子 → 法家主张强化君权，受到统治者重视

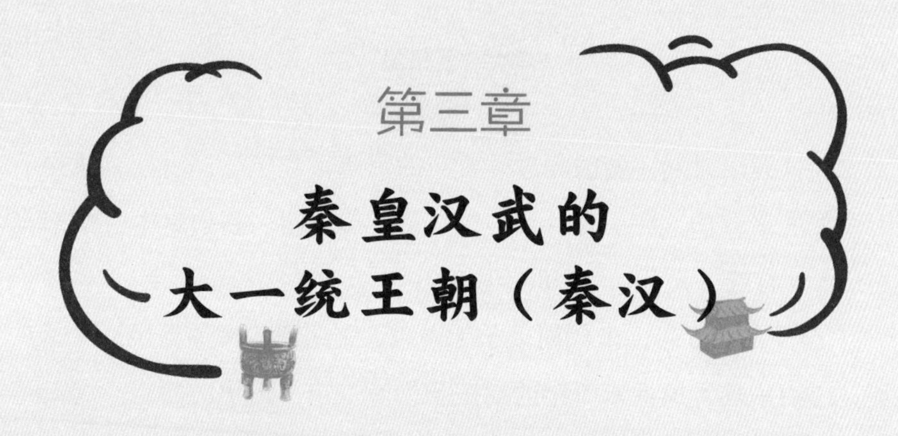

第三章

秦皇汉武的大一统王朝（秦汉）

1. 一闪而过的大秦帝国

统一六国

春秋战国时期，各国经过几百年的厮杀，到了战国晚期，只剩下七个大的诸侯国，齐、楚、燕、韩、赵、魏、秦。它们之中，秦国实力最大，有统一天下、号令群雄的野心。

公元前256年，末代周天子（周赧王）病死，秦国趁机消灭了东周。统治华夏大地近八百年的周王朝彻底退出了历史的舞台。周天子一消失，大国之间的战争，变得更加赤裸裸了。尤其是实力强大的秦国，每天都在绞尽脑汁地思考，怎样才能一统天下？

秦国为了一统天下，采取了以下措施：

第一，远攻近交、各个击破的军事策略。

著名历史事件是秦国大臣张仪游说楚国，破坏齐、楚联盟的阴谋。张仪是魏国人，却被秦国重用，为了报答秦国，他不惜到故国魏国担任国相，暗中从事破坏行动，魏惠王小心谨慎，没有中计，张仪只好逃回秦国。张仪在魏国失败后，他并没有气馁，他的才能很快在楚国得到了验证。当时齐国、楚国两个大国结盟，很让西方的秦国头疼，为此，张仪对秦惠文王说："我可以凭借三寸不烂之舌去拆散齐、楚联盟。"秦惠文王大喜，于是同意了张仪去楚国。

张仪来到楚国，他对楚怀王说：“如果你能放弃与齐国合作，秦国可以给您六百里土地。”鼠目寸光的楚怀王贪图秦国的土地，于是满口答应，不料想，齐楚联盟拆散后，张仪却说：“我哪里说给六百里土地？我只说给你们楚国六里土地！”楚怀王听了，气得大病了一场，而张仪却很高兴。

第二，秦王嬴政重用人才。

秦始皇名嬴政，是秦国第 31 任国王。他即位时，年仅十三岁，还是一个懵懂的少年，但他却很有城府。他即位不久，便将权臣吕不韦发配到荒凉的蜀地，处死了太后的情人长信侯嫪毐，独掌了国家大权，显示出雷厉风行的作风。

嬴政即位后，相继任命白起、司马错、王翦、蒙恬等大将。大将白起发动的秦赵长平之战，坑杀赵国降卒四十万人，几乎一仗消灭了强大的赵国；王翦更是万人敌，他横扫三晋大地，东方六国闻王翦之名，无不噤若寒蝉，不敢与之对抗。

面对强大的秦国，六国无计可施。万般无奈之下，燕国太子丹派刺客荆轲刺杀秦王，结果功亏一篑，秦王命不该绝，侥幸躲过一劫。荆轲刺杀失败后，秦始皇大怒，六国陷入了更加危险的绝境。

公元前 230 年至公元前 222 年，短短的八年，韩、赵、魏、楚、燕五国陆续被秦国消灭，只剩下东方的齐国苟延残喘。齐国国王田建惧怕秦国，但也无计可施。公元前 221 年，秦将王贲率领大军包围了齐国首都临淄，齐国没敢发一枪一弹。为了减少抵抗，王贲诱骗齐王建，说投降后，给他五百里的土地，让他安享晚年。齐王建激动地号啕大哭，主动投降。没想到王贲忽然“张仪附体”，耍起了赖，他对齐王建说：“我根本没有答应给你五百里土地啊。”被囚禁起来的齐王欲哭无泪，最终活活地饿死了。

此外，秦王嬴政重用法家人物，例如，韩非、李斯等名臣，让秦国令行禁止、法度森严，国家力量大增。最终秦国统一了六国，建立了中国历史上第一个中央集权的封建国家。

中央集权制度的首创者

秦王嬴政统一六国，结束了自东周以来五百多年的混战局面，他自认为功过三皇，盖过五帝，已经属于古今中外天下之第一完人，以前历代的国王、天子的称呼，已经不能满足他的虚荣心了，于是他称呼自己为始皇帝，他的命令称诏命，规定只有皇帝才能自称朕，后人称呼他为秦始皇。

秦始皇称帝以后，一直在思考周朝分封制的弊端，一个好端端的王朝为什么会突然崩塌呢？于是他找来一群博士讨论，博士们高谈阔论，七嘴八舌聊得热火朝天。

丞相王绾说："荆楚、燕国、齐国那些地方太远，请分封您的子弟到那里去担任诸侯王。"廷尉李斯听了，坚决反对，他说："西周武王分封同姓诸侯53国，却几乎天天战争，周天子不能制止，以至于天下大乱，我建议施行郡县制，由皇帝任免各地的郡县官吏。"

王绾与李斯各执己见，吵得吐沫横飞，脸红脖子粗。这时候，秦始皇"咳咳"了两声，开始说话了。

秦始皇说："天下之所以战乱不止，就是因为有诸侯王的存在，依赖祖宗的阴德，我才平息了战乱，如果重新施行分封制，这是又将引起战乱，以后再想安宁，那就难了。

秦始皇的话，一锤定音，大秦开启了一项新的地方行政管理体制——郡县制。官员由皇帝任命，定期考核或者撤换，这样中央和皇帝的权力都大大加强了。

周朝分封制的时候，各诸侯国的卿大夫势力很大，以至于出现了韩、赵、魏三家分晋、齐国大臣田氏代齐的悲剧。从历史上吸取惨痛的教训，秦始皇将中央的权力进行了分割，丞相掌握行政权，太尉掌握军权，御史大夫掌握监察权，三权互不统属，最终由皇帝决策。这样皇帝的权力就大大加强了。

公元前213年的一天，秦始皇很高兴，在皇宫里设宴，儒学博士淳于越喝得很开心，酒醉之下，他对秦始皇说："有田常、六卿之臣，无辅拂，何以相救哉。"意思是说，大秦帝国只有大臣，却没有诸侯，万一您有难，谁来救援您呢？

李斯听了，非常生气，他对皇帝说："今天的儒生不学习现代

事物，思想迂腐，非议朝政，妄加评论国家大事，这样势必造成君主的权威下降。因此我恳请将秦国历史以外的史书全部销毁，凡是私藏《诗》《书》、诸子百家著作的人，一律治罪，收缴的书焚毁。”秦始皇听了李斯的建议，内心窃喜，但表情淡定，只说了一个字：“可。”具体的事情，秦始皇让李斯执行。一时间，李斯深受重用，得意非凡。

可是五年后，公元前208年，李斯得罪了大宦官赵高，被判处酷刑腰斩。临刑前，李斯对二儿子说：“儿啊，我和你牵着黄狗，到东门外去追逐野兔的日子恐怕永远不会有了啊！”说罢，父子二人抱头痛哭起来。

此外秦始皇修建长城，抵御北方的匈奴，统一文字、度量衡，修建驰道，开发南越地区。在秦始皇的统治下，大秦帝国东到大海，西至陇西，北抵长城，南到南海，人口两千余万，是当时世界上少有的大国之一。

秦末农民大起义

秦始皇之所以叫秦始皇，寓意除了天下第一之外，还有一层意思，也即子子孙孙、延绵不断地统治下去，一直到千世、万世。可没有想到，秦朝只存在了两代，前后时间仅十五年，究竟是什么原因导致不可一世的大秦帝国，忽然间土崩瓦解的呢？

秦朝向农民征收沉重的徭役，沉重到什么程度呢？全国只有两千万人口，但是修建阿房宫、修长城、征伐南方，每年服徭役的成年男子在三百万左右，由剩下的老弱妇孺从事农业生产。徭役过重，成为秦末农民大起义的重要原因。例如，陈胜吴广起义、刘邦起义，都与此有关。

秦朝向农民征收沉重的赋税，农民三分之二的劳动果实被国家剥夺，太多的人吃不饱肚子，还要被征发徭役，于是老百姓怨声载道，心里埋下了仇恨的火种。

秦朝的法律非常严苛，有肉刑、死刑、劳役、流放等。此外还有连坐法，也即一人犯法，周围的人也要追究法律责任，如果有知情不报者，更要从重处罚。

秦始皇惧怕死亡，因此没人敢在他面前提死的问题，更没有人敢在他的面前提立太子的事儿。秦始皇整日幻想长生不老，吞食道士炼的仙丹，以至于精神恍惚，每天飘飘然，身体越来越差。

秦始皇有二十几个儿子，长子扶苏很有才能，但因为反对父亲的暴政，被发配到边疆。他的十八子胡亥，不务正业，是一个典型的浪荡子，但因为大宦官赵高是他的老师，所以他经常跟在秦始皇屁股后面，四处游玩。

公元前210年，秦始皇在沙丘（河北邢台）病故。赵高为了篡权，勾结丞相李斯，立胡亥为帝。胡亥登基后，第一件事儿就是杀了自己的哥哥扶苏，以及其他兄弟姐妹。赵高为了麻痹胡亥，牵着一只梅花鹿，对胡亥说："陛下，这是一匹马。"胡亥睁大了眼睛，说："这不是一只鹿吗？"赵高大声说："陛下，这明明是一匹马嘛！"周围的大臣害怕赵高，纷纷迎合说："是啊，这是一匹马。"胡亥将大权全部交给赵高，赵高不会治理国家，统治更加黑暗，国家到了崩溃的边缘。

公元前209年7月，那是一个异常炎热的夏季。一批苦力迈着沉重的步子，在酷吏的鞭打下，从家乡到遥远的渔阳去守长城。当他们走到大泽乡时，老天爷似乎看不下去了，下起了滂沱大雨，想让他们稍微

休息一下。但酷吏责打他们，让他们抓紧赶路。这时一个叫陈胜的年轻人，上前握住了酷吏的鞭子，大声对其他人说：“按照秦律，误期就要被处死，反正早晚是死，王侯将相难道天生就是富贵之命吗？”一个叫吴广的年轻人大声说：“大楚兴，陈胜王！”众人一起杀了酷吏，在大泽乡发动起义，由于陈胜是楚国人，便建立了张楚政权。

陈胜、吴广起义，引起一系列的连锁反应，不久起义军发展到几十万人，但由于起义军发生了内讧，吴广被部下假借陈胜的命令杀死，力量被削弱，最终起义失败，但秦帝国在起义军的打击下，已经名存实亡了。

一、文言文小阅读

始皇曰："天下共苦战斗不休，以有侯王。赖宗庙，天下初定，又复立国，是树兵也，而求其宁息，岂不难哉！廷尉议是。"

——《史记·秦始皇本纪第六》

二、大秦疆域指示简图

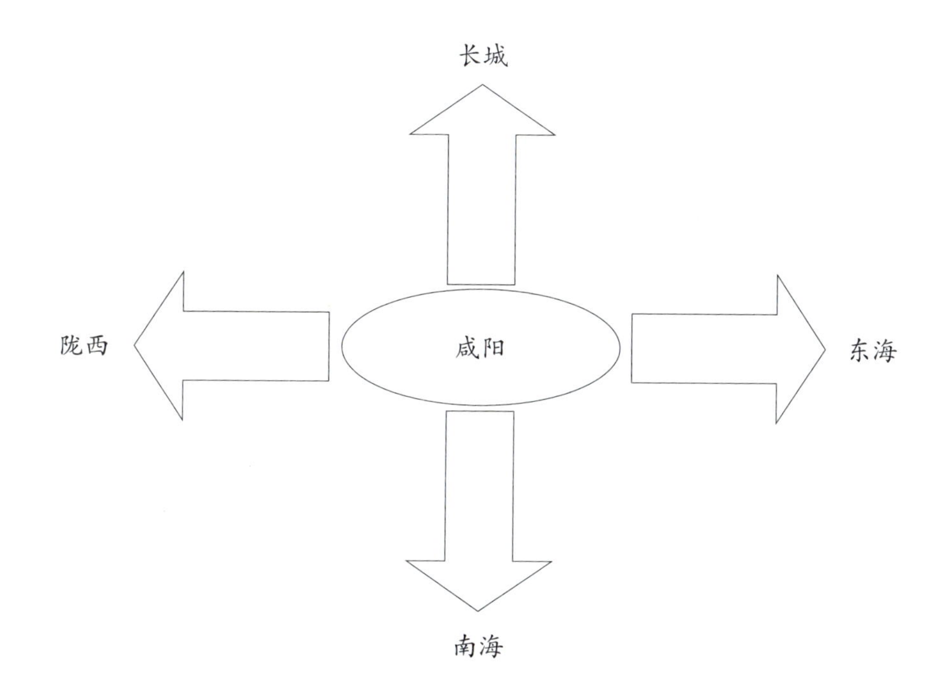

2. 为时四年的楚汉之争

先入关者为王

陈胜、吴广起义失败以后，大股的起义军主要有两部分。一部分是项梁、项羽叔侄领导的楚国复国军；一部分是刘邦领导的沛县农民起义军。

项梁、项羽是楚国贵族出身，楚国大将项燕是项梁的父亲、项羽的爷爷。公元前223年，楚国大将项燕与秦国大将王翦展开了决战，项燕兵败，悲壮自杀，楚国随之灭亡。从此，项梁、项羽流亡各地，过着颠沛流离的生活。他们牢记着楚国南公的话："楚虽三户，亡秦必楚。"

由于秦始皇、秦二世的残暴统治，机遇终于来了。陈胜、吴广起义失败后，项梁、项羽叔侄招兵买马，聚众起义，并且采取谋士范增的建议，在民间寻找楚怀王的后人。经过多方打听，终于找到了一个放羊娃，这个放羊娃叫熊心，是楚怀王的孙子，项梁拥立他为楚王，对外仍称楚怀王，并且以楚怀王的名义号令天下。

刘邦，字季，又叫刘季。刘邦出身农民，但为人仗义，爱交朋友，身边聚集着卢绾、樊哙等草莽英雄。刘邦与沛县县丞萧和的关系也很好，由于刘邦交际能力很强，所以他被委任为泗水亭的亭长。单父县人吕公，平时喜欢给人相面，他看见刘邦高鼻梁，眉骨突起如龙颜，认为他是一个不寻常的人，于是将自己的女儿吕雉嫁给了他。

秦朝徭役繁重，沛县让刘邦押送役夫去骊山给秦始皇修陵墓，路途遥远，逃跑的役夫很多。根据秦法，逃跑一人，便要处死，刘邦预测到骊山时，人差不多就都跑光了，于是他走到丰乡西面的泽中亭，停下来喝酒休息，到了晚上，他对大家说："你们都走吧，我也要逃命去了。"

役夫中很多人跟随了刘邦，刘邦带领大家逃到了芒砀山一带。由于缺少粮食，人心浮动，为了稳定人心，刘邦特意为自己编了一个故事。他说："一天，我夜间步入沼泽地，遇到一条大白蛇在道上，我当即把它斩杀，不一会儿，一个老妇人出现了，她哭着说，'我的儿子是白帝的化身，它化为蛇，却被赤帝的儿子（刘邦）给杀了！'老妇人说完，便化为了一阵迷雾，失去了踪影。"

这个离奇的故事，很快传遍了沛县的大街小巷，沛县的年轻人认为刘邦是仙人下凡，于是纷纷前往投奔。

刘邦力量壮大后，正式举兵反秦，后来他又投靠项梁、项羽。刘项合兵一处，共尊楚怀王。楚怀王为了推翻暴秦，任命宋义、项羽为北路军，去援救河北的赵国；任命刘邦为西路军，去攻打秦国的首都咸阳，并且约定，谁先入函谷关，就可以做关中王。

北路军宋义观望不前，逗留原地，整日喝酒作乐，项羽忍无可忍，便提刀手刃了宋义。楚怀王无奈，只好任命项羽为上将军，继续北上援救赵国。秦国大将章邯率领大军将赵国的重镇巨鹿城团团围住，项羽兵力不足，但他命令楚军破釜沉舟，终于打败了章邯大军，取得了巨鹿大捷。

而西路军刘邦则一路过关斩将，击败了秦国大将王离，吸收了大

谋士韩国人张良，实力大增。公元前206年，刘邦率领大军攻陷了咸阳。刘邦大军到来之前，秦朝廷便陷入了严重的内乱，赵高杀死了秦二世，立子婴为王，子婴又杀死了赵高，但只做了四十六天秦王，子婴便穿着白衣，手捧着皇帝玉玺，投降了刘邦。

刘邦进入咸阳，一时被胜利冲昏了头脑，因为出发前，楚怀王曾说“先入关中者王之”，他想自立为王，但谋士张良却认为刘邦将要大祸临头。刘邦最后听从了萧何的建议，与关中百姓约法三章，杀人者死，伤人偷盗者治罪。与此同时，刘邦撤军霸上（今陕西西安东），封存秦国的珍宝，种种举措使其深得民心。

项羽得知后气坏了，他亲率大军，快马加鞭地赶向了咸阳……

战神韩信大将军

韩信是淮阴人，家境贫寒，没有好的德行，不能被举荐为官吏，又不会经商做买卖，常常跟在别人后面吃闲饭，周围的人都很讨厌他。在大街上，韩信腰里佩带着一把宝剑，手里捧着书，看书的时候，经常自言自语，周围的人都讥笑他。

有一天，韩信太饿了，便去河边钓鱼，有一个漂洗衣服的老太太看到他饿坏了，就拿自己的饭给他吃。韩信非常高兴，对老太太说：“我一定会重重地报答您的。”老太太生气地说：“男子汉不能养活自己，我是可怜你这位公子才给你饭吃的，难道会奢望你以后的报答吗？”韩信望着老太太远去的背影，心里很是难过。

有一个屠户侮辱韩信说：“虽然你身材高大，好佩带宝剑，但你的内心却胆小如鼠。”韩信没有理会他，继续走路。屠户继续讥笑他说：“有胆量你就刺死我，如果不敢，你就从我的胯下钻过去。”韩信看了屠户一眼，一句话也没说，俯下身子，从屠户的胯下钻了过去。满街的人都嘲笑韩信，认为他胆小如鼠，历史上则称这个典故为“胯下之辱”。

项梁的部队经过淮河时，韩信前去投靠，但并没有受到重用。项梁死后，项羽任命韩信为执戟郎，主要工作是在项羽的门口站岗，没有资格参与军机大事儿。韩信曾多次向项羽献计献策，都被项羽无情拒绝。项羽对他说：“你的工作就是站好岗，别的不归你管！”韩信听了，非常生气，于是离开了项羽。恰巧汉王刘邦正在招兵买马，于是韩信投奔了刘邦。

韩信投奔刘邦以后，也只做了管理仓库的小官，韩信每天百无聊赖，仰天长叹。一次因为工作失误，韩信犯了法，一同被处斩的有十三个人。刽子手举起刀要杀韩信的时候，韩信高声疾呼：“难道汉王不想夺取天下了吗？为什么要杀害壮士呢？”监斩官夏侯婴觉得韩信仪表堂堂，又和他交谈一番，对他印象很好，于是便放了韩信，并且向刘邦举荐韩信为治粟都尉，专门管理粮草。

治粟都尉是一个挺大的官，但韩信认为不带兵打仗，自己的抱负不能施展，于是在一个夜晚，趁着月色，骑马逃走。汉王丞相萧何也曾与韩信有过交谈，知道他很有才学，萧何听见韩信跑了，赶紧骑马去追，于是历史上多了一个典故，叫“萧何月下追韩信”。

萧何追回韩信后，力劝刘邦委任韩信为大将军，刘邦将信将疑，碍于萧何的面子，便拜韩信为大将军。

此后，韩信陆续消灭了魏国、代国、赵国、齐国，立下了赫赫战功。刘邦为了表彰他的功绩，册封他为齐王。

功成名就后，韩信荣归故里。他召见当年给他饭吃的老太太，赠予她千金，兑现了自己当年的诺言。韩信又召见曾经侮辱自己、让他

从胯裆下钻过去的屠户，封他为中尉，并且告诉手下将领说：“这是位壮士，当年他侮辱我时，我难道不能杀了他吗？杀了他也不会扬名，所以就忍了下来，这才有了今天的成就。”

楚汉之争大结局

刘邦灭秦以后，为了消除项羽的猜疑，听取了张良的建议，驻军霸上。项羽传刘邦到鸿门（今陕西西安临潼区东北）赴宴，刘邦不敢不从。项羽的谋士范增提议，埋伏刺客杀死刘邦，但项羽没有听从范增的意见。在宴会上，刘邦得到猛将樊哙、谋士张良的保护，酒喝到一半的时候，刘邦借口上厕所，然后慌忙逃跑，终于虎口脱险。历史

称这一典故为“鸿门宴”。

项羽进入咸阳，尊楚怀王为义帝，然后分封了十八路诸侯。刘邦被项羽册封为汉王，分到荒凉的巴蜀、汉中一代，刘邦听了很有怨气，但丞相萧何却告诉他说：“巴蜀、汉中一代，土地肥沃，而且没有经历过战争，是上天赐给我们的一块宝地。”刘邦听了萧何的话，才转怒为喜，开始认真建立基业。

公元前205年，刘邦以项羽杀害义帝为名，起兵伐楚。各诸侯国痛恨项羽的残暴，于是纷纷响应。刘邦等诸侯联合，集合五十六万大军，浩浩荡荡杀向楚国的都城彭城，而项羽此时正在带兵攻打北方的齐国，彭城轻易地被刘邦大军占领。

刘邦进入彭城以后，立刻住进楚王王宫，将项羽的美人、财宝全部拥在怀里，日夜与将士们喝酒高歌。而项羽并没有气馁，他令大部队继续攻伐齐地，而自己率三万骑兵，日夜兼程，奇袭彭城。

项羽大军到时，刘邦还在饮酒作乐，忽然听到项羽的军队从天而降，刘邦大吃一惊，急忙穿上衣服逃跑。在逃跑的途中，刘邦嫌马车跑得太慢，便把儿子、女儿踹下车，狼狈程度可见一斑。

而刘邦的军队听见项羽来了，早已吓得魂飞魄散，大喊：“楚军来了！”顷刻间，几十万大军土崩瓦解，刘邦只带着数十个随从，逃到了老巢荥阳。历史上称这一场战役为“彭城之战”。

彭城之战后，刘邦很快吸取教训，而项羽却骄傲起来。公元前202年，刘邦、韩信、彭越、英布四家联合围攻项羽，项羽大军被围困在垓下。张良向刘邦献计，说：“项羽的士兵都是楚人，我们就在周围唱他们家乡的歌，来瓦解他们的斗志。”刘邦采纳了张良的建议，果然项羽的士兵听到楚歌，都触景生情，纷纷流泪。而项羽认为楚地已经被刘邦占领，他摸着自己的乌骓宝马，作《垓下歌》以诀别自己的

爱姬虞美人："力拔山兮气盖世。时不利兮骓不逝。骓不逝兮可奈何！虞兮虞兮奈若何！"意思是说，力量可以拔起大山，豪气世上无人能比。但时局对我不利啊，乌骓马跑不起来了。乌骓马不前进啊，我该怎么办？虞姬啊！虞姬啊！我又该把你怎么办？历史上称这两个典故为"四面楚歌"和"霸王别姬"。

垓下之战后，项羽兵败自杀，刘邦建立了汉朝，结束秦末以来战乱的局面，揭开了汉朝四百余年统治的历史序幕。

刘邦建立了大汉江山。
项羽的悲歌一直在戏文中传唱。

一、有情感地朗读《大风歌》

大风起兮云飞扬。威加海内兮归故乡。安得猛士兮守四方！

二、读文思考

项羽出身贵族，刘邦出身农民，项羽实力大，刘邦实力小，为什么项羽会败给刘邦呢？

3. 西汉建立与“文景之治”

刘邦的怀柔之术

公元前202年，刘邦消灭了项羽，建国号为汉，史称西汉，刘邦就是汉高祖。

刘邦当了皇帝之后，仍然有两个地方没有归顺。一个是为项羽戴孝的鲁地；一个是齐国遗民田横等人盘踞的海岛。

项羽死后，楚地望风而降，只有项羽的封地——鲁地，依然拼死抵抗。大将军韩信将曲阜城包围了起来，韩信对城里的鲁地百姓说：“本大将军攻无不克，战无不胜，你们开城投降，安享太平，不好吗？”

鲁地百姓回复说：“将军神威，我们都知道，但项王是我们的君主，死不能全尸，我们怎么能够忍心呢？除非您能厚葬项王，否则我们就会抵抗到底！”

韩信将此事告知刘邦，刘邦同意厚葬项羽，并且将项羽的尸体拼好，送还给鲁地的父老，刘邦亲临祭奠，流下了令人感动的泪水。鲁地百姓这才开城投降，认可了刘邦这个皇帝。

田横是齐国王族，齐国被大将军韩信征服以后，他誓死不投降，率领部下逃到了一座荒岛（今山东青岛即墨区东北海中田横岛）。刘邦担心田横等人，如果不加以安抚，以后会作乱，于是下诏免去了田横的罪过，并派使臣召他进京。田横对使臣说：“我曾经烹杀了陛下的使臣郦食其，现在他的弟弟郦商在汉朝做大官，我不敢前往，只求您恩准我留在这个小岛上。”刘邦听了使臣的回奏，下诏说：“田横即将前来，如果谁想杀他，我就要诛灭他的三族。如果田横来，可以封侯，如果他不来，我就要发兵诛灭。”

田横看到刘邦的诏令，为了岛上部下的人身安全，只好奉诏前往。田横等人快到洛阳的时候，田横不愿意继续前往，他对使臣说：“以前我和汉王都是王，如今他是天子，而我却要朝见他，这是一件屈辱的事情。何况我还烹杀了郦商的哥哥，即便他忌惮天子的诏令，不敢杀我报仇，但我也不想与他同殿为臣。”说完，田横自杀。

使臣和田横的两个宾客捧着田横的头，献给刘邦看，刘邦流着眼泪说：“田横三兄弟（田横、田荣、田儋）虽出身王族，但家道中落，他们平民起家，三人相继为王，这难道不是很贤能的事情吗？”刘邦说完，感慨万千，册封田横的两个宾客为都尉，按照王礼厚葬了田横。两个宾客将田横下葬以后，都拔剑自刎。刘邦听了很震惊，于是下令招降田横岛上的五百名部下，没想到，田横部下听到君主已死，全部自杀。这就是历史上著名的“田横五百士”。1930年，大画家徐悲鸿曾以这一历史典故为题材，绘制作品《田横五百士》。

休养生息和文景之治

西汉初年，国家非常贫困，即便身为九五之尊的皇帝出行，都不能找到毛色相同的马匹，而大臣们只能乘坐牛车上朝，至于普通老百姓的生活，更是可想而知了。

面对贫穷的国家，农民出身，靠起义建立了国家的汉高祖刘邦，

非常知道民间疾苦，也知道秦朝灭亡完全是由暴政导致的。

秦朝徭役繁重，成年壮丁都要免费给国家和皇帝服役，导致土地荒芜，社会生产受到严重的影响。而汉高祖刘邦则下令释放士兵回乡务农，并且将皇宫里的奴婢释放为平民，以增加社会劳动力。

秦朝的赋税沉重，老百姓要将三分之二的收成交给国家。汉高祖死后，他的儿子汉文帝下诏说："农业是天下的根本，没有什么事情比农业更重要。现在那些辛苦的农民，还要缴纳赋税，这说明鼓励农业的措施还不完善，应该减免赋税。"于是汉文帝将田赋降到三十税一。农民的负担大大减轻，老百姓都开心地拥护汉文帝。

秦朝的刑罚很严重，肉刑很普遍，老百姓经常因为一点小的过失，肢体受到严重的伤害。汉文帝时期，进一步减轻刑罚，流传下缇萦救父的故事。缇萦是一个很可爱的小姑娘，他的父亲淳于意犯了罪，按照律法应该受到肉刑的处罚。缇萦上书汉文帝请求自己卖身为奴婢，来替父亲赎罪，汉文帝很受感动，夸缇萦是个懂事的孩子，并废除了肉刑。

汉文帝曾想建造一个鹿台，后来工匠们计算，需要花费黄金一百两，汉文帝说："一百两黄金相当于十户中等居民财产的总和，我现在住在先帝建造的宫殿，就经常觉得羞愧，怎么还能修建鹿台呢？"于是汉文帝打消了破土动工的念头。

汉文帝经常穿着粗丝衣服，来显示自己的朴素，为天下人做出了表率。汉文帝宠爱的慎夫人，所穿的衣服不能拖到地面，所用的帷帐不绣花纹。文帝一朝，节约朴实蔚然成风。

汉文帝死后，汉景帝继承了汉文帝措施，这一时期政治清明，经济发展，百姓安居乐业，历史上称这一时期为"文景之治"。

一、历史纵横

王老师谈田横五百士的历史影响

田横五百士视死如归的精神，一直作为中华民族宝贵的精神财富，得以世代传承。孟子曾说：“富贵不能淫，贫贱不能移，威武不能屈，此之谓大丈夫。”毫无疑问，田横五百士就是孟子口中的大丈夫，他们为了自己的人格独立，没有屈从权威，保持了自己作为人的尊严，实在是难能可贵的。

近代以来，西方列强大肆侵略中国的国家主权，很多有识之士之所以敢于抗争，从历史渊源来说，田横及五百士遗留下来的精神财富，起到了重要的激励作用。

二、读文思考

通过阅读本小节，汉文帝贵为天子，他为什么舍不得修建小小的鹿台呢？

4. 雄才大略的汉武帝

巧施推恩令

秦朝吸取周亡的教训，废除了分封制，实行了以皇帝为核心的中央集权制度，但由于秦二世集昏庸、残暴为一体，中央集权崩溃，导致天下大乱，楚汉相争，一介平民刘邦混迹于乱世，最终鼎立天下，建立了汉朝。

刘邦当皇帝以后，又吸取秦亡的教训，开启了分封制。打天下的时候，刘邦陆续分封楚王韩信，梁王彭越，淮南王英布，韩王信，赵王张耳，燕王臧荼，长沙王吴芮，史称“异姓诸王”。后来刘邦担心他们谋反，又将他们一一消灭，并且与大臣杀白马对天发誓，非刘不王，即分封同姓子弟为王。不姓刘的人为王，天下共击之。刘邦一方面册封同姓子弟为王，施行分封制；另一方面依然汉承秦制，继承了秦朝的郡县制。于是西汉初年出现了诸侯国与地方郡县并行存在的有趣局面，史称“郡国并行制”。

然而，刘邦的初心是好的，但事与愿违。按照刘邦的构想，老刘家的人还会造老刘家人的反吗？所以刘邦给予诸侯王很大的权力，诸侯王不仅有军权、财权，还有用人的权力，在他们的封地内，朝廷的诏命无法下达。例如，吴王刘濞非常富有，管辖东南三郡五十三城，并且有铸钱、煮盐的特权。刘濞的势力日益壮大，于是野心膨胀起来，觉得只有图谋篡位，才能显示自己的雄风。可能刘邦也早就料到了这一点，但刘邦最坏的设想是，同姓分封，即便天下大乱，江山它也姓刘，这就是开国君主的构想，以后的晋武帝司马炎、明太祖朱元璋都有类似的想法，当然他们也是那么做了。

汉文帝对刘濞非常纵容，刘濞反而日益骄纵。汉文帝死后，汉景帝即位，大臣晁错对皇帝说："吴王刘濞聚集天下钱财，收拢亡命徒，训练军队，迟早会造反，不如削藩。"汉景帝认为他说得对，于是下达了削藩令。

可是汉景帝和晁错都过高估计了朝廷的威力，也过于高估了诸侯王的大局观念。吴王刘濞早就想谋反了，只是苦于没有借口，而这个借口终于来了，刘濞激动得大哭起来，他打出了"清君侧"（清除皇帝身边的坏人）的旗号，联合楚王刘戊、赵王刘遂、济南王刘辟光、淄川王刘贤、胶西王刘卬、胶东王刘雄渠等诸侯王，发动了叛乱，史称"七国之乱"。汉景帝无奈，只好杀死了"坏人"晁错，请求刘濞退兵。

面对吴王刘濞的得寸进尺，汉景帝重用细柳营名将周亚夫平叛，刘濞兵败被杀，七国之乱解除。

虽然刘濞死了，但诸侯王问题却没有得到根本解决，大臣们担心重蹈晁错的命运，也不敢再向皇帝进言。汉景帝没有解决诸侯王问题，不久含恨而终，景帝的儿子刘彻即位，是为汉武帝。

汉武帝雄才大略，一心想削藩，但大臣们又不敢进言，挑拨老刘家亲情关系的事儿，非同一般，晁错的前车之鉴便是血淋淋的教训。这时候，一个叫主父偃的大臣进入了汉武帝的视野，主父偃说："诸侯王的儿子死了以后，只能嫡长子继承王位，朝廷可以加恩册封其他

子弟为侯国，由皇帝赐予封号。”汉武帝一听，心里乐开了花，眼里满是欣赏地望着主父偃，汉武帝心想：“这招确实高，朝廷顺水推舟，做了人情，如果诸侯国子弟分赃不均产生争端，再以朝廷的名义去治他们的罪，将他们的封地取消。”

汉武帝与主父偃都是聪明人，两个人心照不宣，会心一笑，推恩令便隆重推出。各诸侯国欢欣雀跃，但他们搞不懂的是，此后的诸侯国越来越小，很多国家都莫名其妙地消失了。道高一尺，魔高一丈，为之奈何？想必九泉之下长眠的晁错也会大为叹服，虽死而无憾了。

主父偃也因为推恩令有功，一年之内被提拔四次，连续担任郎中、谒者、中郎、中大夫的职务。困扰西汉的诸侯王问题，终于得到了彻底的解决。

汉武帝对地方行政制度也进行了调整，汉武帝时期全国几十个郡，上千个县，郡守、县令作为地方上的行政长官，权力大得惊人。古代交通不便，山高皇帝远，郡守和县令的一举一动，皇帝无从得知。汉武帝发明了刺史制度，在全国设十三个刺史，代表朝廷监察地方官吏，严格约束他们的行为。后来刺史逐渐成为封疆大吏，地位高于郡守和县令。

汉武帝在中央施行推恩令，在地方施行刺史制度，目的都是为了加强中央集权，加强中央集权的目的又是为了加强皇权。皇权加强了，汉武帝高枕无忧，再无烦恼了。

控制文化，统一思想

春秋时期，诸侯争霸，政局动荡。混乱的战争局面为活跃的思想提供了土壤，道家、儒家、法家、兵家、阴阳家、墨家等思想横空出世。强大的国家大多采取了法家思想，因为法家思想实用、见效快。最典型的就是秦国因商鞅变法而国富民强，最终统一了六国，建立了秦朝。

然而，秦朝施法过严，酷刑比比皆是，老百姓怨声载道。法家的目的仅仅是为了君主，而并不是为了法治。因此当那个雄心勃勃的始皇帝嬴政开始堕落，吃仙丹追求长生不老、大修骊山陵墓、阿房宫的时候；当那个吊儿郎当的浪荡子，在师父赵高怂恿下做了大秦二世皇帝的时候，法家为君主服务的核心思想，弊端便暴露无遗，秦朝也因为刑罚残酷而灭亡。

儒
汉武帝的小伎俩：明为独尊儒术，暗为强化皇权。

西汉建立初年，老刘家前四位皇帝，汉高祖、汉惠帝、汉文帝、汉景帝都采取了老子的“无为而治”的思想。老子主张统治者与民休息，轻徭薄赋，政府管理越少越好。老子的思想为文景之治奠定了思想基础。可是老子的思想适合经济恢复期，汉武帝时，国力增强，经济发展，必须加强政府对各项工作的管理。老子的思想飘忽不定，夹杂着各种声音，各式解读，有的宾客依附诸侯王批评皇帝，汉武帝非常生气，为了便于统治，汉武帝开始控制文化，统一思想。

那究竟用哪一种思想治理国家呢？汉武帝绞尽脑汁地思考着，这时一个叫董仲舒的大臣敲开了皇宫的大门。

董仲舒是一个儒学家，自秦末焚书坑儒以来，儒家一直处于边缘状态，没有被统治者欣赏。董仲舒对汉武帝提出了“罢黜百家、独尊儒术”的建议，即对儒学进行了发展、整理，历史称为“新儒学”。

董仲舒的“新儒学”思想如下：

第一，董仲舒仍然主张君主专制，主张等级制度，这与法家思想一脉相承，这是新儒学的核心。

第二，君权神授和天人合一。这是君主专制的哲学思想，君主的权力来自天，受到上天的制约。主张“屈民而伸君，屈君而伸天”，意思是说，臣民要绝对服从于君主，君主要绝对服从“天”的意志，如果君主违背了上天的意志，上天就会降下灾祸惩罚君主。

第三，新儒学的外在世俗表现是三纲五常。三纲指父为子纲、君为臣纲、夫为妻纲。五常传说不一，通常指仁、义、礼、智、信。三纲和五常联合起来统称纲常。

董仲舒的新儒学，以法家学说为核心，以儒家学说为基础，以阴阳五行为框架，兼采“黄老”诸子百家的思想精华，打着先秦儒学的幌子，建立起一个全新的儒学思想体系。

汉武帝听了董仲舒的高谈阔论，觉得董仲舒是个奇才，能将各门各派的思想，包裹着儒学的外衣，完美地糅合起来。虽然名为罢黜百家，其实是吸收百家，最重要的是加强了皇权，给皇权披上了一层神学的外衣，增加了皇帝统治的合法性。于是董仲舒深得汉武帝的支持。新儒学也得到历朝历代的推广，影响了中国两千余年的封建社会。

盐铁专卖，财归中央

盐铁专卖制度兴起于春秋时期，专卖的专字便赋予了某种特权，这个特权的享用者便是国家。春秋时期，齐桓公争霸诸侯，需要大笔的军费，而齐国又拿不出这笔巨款，齐桓公的相国管仲提出了盐铁专卖制度，盐和铁是社会生活的必需品，一旦经营，就会获利巨大。

管仲给齐桓公算了一笔账，管仲说："一个具有万辆兵车的大国，一千万的总人口中应纳税的人约一百万，每人每月征收三十钱，一个月才收到三千万钱；但只要每升盐加价二钱，每月即可多得六千万钱，远远超过人头税的收入。"齐桓公批准了管仲的建议，齐国立刻暴富起来，建立了强大的武装，成为春秋五霸之首。

西汉初年，由于中央政府奉行老子"无为而治"的思想，对社会管控松弛，富裕的王侯、豪强可以自行开矿、冶铁、煮盐、制钱，很多王侯将相富可敌国，甚至心怀不轨，图谋叛乱。七国之乱的首脑吴王刘濞就是因为太富，富到不自量力，竟然想图谋皇位，掀起了七国之乱。

汉武帝登基以后，政治上颁布了推恩令，文化上颁布了"罢黜百家、独尊儒术"，但不解决经济问题。国家财政不能得到良好地运转，

其他的事情管控得再严格，无经济基础来支撑也是不行的。尤其是汉武帝北征匈奴，庞大的军费开支，赏赐士兵的财物，更是难以计数。总之汉武帝的苦恼主要来自缺钱。

汉武帝决定将铸币权收归中央，严禁地方和私人铸钱，增强了中央的财政能力。汉武帝在货币改革中，还推行过白鹿皮币，规定王室贵族在朝觐宗庙的时候，必须使用白鹿皮币，每张皮币售价40万钱，而且白鹿皮币的发售方只能是汉武帝。

除了从王公贵族身上揩油，汉武帝的目标还对准了商人、手工业者。汉武帝实行算缗（mín）和告缗制度。算缗就是对商人、手工业者的财产进行估价，向他们征收个人所得税。告缗是算缗的配套措施，即举报富商豪强隐瞒财产。偷税漏税行为一经发现，便要缴纳巨额罚款，所得罚款政府与举报人对半分成。

通过算缗和告缗制度，严厉打击了富商豪强，充实了国库。《汉书·食货志》说：“得民财物以亿计，奴婢以千万数，田，大县数百顷，小县百余顷，宅亦如之。”不过即便如此，汉武帝仍然感觉缺钱，大臣桑弘羊擅长理财，他向皇帝推荐了一招儿，汉武帝立刻大喜，桑弘羊的招儿便是抄袭春秋时期齐相管仲的办法，施行盐铁专卖制度。

通过以上的措施，汉武帝终于解决了缺钱的苦恼，中央政府的财富变得充裕起来。汉武帝没有像秦朝一样，为了增加收入，粗暴、单纯、无差别地全国搜刮，尤其没有针对贫穷的农民。汉武帝将获取财富的目标群体瞄到了王公贵族、富商豪强身上，通过“打土豪”的方式，解决了财政危机。毕竟大汉盛世，经济发展，人人有份，有钱出钱，有力出力，能者多劳。汉武帝做事儿，善于抓主要矛盾，不愧是一位高瞻远瞩的伟大帝王。

北击匈奴，大显国威

匈奴族兴起于公元前3世纪，是蒙古高原的一个古老民族。春秋战国时期，中原内乱，匈奴经常南侵掠夺财物，严重影响了中原地区人民的生产、生活。秦朝时，秦始皇为了抵御匈奴，不惜耗费国力，修筑了举世闻名的万里长城，又派大将军蒙恬将匈奴族驱赶到河套地区（今内蒙古西部，宁夏一带）。

西汉建立以后，汉高祖刘邦曾率领大军北伐匈奴，但由于刘邦轻敌冒进，被匈奴大军围困在白登山（今山西大同东北）。刘邦无奈，只好听取了谋士陈平的建议，贿赂了匈奴单于的夫人阏氏。阏氏得到了很多金银财宝，晚上给大单于吹了一夜枕边风，匈奴单于头脑一热，放出一个缺口。在一个大雾弥漫的早上，刘邦率领残军狼狈逃跑，历史上称这一事件为“白登之围”。

刘邦逃回长安后，立刻表示愿意与匈奴和亲，也就是把自己的女儿嫁给匈奴大单于，皇后吕雉坚决反对，日夜哭泣，刘邦只好拿出氏族谱，从老刘家寻找稍微偏远的宗室女，甚至将宫女打扮成公主，然后狸猫换太子，嫁给匈奴大单于。好在匈奴大单于只要见到姑娘漂亮就行，并不在意对方的身份。依靠和亲政策，西汉与匈奴维持了几十年的和平。

到了汉武帝时期，国力增强，文臣武将云集。于是汉武帝厌恶屈辱的和亲政策，开始着手武力解决匈奴问题。那派谁担任将领呢?

古语说，内举不避亲，汉武帝的小舅子（妻弟）卫青、卫青的外甥霍去病，两个人都非常的勇武，汉武帝很喜欢他们，任命他们为将军，带兵北伐匈奴。

霍去病带兵时，年仅十七岁，按照今天的标准还是一个正在读书

的高中生，但他非常勇敢，仅率领八百骑兵就敢深入大漠，斩杀匈奴两千多人，并且俘虏了匈奴单于的叔父罗姑比，汉武帝册封霍去病为冠军侯。

身为舅舅的卫青，自然不甘落后。公元前 127 年，卫青率领骑兵部队，对匈奴的白羊、楼烦两部落形成了合围。一天夜里，卫青突然发动进攻，活捉敌兵数千人，夺取牲畜百万之多。汉武帝册封卫青为长平侯。

公元前 119 年，汉武帝决定发动对匈奴的最后决战，于是任命卫青、霍去病各率骑兵五万，寻找匈奴的主力决战。卫青、霍去病率领大军千里奔袭匈奴的老巢，歼敌万余人，匈奴大败，只好往更偏远的北方迁移，从此再没有力量入侵中原了。

大破匈奴之后，汉武帝很高兴，册封卫青为大将军、册封霍去病为骠骑大将军。霍去病的威名一时超过了卫青，很多卫青的部将渐渐开始向霍去病靠拢。但天有不测风云，霍去病正少年得志的时候，却忽然去世了，年仅二十四岁。汉武帝下令将他的陵墓修建成祁连山的模样，以表彰他的功绩。

汉武帝时期，政治施行推恩令，文化施行“罢黜百家、独尊儒术”，经济施行盐铁专卖，军事施行北击匈奴。实现了大一统的局面，西汉王朝进入鼎盛时期。

一、文言文小阅读

偃说上曰："今诸侯子弟或十数，而适嗣代立，余虽骨肉，无尺寸地封，则仁孝之道不宣。愿陛下令诸侯得推恩分子弟，以地侯之。彼人人喜得所愿，上以德施，实分其国，不削而稍弱矣。"

——《史记》

二、历史趣闻

汉武帝的小伎俩——酎金夺爵

推恩令颁布后，诸侯国的势力遭到了削弱，但这毕竟是一味慢药，必须等老诸侯王死了之后才能见效，但汉武帝的寿命是有限的，他想尽快解决诸侯王问题，于是他下了一味猛药，那就是酎金夺爵。

西汉诸侯王在每年祭祀的时候，需要向祖宗的牌位贡献酎金。公元前 112 年，汉武帝以诸侯们贡献的酎金的成色不好，剥夺了 106 个诸侯的爵位，这对诸侯王是一个致命的打击。从此诸侯王再也不敢小觑踌躇满志的汉武帝了。

5. 东汉王朝的兴衰

西汉灭亡和东汉建立

汉武帝死后，即位的汉昭帝和汉宣帝都是比较有作为的君主，后代史学家称他们执政的时期为“昭宣中兴”。但到了汉成帝时期，西

当官要当执金吾，娶妻要娶阴丽华。
理想还是要有的！

汉开始走向衰落，成帝以后的帝王，安于享乐，国家日益衰败。

9年，西汉大司马王莽篡夺了政权，西汉灭亡。王莽改国号为新，并掀起了改革。

王莽改革的初心是好的，是为了解决西汉末年日益加剧的社会矛盾。但他开出的药方是错的，而且改革非常混乱。

例如，他不顾时代发展的需要，执意恢复西周的井田制，实行土地国有制，这一项政令遭到全天下田主的反对；又如，他改革官制，王莽几乎给所有的官职都改了名，以至于当官的都搞不清自己的官职是什么。此外他还频繁修改地名，给国家行政命令的执行和百姓的日常出行，造成了负面的影响。王莽还给少数民族改名，例如，他将匈奴的单于改名为“降奴服于”，匈奴人一头雾水，感觉是在恶意贬低他们，导致他们强烈不满，甚至引起了战争。

王莽的倒行逆施，引起天下贵族和平民的反对。此外王莽执政时，又爆发了严重的自然灾害，什么旱灾、水灾、蝗灾等，老百姓认为这是上天预示，是王莽和新朝将要灭亡的标志。于是纷纷铤而走险，各地爆发了很多农民起义，比较著名的有绿林起义和赤眉起义。

刘秀是汉朝的偏远宗室，由于汉武帝推恩令的缘故，到了他父亲只能做县令一级的小官，更加悲惨的是，在刘秀九岁的时候，父亲去世，刘秀失去了依靠，成了一个平民。

刘秀有两大人生梦想，那就是“仕宦当作执金吾，娶妻当得阴丽华”。执金吾是保卫京城的官员，早年刘秀在长安求学，曾见到执金吾巡查的场景，于是发出了做官要做执金吾的感叹。阴丽华是南阳美女，刘秀虽从未见过阴丽华，但却仰慕已久，于是发出了娶妻要娶阴丽华的感叹。

刘秀的人生励志梦想，在和平年代是无论如何也难以实现的，但

王莽的新朝却给他提供了一个舞台。刘秀是一个不甘平庸的人，天下大乱之际，他起兵造反，不久加入了绿林起义军，并担任将军。23年，刘秀取得了昆阳之战的胜利，仅仅凭着几千人的兵力，打败了新朝大司马王邑、王寻的四十万大军。

昆阳之战，刘秀一战成名，同年抱得美人归，娶到了南阳美女阴丽华，初步实现了自己的人生目标。25年，刘秀平定河北，登基称帝，国号为汉，史称东汉，由于年号光武，所以刘秀又被称为光武帝。

刘秀起兵于乱世，深知百姓在战乱中饱受痛苦。所以他知道东汉初立，百姓急需休养生息。

刘秀又开始发扬老刘家的优秀传统，施行休养生息的政策。首先，释放奴婢，增加社会劳动力，恢复农业生产；其次，加强对官吏的监督，严惩贪官污吏；最后，缓和与少数民族的矛盾，争取民族一家亲。由于光武帝的努力，后世史学家称他执政时期为“光武中兴”。刘秀实现了做人的终极目标，成为历史上少有的一代贤君。

外戚、宦官，寄生在东汉王朝的一对毒瘤

光武帝刘秀死后，汉明帝、汉章帝陆续即位，他们延续了光武中兴与民休息的良好传统，历史上称为“明章之治”。汉章帝死后，儿子汉和帝即位，汉和帝年仅十岁，没有处理朝政的能力，国家大权全部由皇帝的母亲、舅舅把持，历史称妻族一脉为外戚。皇帝长大后，渐渐对母亲、舅舅操纵权力感到不满，于是又依靠身边的宦官夺权。形成了外戚、宦官交替专权的混乱局面。

东汉时，外戚宦官一共有五次夺权事件。

第一次，是宦官郑众 PK 外戚窦宪。汉和帝年幼，母亲窦太后临朝听政，窦太后的哥哥窦宪做了大将军，他的弟弟、儿子、女婿等，都被封赐了重要的官职，这是东汉外戚专权的开始。

窦氏兄弟非常骄纵，从来不把汉和帝放在眼里，甚至想杀汉和帝。汉和帝心想：等我长大了，我一定要把舅舅们送上西天。

日子一天天过去，汉和帝终于迎来了亲政的日子。汉和帝决定利用身边的宦官来对付自己的舅舅们。91 年，窦宪北征匈奴，取得了巨大的胜利。汉和帝得到消息，假装很高兴，表示要隆重迎接英雄舅舅归来，暗中却命宦官郑众秘密派兵，控制了长安城。窦宪胜利归来，正打算在家里庆祝胜利。京城的卫兵却突然包围了他的府邸，宦官郑众拿出汉和帝的圣旨，命他交出大将军的印信，将他赶出京城。不久窦宪因畏惧，便自杀了。郑众因功封为鄛乡侯，宦官开始参与政事，并掌握了国家的大权。

第二次，是宦官李闰、江京 PK 外戚邓骘（zhì）。汉和帝死后，还没断奶的汉殇帝即位，邓太后执政。可惜殇帝不久死去，死时未满周岁，邓太后和哥哥邓骘又迎立汉和帝的侄子刘祜即位，是为汉安帝。

安帝年仅十三岁，由邓太后和邓骘掌权。邓太后目睹了汉和帝和郑众等人袭杀窦宪的事，所以她再三告诫弟弟邓骘要低调做人，尤其不要得罪皇宫里的宦官。邓骘听了姐姐的话，做人低调，从来不奢华。但是汉安帝却心存忧惧，因为他不是邓太后的儿子，同时对握有大权的邓骘也十分害怕。

121 年，邓太后去世，宦官李闰、江京等污蔑邓骘谋反，汉安帝非常震怒，没有经过调查，便将邓骘罢官。邓骘与儿子害怕，只好在家中自杀。而宦官李闰、江京都升任中常侍，进一步控制了朝政。

第三次，宦官孙程 PK 外戚阎显。汉安帝的皇后阎氏逐渐专权，皇

后的哥哥叫阎显，这兄妹俩骄奢残暴，由于皇后阎氏没有儿子，便杀死太子保的生母宫人李氏，又陷害太子保，将其废为济阴王。汉安帝死后，阎太后和哥哥阎显立北乡侯刘懿为少帝，控制了大权，但好景不长，少帝不久就病死了。宦官孙程等十九人杀死阎显，将阎太后囚禁起来，孙程将济阴王保拥立为皇帝，是为汉顺帝。孙程等十九人都封为侯，权力达到了极点。

第四次，宦官单超 PK 外戚梁冀。汉顺帝死后，皇后梁氏及其兄梁冀立两岁的冲帝即位，次年冲帝死去，梁冀又立八岁的质帝，质帝年少聪敏，对梁冀专权十分愤恨。一次，梁冀上朝，质帝望着梁冀的背影说："此跋扈将军也。"

梁冀听了非常恐惧，竟将毒药放在食物里把质帝毒死，另立十五岁的刘志为帝，是为桓帝。桓帝即位后，梁冀将自己的妹妹嫁给皇帝做了皇后。梁冀的姐姐为太后，妹妹为皇后，梁冀更加嚣张起来，有几千个奴婢伺候他，皇帝给予他丰厚的赏赐，但他依然不满足。

159 年，梁皇后去世。汉桓帝考虑除掉梁冀，为了避免重蹈汉质帝的悲剧，汉桓帝在厕所，与心腹宦官唐衡、单超、徐璜、具瑗、左悺五人商议，他们率皇宫卫兵包围了梁府，梁冀只好自杀，汉桓帝抄没了他的家，一共有三十多亿钱。宦官单超等五人以功同时封侯，从此东汉的国家大权完全被宦官所垄断了。

外戚和宦官交替专权，上层政治混乱，相互仇杀，最终波及普通百姓，根本上动摇了东汉的统治，加速了东汉王朝的灭亡。

苍天已死，黄天当立

东汉中后期，外戚宦官交替专权，政治异常黑暗，达官贵人生活奢侈，而且从皇帝开始便异常堕落。例如，汉灵帝下诏让各州县进献木材及纹理美观的石料，分批运往京城。宦官们百般挑剔，不肯接收，以至于木料腐烂，只能重新采办，浪费严重。

又如，皇帝公开卖官，凡是新委任的官员，上任之前，必须向皇帝缴纳巨额的谢恩钱，一个大臣缴纳了五百万钱后，汉灵帝竟然说："我应该再吝啬一些，问他要一千万钱。"清官司马直被任命为巨鹿太守，因没有钱给皇帝，所以服毒自杀。临死前他写了封遗书，痛骂了汉灵帝一番。汉灵帝受到了触动，才收敛了一些，但很快他又忘记了，继续大肆卖官。

昏君、奸臣层出不穷，上天又不断地降下灾祸，地震、蝗灾、旱灾、洪灾接连不断，广大百姓挣扎在死亡线的边缘，这时宗教开始兴起了。

巨鹿人张角信奉黄帝、老子，以法术和咒语传道。他用念过咒语的符水治病，让病人下跪然后虔诚地说出自己的错误，喝下符水，很多人的病竟然好了。一传十，十传百，百传千，张角的名声便大了起来。

人们都将张角视为神明，张角的徒弟们追随张角，一边传教，一边诓骗钱财，十余年间，信徒累计达到几十万人。很多地方官员不了解张角的意图，反而认为张角传教，教民向善，竟然暗自支持。

张角创立太平道，酝酿谋反。184年，就在关键的时候，张角的一个叫唐周的弟子，因为害怕，向朝廷举报了张角手下的一个重要首领马元义。汉灵帝既惊讶又气愤，动用了早已废除的酷刑五马分尸，残酷地杀死了马元义。并且皇帝下诏，上至达官贵人，下到普通百姓，凡是信奉太平道的人，一律处死，杀死了一千多人。

张角得知计划泄露，便决定立刻起义。张角对信徒们大喊："苍

天（汉朝）已死，黄天（黄巾军）当立。”信徒们听到口号，都很振奋，信心大增。为了区别于汉朝军队，张角命信徒头顶上戴一条黄巾，所以又叫“黄巾军”。张角自称天公将军，弟弟张宝为地公将军，弟弟张梁为人公将军。他们焚烧官府，掠夺城镇，地方官吓得望风而逃，很短的时间，黄巾军就攻克了很多地方。

汉灵帝召集大臣们商议对策，大臣皇甫嵩说：“应该赦免被宦官陷害的党人，让他们去镇压黄巾军。”汉灵帝同意了他的建议，并且令各地州牧郡县的长官、地方豪强，自行募兵抵抗，为汉末州牧割据的局面埋下了伏笔。

黄巾起义后不久，地方豪强、州郡官吏联合募兵镇压，张角在紧要关头生病去世，黄巾起义很快失败，但它沉重打击了东汉的统治，东汉政权从此土崩瓦解。

一、“如果历史有假设”栏目

假设刘縯没死

东汉开国皇帝刘秀，是一个文武全才，他凭借不足万人的部队打垮了号称四十万的王莽大军，取得了昆阳大战的胜利，为消灭王莽的新朝奠定了基础，刘秀也赢得了起义军将士的敬重。可谁又知道他还有一位能力超群的哥哥呢？

刘秀的哥哥叫刘縯，史书上记载他“性刚毅，慷慨有大节”。春陵起兵时，刘縯散尽家财，招募了七八千人的队伍，刘秀正在此时加入了哥哥的队伍，也可以说最初是刘秀给刘縯打工。后来起义军发展壮大后，刘縯一度成为皇帝的热门人选，但因为起义军派系复杂，一部分将领拥立了碌碌无为的刘玄为帝。刘縯屈尊大司徒，成了二把手。后来刘玄与绿林军的其他将领害怕刘縯的势力，秘密将他杀害。刘秀听闻哥哥的死讯，过于悲痛，远走河北，不久他在河北称帝。

如果历史有假设，假设刘縯没死，弟弟刘秀还有机会登基称帝吗？

二、填空题

本小节的重点便是东汉的兴与衰，那么东汉的兴是指（　　），东汉的衰又是指（　　）。

6. 揭开丝绸之路的历史画卷

张骞出使西域

西汉时，玉门关、阳关以西地区统称为西域。西域有几十个小政权，受到北方匈奴的控制，它们每年都向匈奴缴纳沉重的贡品，换来的却是匈奴的奴役和凌辱。大月氏王因为得罪了匈奴老上单于，首领无故被杀，头骨竟然被老上单于做成了酒器，天天用来饮酒。

俗话说，敌人的敌人就是朋友。西汉武帝时，国力逐渐强盛，但在卫青、霍去病发迹之前，汉武帝还没有公开与匈奴宣战的气魄，他需要建立抗击匈奴的统一战线，于是他的视角转向了与匈奴苦大仇深的大月氏。汉武帝心想，大月氏哪怕没有胆子出兵，但在一边骂骂匈奴，表示一下严重谴责，那也是在一定程度上孤立匈奴了。

公元前 138 年，汉武帝派郎官张骞出使西域，张骞出使的目的是联合大月氏夹击匈奴。没想到张骞运气不好，使团一行人刚出行不远，在河西走廊便遇到了匈奴骑兵，张骞刚想冒充中原商人，但没等他开口，一群匈奴兵便冲上来，五花大绑地将他们捆了起来，然后在他们的身上搜出了身份文牒，在铁证面前，张骞等人百口莫辩。匈奴士兵将他们送到匈奴军臣单于面前。军臣单于对张骞说："月氏在吾北，汉何以得往使？吾欲使越，汉肯听我乎？"匈奴单于这句话说得没有问题，大抵意思是说，你们汉朝从我们的地盘去大月氏，就跟我们通过你们的地盘去南方的越一样，换作你们，能同意吗？不得不说，匈奴军臣单于一点也不糊涂，还会用换位思考来反驳张骞。

张骞无话可说，只能自认倒霉，军臣单于将张骞等人软禁在匈奴。为了断绝他们回汉朝的念头，还给张骞在匈奴娶了媳妇，但张骞持汉节，望着长安方向，一直在寻找机会逃跑。

一晃眼十年过去了，匈奴认为张骞已经忘掉了汉朝，便放松了警惕。在一个黑夜，张骞和伙伴们趁匈奴人不注意，带着他们匈奴血统的媳妇，仓皇逃跑。逃出以后，张骞没有忘记自己的使命，仍然不顾艰难，向大月氏走去，但没想到大月氏早在几年前就搬家了。那时匈奴联合乌孙一同进攻大月氏，大月氏只能向遥远的西方迁徙。

张骞一行人，风餐露宿，干粮吃尽了，就射杀鸟兽充饥，不少人都死了，但张骞依然坚持西行。历经千辛万苦，他们终于到了大宛，张骞向大宛寻求帮助，许诺回汉朝以后给予金银财宝。大宛首领很高兴，给了他们食物和快马，张骞才得以到达大月氏。

大月氏首领听到张骞的来意，吓得浑身冒汗。张骞见此，情急之下说："难道您忘了匈奴人杀了您的父王，将其头骨做成了酒器的事情了吗？"大月氏首领听了，很不高兴地说："这都哪辈子的事了，我们在这有吃有喝，挺好！"

张骞无奈，只好无功而返。中途他又被匈奴人俘虏，被扣留一年多，后来他趁匈奴人内乱，再次逃走。回到汉朝时，张骞已经阔别汉朝十三年了，汉武帝都已经认不出衣衫褴褛的张骞，还以为他是一个乞丐。张骞哭着向汉武帝说明了一切，汉武帝很感动，提拔他为太中大夫。张骞向皇帝奏明了去西域沿途的见闻，汉武帝听得很认真。虽然张骞的使命没有完成，但这是西汉第一次与西域各部的正式接触，

具有跨时代的历史意义。

公元前 119 年，张骞再次出使西域，想联合乌孙等进攻匈奴，但走到中途，便传来卫青、霍去病大败匈奴的消息。于是张骞放松了心情，出使目的由军事变为了沟通、交流，各地都热情接待，踊跃回访。

张骞两次出使西域，具有开通道路的作用，汉武帝册封张骞为博望侯，西域各部听到博望侯的大名，便非常地信服，转而更加信任汉朝了。

开通丝绸之路

汉使张骞通西域以后，中原王朝和西域的经贸关系越来越活跃，因为主要商品是丝绸，所以当时的人们叫这条路为丝绸之路。

汉朝大败匈奴以后，保障了丝绸之路的安全，从此东西方往来的商贩绵延不绝。据说中国的丝绸在欧洲能卖到黄金的价格，罗马帝国恺撒大帝穿着中国的丝绸出席晚会，顿时引起了轰动。由于有利可图，丝绸之路变得活跃起来。

丝绸之路从长安穿过河西走廊，经西域、中亚、西亚，再到达更遥远的欧洲。

这一条沟通中西方的大动脉，除了贩卖贵重商品之外，还传播当时的技术，例如，中原的开渠、凿井、铸铁等技术就通过丝绸之路，传到了西域。西域的农产品，诸如核桃、苜蓿、石榴，还有良种马、香料、玻璃、宝石等传到了中原。两相对比，汉朝的经济、技术的发达程度要远高于西域，也间接反映了西汉的强盛。

丝绸之路的开通对当时中国与西域诸部的经济文化交流，起到了很大的促进作用。从历史文化的角度，对今天“新丝绸之路经济带”的建设，仍然具有历史性的指导作用。

汉朝不仅有陆路丝绸之路，也有海上丝绸之路。汉武帝时，最远的丝绸之路，从中国东南沿海港口出发，经过中南半岛，绕过马来半岛，穿过马六甲海峡，通过孟加拉湾，最后抵达印度半岛南端和锡兰（今斯里兰卡）。海上丝绸之路成为陆路丝绸之路的重要补充，对拓展海上交通线，加深与东亚国家的交往，具有重要历史作用。

西域都护的设立

丝绸之路的开通，扩大了汉朝对西域的影响，而大败匈奴，又提高了汉朝在西域各部中的地位。为了进一步保障丝绸之路这条通道的安全，调解西域各部的纠纷、战争，汉朝对西域有了更加成熟的统治

模式，那就是设立机构进行管辖。

公元前60年，西汉在西域设立西域都护府，管辖西域三十六部。西域都护府颁布汉朝的诏令，调遣军队、征发粮草。西域都护府的设置，标志着汉朝正式对西域行使管辖权，意义非常重大。

西汉灭亡后，匈奴重新控制了西域。东汉建立以后，汉明帝派兵击败匈奴，西域再次回归到中原王朝的版图之中，班超在这一过程中立下了重大的贡献。

西域外交家班超

班超出身书香门第，但却因为父亲班彪早死，班超一家陷入了困境。班超的哥哥叫班固，班固很有才学，正在修编《汉书》，希望通过修史来得到做官的机会。没想到不仅官没当成，还被小人告发私修国史，这在当时是大罪，于是班固被抓了起来。

弟弟班超骑着快马去洛阳告御状，幸运的是当时的汉明帝还是一位明君。汉明帝接见了班超，班超运用超一流的口才，说自己哥哥班固修《汉书》完全是为了宣扬大汉王朝的圣德，并且将书稿的精华部分交给汉明帝查看。汉明帝看了书稿，大为感叹班固的才华，称他的书是一部奇作。汉明帝释放了班固，让他担任了兰台令史，专门负责编写史书。而班超也因为良好的口才、过硬的心理素质，受到汉明帝的青睐，不久便下令让班超任兰台令史，与哥哥班固一起编修史书。

班超与哥哥班固不同，班超性格外向，更喜欢做一些灵活性大的工作，而班固性格沉稳，更适合在书斋做学问。

有一天，机会终于来了。73年，奉车都尉窦固等人出兵攻打北匈奴，班超主动请缨，跟随大军北征，在军中任假司马（代理司马）

之职。班超一到军旅中，就显示出了与众不同的才能。他率兵进攻伊吾卢（今新疆哈密西四堡），在蒲类海（今新疆巴里坤湖）与匈奴交战，战功赫赫。大将军窦固很赏识他的才干，于是派他和郭恂一起出使西域，主要是联合鄯善（本名楼兰）夹击匈奴。

鄯善首领得知大汉使节到了，显得非常的开心。一个只有几万人的小国家，将所有的好吃的都拿了出来，隆重而且真诚地接待班超，班超感动得流下了泪水。第二天，班超正式拜见鄯善首领，却吃了闭门羹。鄯善首领的内侍告诉班超，首领身体不爽。

只是一个晚上，鄯善首领的态度却发生了翻天覆地的变化，使团的其他人都百思不得其解。只有班超冷静地说："一定是匈奴的使者到了，鄯善不敢脚踩两只船，现在他不知如何是好。"

众人都不知道怎么办，班超说："只有把鄯善首领的侍者骗来，一问究竟。"班超软硬兼施，从鄯善首领侍者嘴里得知，果然匈奴的使节到了。班超请属下三十六人喝酒，酒醉之时，班超大声说："如果鄯善首领把我们送给匈奴，我们一定生不如死，我们怎么办？"众人说："你是司马，我们都听你的。"

班超不愧是狠角色，当天黑夜，他与部下三十六人直奔匈奴使节属地，趁着匈奴人睡觉的时候，举刀便砍，然后纵火焚烧匈奴人的帐篷。一夜之间，匈奴人的营地，被班超连杀带烧、夷为平地。

第二天，天刚拂晓，鄯善首领听到这个惊天的新闻，差点犯了心脏病，不停地使劲咳嗽。班超趁机向鄯善首领游说。鄯善首领见匈奴人已经死了，如果再与汉朝翻脸，那么自己肯定会死无葬身之地，于是他顺水推舟，表示愿意归降汉朝。班超一战成名，大将窦固非常高兴，任命班超为军司马。后来汉明帝下诏，让班超继续留在西域。

班超在西域很受西域人民的爱戴。他调解各部战争冲突，保护丝

绸之路的畅通。汉明帝死后，汉章帝即位，新皇帝诏班超回长安就职。西域人民听说班超要离开西域，很多人情不自禁地大哭起来，有的人抱着班超的马腿，不让班超离开。班超很受感动，就上书皇帝，继续留在了西域。

班超经营西域的同时，他派手下甘英出使大秦（罗马帝国）。几十年后，班超年龄大了，他的儿子班勇，子承父业，再次出使西域，创造了班氏父子与西域的千古佳话。

一. 读文思考

张骞出使西域，可谓经历了“九九八十一难”，作为新时代的中学生，我们应该从中得到何种精神启发呢?

二、历史评价

通过阅读本小节，你如何评价丝绸之路伟大的历史意义呢?

7. 伟大的时代，伟大的发明

宦官里的奇才，造纸大王蔡伦

先秦时期，人们在龟背上写的字，被称为甲骨文；在青铜器上写的字，被称为铭文；在丝帛上写的字，被称为帛书（又名缯书）；在

蔡伦造纸，点亮了文明之光。
皇宫里深藏的国之巨匠。

木简上写的字，被称为简牍。以上写字的载体，都有一些弊端，例如，甲骨比较稀少，青铜器太大，丝帛太贵，木简太重。

西汉时，人们已经掌握了造纸的技术，但造出的纸张比较粗糙，容易破损。东汉宦官蔡伦喜欢钻研科学技术，他利用树皮、麻头、破布、旧渔网等植物纤维为原料造纸，纸的质量大大提高。而且价格便宜，方便推广、使用。

蔡伦也因为造纸有功，被汉和帝赏识，世人称他造的纸为“蔡侯纸”。造纸术是中国古代四大发明之一，对人类文化的传播和世界文明的进步做出了卓越的贡献。

近代，《影响人类历史进程的100名人排行榜》中，蔡伦排在第七位 。美国《时代》周刊公布的“有史以来的最佳发明家”，蔡伦榜上有名。2008年北京奥运会开幕式，通过集体舞蹈的方式，向世界展示了蔡伦改进的造纸术。

神医张仲景和华佗

东汉末年，天下大乱，战争的气息弥漫着全国，由于死人太多导致瘟疫横行。比较幸运的是出现了两个医术高超的神医，他们是张仲景和华佗。二人走访民间，为百姓治病，救活了很多人，后人分别称他们为“医圣”和“外科鼻祖”。

张仲景写成了《伤寒杂病论》一书，该书对发展中医药事业做出了贡献。华佗擅长外科手术，吴国大将周泰、蜀国大将关羽受了严重的外伤，都是华佗给他们诊治的，二人很快就痊愈了。华佗还发明了外科手术用的麻沸散，让病人动手术前，和酒服下，便失去知觉。不过华佗的麻沸散和今天手术用的麻药有一些不同，古代麻沸散喝下去，

很难做到全麻，但能起到局部麻醉的作用。麻沸散的发明，减轻了病人的痛苦，可谓善莫大焉，只可惜在华佗死后，麻沸散也随之失传了。

华佗还发明了五禽戏，类似今天的广播体操，天天练习，有利于强身健体。

千古第一史学家——司马迁与《史记》

司马迁出身于知识分子家庭，他的父亲司马谈是西汉的史学家，司马迁继承了父亲的职位，做了汉朝的太史令，专门修撰历史。

司马谈临死前，曾握着司马迁的手说："我们祖先在周朝时就是写历史的，你要把朝廷的太史令做好，替祖宗争光。"说完，就咽气了。司马迁没有辜负父亲的期望，开始编写古今第一历史大书《史记》。《史记》是一部纪传体通史，记录了黄帝、炎帝至汉武帝时三千多年的历史，书中记录了帝王将相的历史活动，褒扬他们的功绩，也批评他们的腐朽和罪恶。《史记》文笔优美，人物形象生动，在文学史上有崇高的地位。

然而，司马迁正在写《史记》时，却意外卷入了"李陵事件"。李陵是北征匈奴的将军，因为中了匈奴的埋伏，拼死杀敌，因寡不敌众，最终选择了投降匈奴。汉武帝非常气愤，对李陵极为不满，周围的大臣唯唯诺诺，纷纷附和皇帝。只有司马迁，他的书生气忽然间犹如一股电流传遍了全身，他向汉武帝慷慨陈词，为李陵辩解，说李陵投降事出有因，实属无奈。

汉武帝听后，勃然大怒，将司马迁抓起来，准备处死。按照汉朝的法律，犯了死罪，可以缴纳巨额罚款或者用腐刑代替死刑。司马迁靠着俸禄，勉强穿衣吃饭，他想一头撞死，但《史记》尚未写完，于是忍辱负重，选择了丧失男人尊严的残酷刑罚——腐刑。

经过十多年的努力，司马迁终于写成了《史记》一书。近代文学家鲁迅先生高度评价《史记》，称它为“史家之绝唱，无韵之离骚”。

一、填表格

秦汉时期领先世界的科技成就

人物	朝代	成就	影响
蔡伦			
张仲景			
华佗			

二、选择题

第一次以纪传体通史的体例记述了黄帝到汉武帝3000多年历史，是一部不朽的史学著作，这部著作的名称叫（　）。

A.《汉书》　B.《后汉书》　C.《三国志》　D.《史记》

本章思维导图

王老师划重点

第三章 秦皇汉武的大一统王朝（秦汉）

- 秦朝
  - 秦始皇
    - 确立中央集权制度
      - 政治：皇帝制度，三公九卿制度，郡县制
      - 经济：统一度量衡，修建驰道
      - 文化：统一文字（小篆）
      - 军事：修长城，北击匈奴
  - 秦末农民起义
    - 原因：秦末暴政
    - 前期：陈胜，吴广
    - 后期：项羽，刘邦
- 汉朝
  - 政治
    - 西汉初期：休养生息政策
    - 汉武帝时期：推恩令，刺史制度
    - 东汉：光武中兴，外戚宦官专权，黄巾起义
  - 经济
    - 盐铁官营，铸币权归中央
    - 开辟丝绸之路
  - 外交
    - 张骞出使西域
    - 西域都护府设置
  - 军事
    - 卫青、霍去病大败匈奴
  - 科技文明
    - 造纸术、医学、史学

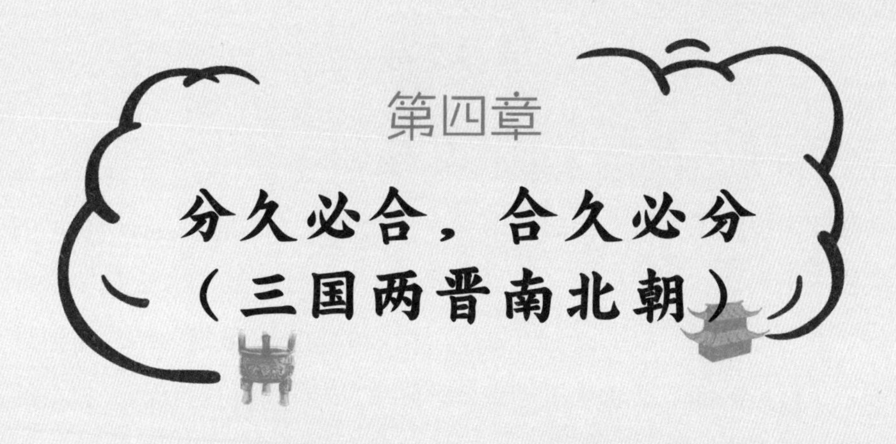

第四章

分久必合，合久必分（三国两晋南北朝）

1. 汉家天下，人人有份——三国鼎立

官渡之战

黄巾起义爆发后，朝廷诏令地方郡守、刺史、地主豪强自行募兵驻守，形成了大大小小的割据势力。黄巾起义被扑灭以后，东汉的政治中枢内讧达到了极点。汉灵帝死后，他的十个宦官（史称“十常侍”）与外戚兼大将军的何进发生了激烈的斗争，最终的结局是何进被杀，何进的部下又斩杀了十常侍。随着汉朝外戚和宦官两大势力的终结，汉末的皇权也走到了终点。

随后西凉军阀董卓入京，废黜皇帝，另立新君。十八路诸侯共讨董卓，开启了汉末天下大乱、群雄并起的局面。经过十几年的相互攻打，中原地区形成了曹操和袁绍两个较大的军阀。曹操具有极高的政治眼光，他将当时人人躲避的汉献帝，接到自己地盘，使用“挟天子以令诸侯”的政治手腕，政治上掌握了主动权。此外他重用人才，最早施行了军队屯田，减轻了农民的负担，粮食也日益增多。曹操就这样发展了几年，力量逐渐壮大。

袁绍地居河北，有十几万兵马，力量远大于曹操。谋士沮授曾劝谏袁绍说：“抢先将汉献帝弄到手，那时候谁敢不服从您的命令呢？”但袁绍认为迎接皇帝，自己势必要事事请示，于是果断放弃了这个宏伟的计划，让曹操捡到机会迎立献帝。不能不说，在政治眼光方面，袁绍远逊于曹操。

200年，袁绍和曹操在官渡展开了决战，史称“官渡之战”。袁绍有精兵十几万，粮草充足，而曹操却只有二三万人，袁绍大军压境，曹操内部一片恐慌，唯独曹操笑着说：“袁绍志大才疏，胆略不足，刻薄寡恩，刚愎自用，兵多而指挥不明，将骄而政令不一，他必然失败。”

曹操把袁绍琢磨得八九不离十。袁绍派遣有勇无谋、嗜酒如命的淳于琼前去守护粮草重镇乌巢。在一个深夜，袁绍的后方乌巢被曹操的轻骑部队偷袭，粮草全被焚毁。曹操一鼓作气，打败了袁绍，不久之后，袁绍生病去世，曹操随之兼并了袁绍的地盘，进而统一了北方。

赤壁之战

曹操打败袁绍以后，成为中原霸主。208年，曹操率领大军南下，准备消灭荆州地区的刘表和盘踞江东的孙权。

而这时候的刘表得了重病，已经命不久矣。倒是依托他的刘备，紧张万分。刘备和刘表都是汉氏宗亲。自曹操官渡之战大胜后，驻守徐州的刘备，自知无法抵挡，一路南逃，投奔了远房亲戚刘表，寄托在刘表麾下，勉强混一口饭吃。

眼下，刘表即将咽气，可以与世无争。可刘备比刘表年轻二十几岁，还属于年轻人，因此刘备派遣得力谋士诸葛亮渡江前往江东，寻求孙刘联合，共抗曹操。

诸葛亮不负众望，凭借三寸不烂之舌，成功游说孙权、鲁肃、周瑜等实力派人物，实现了孙刘联合。

当时曹操军队二十几万，但号称八十三万，而孙刘联军只有五万

人。虽然曹操军队人多，但不习水战，战士一上船，便会晕船呕吐，加上水土不服，疾病流行，曹军战斗力大大减弱。曹操冥思苦想，想出了一个办法，将大船捆绑在一起，士兵们就不会再晕船了，而且大船捆在一起，犹如今天的战船方阵，有大型航母的味道，气势足以压倒孙刘联军。

可是人算不如天算，东吴都督周瑜技高一筹，他恰恰利用了曹军大船捆绑在一起的特点，采取火攻策略。但火攻必须接近曹操的“航空母舰”。这时老将军黄盖自告奋勇，与周瑜合演了一番苦肉计。周瑜和黄盖假装发生矛盾，周瑜又假装痛打了黄盖，黄盖又假装投降曹操。在一个刮着东南风的寒冬时节，黄盖带着几百艘载着硫黄、杂草的船向曹营驶去。快到曹营时，黄盖下令点火，于是几百艘火船顺着风势，急速地冲向曹操的“航空母舰”。

曹操的“航空母舰”毕竟是木船，铁链环绕，熊熊燃烧的大火，让曹操倍感绝望。曹军最终大败，退回了北方。

由于该战役发生在赤壁，因此史称“赤壁之战”。赤壁之战是中国军史上一次以少胜多的战役，也为此后魏蜀吴三国鼎立，奠定了基础。

三国鼎立

赤壁之战后，曹操不敢与刘备、孙权为敌，而是将矛头对准了汉中的张鲁、西凉的马超，夺取了关中地区。

刘备趁曹操大败之机夺取了荆州。在赤壁之战中，孙权是主角，出人出力最多，但刘备却趁他不注意，顺手摘桃。孙权非常恼怒，曾派老实人鲁肃几次前往索要荆州，但都被诸葛亮成功化解。

三国鼎立—— 一个英雄辈出的年代。

刘备漂泊了大半辈子，终于有了落脚之地，谋士诸葛亮劝导他，人要有大的志向，并且引导刘备进攻盘踞四川的刘璋。刘璋和刘备都是汉氏宗亲，但彼此没有来往，也没有交情。刘备和诸葛亮正苦于无处下手，刘璋的谋士张松却投怀送抱，秘密投靠了刘备，并进献四川地图，史称“张松献图”。张松回到四川，借曹操攻打隔壁邻居张鲁，力劝刘璋迎刘备入川，共同讨伐曹操，刘璋同意了。最终引狼入室，曹操没来，刘备却率领大军趁机夺取了刘璋的地盘。

东吴的孙权很有治世之才，善于权谋，赤壁之战后守着江东地盘，一时文臣武将云集。曹操曾率大军三次来攻打，都被孙权击败了。曹操感慨地说：“生子当如孙仲谋！”仲谋是孙权的字，意思是说，生儿子就要生孙权这样的儿子啊！曹操的年纪比孙权大了近三十岁，把

他当作儿子辈，也勉强说得通。

曹操、刘备、孙权三股势力，犹如支撑起大鼎的三只足，相互攻打，却难以吃掉对方，形势渐渐地稳固了下来，历史称这一时期为“三国鼎立”。

然而，汉献帝还存在，名义上东汉王朝仍然存续着。曹操、刘备、孙权说到底，只是军阀，而不是一个国家的元首。曹操已经六十多岁了，即便晚年篡位，也当不了几年皇帝，而且搞得身败名裂。孙权年龄小，力量弱，他的目标就是守住哥哥孙策打下的基业，他是不敢考虑做皇帝的。刘备和汉献帝都是老刘家的人，汉献帝叫刘备为皇叔，碍于这层关系，刘备也不敢率先称帝。但这一切，都随着曹操的去世，发生了迅速地变化。

220 年，曹操去世。儿子曹丕继承了王位，原曹操的手下部将都怂恿曹丕称帝，逼迫汉献帝禅让。献帝无奈，只好宣布退位。可曹丕又不同意了，因为他也跟父亲曹操一样，怕担篡位的罪名。于是曹丕和大臣逼汉献帝连续让位三次，他们又连续推脱三次，最后才假装很不情愿地接受，汉献帝和东汉王朝终于彻底退出了历史舞台。曹丕篡汉以后，刘备、孙权上表一阵谴责，然后也开始建号称帝。

220 年，曹丕建立魏国，定都洛阳。221 年，刘备建立蜀国，定都成都。222 年，孙权受封吴王，229 年称帝，建立了吴国，定都建业。三国鼎立的局面最终形成。

三国建立后，都施行了一些发展措施。魏国重视农业生产，大力兴修水利。吴国开发江东，造船业发达，发展海外贸易，并且派大将卫温第一次到达了夷洲（今台湾地区）。蜀国在诸葛亮的治理下，改善民族关系，大力生产蜀锦，使四川成了著名的丝织地区，从而加速了西南地区的开发。

一、读文思考

曹操号称八十万大军，孙刘联军只有区区五万人，为什么曹操会失败呢？

二、填表格

政权名称	建国时间	创建者	都城
魏国			
蜀国			
吴国			

2. 昙花一现的西晋，北方邻居的大迁徙

三家归晋

三国后期，蜀国开国皇帝刘备、开国大丞相诸葛亮都先后离开了人世，刘备的宝贝儿子刘禅（小名“阿斗”）继承了皇位。刘禅无能，不会治理国家，国家越来越虚弱。魏国派间谍潜入四川侦查，回奏说，蜀国的老百姓都吃不上饱饭，一个个吃野菜度日，饿得面黄肌瘦。

再说吴国，孙权死后，吴国陷入了极度混乱的局面。孙权的儿子孙亮即位时才十岁，他不甘心被权臣当木偶，开始计划诛杀权臣。但是孙亮毕竟太年轻了，还没等自己动手，就被老谋深算的权臣孙綝给废黜。然后孙綝拥立孙亮的哥哥孙休为皇帝。孙綝认为自己功劳很高，经常酒后狂言，说自己不愿意当皇帝，才让给了当今陛下。

孙休当皇帝的时候，已经二十多岁了，心智各方面都比弟弟孙亮成熟。他将孙綝骗到皇宫喝酒，然后很轻松地把他抓了起来。孙休仅当了几年皇帝就去世了，他的侄子孙皓做了皇帝。孙皓喜怒无常，常常以杀人取乐，周围的人都非常怕他，大臣上朝的时候，甚至不敢抬头看他，而他却很得意。吴国在他的统治下，也渐渐地衰弱了。

三国之中，魏国最强，但却最惨。因为魏国从第三任皇帝曹芳开始，皇帝的权力便受到司马懿家族的控制。到了第四位皇帝曹髦时，大权完全落到了司马懿儿子司马昭手中。皇帝悲愤地对众人说：“司马昭之心，路人皆知！”然后率领皇宫的太监、侍卫，总计百余勇士前去攻打，却被司马昭的部下无情杀死。皇帝被杀，司马昭使劲挤出几滴泪水，又立曹奂为帝。

司马昭对众人说：“昔日魏武帝曹操要当周文王，今天我也是这个意思。”周文王不是天子，但为儿子周武王做天子打下了基础，又保留了忠臣的好名声，流传千古。265 年，司马昭病死。司马昭儿子司马炎即位，建立了晋国，史称西晋，司马炎史称晋武帝。司马炎追谥父亲司马昭为司马文王，终于圆了司马昭的“文王梦”。

263 年，魏国大将军司马昭命邓艾为将军，西征蜀国，刘禅很有自知之明，早早地备好了棺材，穿上白色的衣服，反绑双手，投降了魏国，蜀国灭亡。280 年，西晋武帝司马炎讨伐吴国，吴国末代皇帝孙皓也模仿刘禅，搞了一套虔诚的投降仪式，吴国灭亡。吴国灭亡标志着东汉末年天下大乱局面的终结，三国完成了一统，江山归晋。

西晋的速衰

西晋完成统一后，开国皇帝司马炎曾一度励精图治，采取了很多有利于人民的措施，因年号太康，所以史称“太康之治”。但此后晋武帝很快堕落，开始享乐起来。在皇帝的纵容下，社会风气极其败坏，达官贵人夸夸其谈，奢侈享乐。比较有代表性的事儿就是王恺和石崇斗富。

王恺是晋武帝的舅舅，地位非常尊贵，晋武帝经常赏赐他，使舅舅王恺富可敌国。但他在钱财上，比起石崇来，依然是“小巫见大

巫”。石崇只是一个官员，他的钱到底有多少，连他自己也不知道。

石崇做了几年荆州刺史，在这期间，他白天做官搜刮民脂民膏，晚上则持刀扮演江洋大盗，勒索外地的客商，几年的时间，他就积累了无数的钱财、珠宝，成了当时最大的富豪。

王恺和石崇两个人都很富，于是互相不服，暗地里较劲，发誓要比试一番。王恺家用麦糖水刷锅，石崇用白蜡当柴烧；王恺家用紫丝织成屏障四十里，石崇就用更贵重的锦缎屏障五十里。占尽下风的王恺跑到晋武帝面前哭诉，晋武帝坚决站在舅舅一边，于是大笔一挥，送给舅舅一株高两尺的珊瑚树。王恺特意邀请石崇去家里观看，石崇却当着众人的面把珊瑚树砸得粉碎，并且拉着王恺去自己家里的库房挑。王恺望着石崇家里的珊瑚树，一共十几株，大的有三四尺。这个时候王恺才惭愧地握着石崇的手说：“您不愧是我大晋国的第一首富啊！”

太过嚣张的人，大多不会有什么好下场。石崇嚣张炫富，是源于晋武帝的默认，而且晋武帝暗地里要求大家按规矩出牌，“文明炫富”，要讲“武德”。晋武帝死后，炫富的规矩被打破，也没有了晋武帝那样的裁判，谁抢着算谁的。于是石崇的巨额财富遭到众人嫉妒、怨恨。赵王司马伦的谋士孙秀向石崇索要美妾绿珠，石崇不给。孙秀怀恨在心，便怂恿主子司马伦杀害了石崇。于是石崇的财宝和美女全部被其他人瓜分。

西晋人鲁褒根据当时腐败的社会风气，作了《钱神论》一文，嘲讽写道：“凡今之人，惟钱而已……为世神宝，亲之如兄，字曰‘孔方’。”西晋朝廷的腐败，严重危及了自身的统治，加速了西晋的灭亡。

祸起萧墙，八王之乱

西晋建立后，晋武帝司马炎与历朝开国君主一样，登基做皇帝以后，便思考前朝灭亡的原因。晋武帝认为，曹魏政权之所以迅速灭亡，就是因为没有施行分封制，导致大权旁落到司马家族。因此晋武帝开始走历史的老路，重启分封制，大封子弟为诸侯王。其中有八个王势力最大，他们分别是，汝南王司马亮、楚王司马玮、赵王司马伦、齐王司马冏（jiǒng）、长沙王司马乂（yì）、成都王司马颖、河间王司马颙（yóng）、东海王司马越。晋武帝认为，将天下册封给司马家族，就可以传至千代、万代。但这终归是晋武帝的一厢情愿。

晋武帝死后，太子司马衷即位，史称晋惠帝。晋惠帝司马衷智商

你知道司马衷为何叫“肉糜帝”吗？

偏低，无奈稳坐嫡子的位子，晋武帝一共十八个儿子，聪明的儿子有不少，但却不能坏了嫡子继承制的规矩。司马衷愚蠢糊涂，不能处理朝政，一次有一个地方受了灾，没有饭吃，有人向他禀报，司马衷竟然说："他们没有饭吃，为什么不吃肉粥呢？"

晋惠帝因为智商问题，由老婆贾南风处理朝政。贾南风人称贾皇后，长相奇丑无比，内心也非常歹毒、阴险，这基因或许遗传了其父贾充。贾充就是一个阴险毒辣的人，曾策划杀死魏帝曹髦（máo），自己却全身而退，一时为正人君子所不齿。但因为他有大功于司马家族，所以深受皇帝的器重。

贾后生了四个女儿，却没有一个儿子。因为生不出儿子，所以太子的位子被淑妃所生的司马遹（yù）占据。贾后妒忌心发作，谋害了淑妃和太子司马遹。贾后的倒行逆施，引起了司马家族的强烈不满。

赵王司马伦发兵讨伐贾后，贾后败，破口大骂司马伦："我真后悔没早点杀了你！"司马伦给她一瓶毒药，贾后只得自杀。

晋惠帝不能处理朝政，贾后被杀，太子司马遹也被贾后杀害，中央集权的最高权力一度出现了真空。晋武帝册封的八个王为了争夺最高权力，陷入了相互攻打的内战之中，史称"八王之乱"。

八王之乱严重阻碍了社会的发展。因为战争，中原人口大量死亡，很多人向南方逃命，形成了中国古代人口的第一次大规模迁徙。

北方邻居的大迁徙

西晋忙着八王之乱的时候，北边匈奴、鲜卑、羯、羌、氐五个大的少数民族部落，开始趁机由北向南迁徙，并且陆续建立了大大小小十六个国家，历史称为"十六国时期"。

四世纪后期，十六国中一个氐族人建立的前秦，逐渐强大起来。在汉人丞相王猛的指导下，前秦王苻（fú）坚励精图治，吸引流民耕种，兴办学校，提倡儒学。一系列的措施使得胡汉之间的民族关系有所缓和。在这一时间，前秦结束了十六国时代，统一了北方。

一、历史纵横

西晋末年的分封制导致八王之乱，历史上，还有哪些朝代实行过分封制？分封的结果如何？给我们带来了哪些启发？

二、“如果历史有假设”栏目

如果晋惠帝不是一个“傻皇帝”，你认为西晋能避免八王之乱吗？

3. 江南地区的大开发

东晋的前期

316 年，匈奴族政权前赵皇帝刘聪率兵攻打西晋，晋愍（mǐn）帝司马邺投降，西晋灭亡。刘聪任命晋愍帝为怀安侯，而且经常对他肆意侮辱。例如，开宴会时，刘聪让晋愍帝洗杯子、倒酒；打猎时，刘聪让晋愍帝牵马；出行时，刘聪让晋愍帝走在前面，为自己鸣锣开道。可即便如此苟活，晋愍帝也难逃一死。318 年，刘聪将他杀害在平阳。

西晋灭亡前，大批士族（达官贵人）为了躲避战乱，向南方逃跑，史称“衣冠南渡”。这其中有一个士族兼皇族的人叫司马睿，西晋灭亡前，他被封为扬州大都督。匈奴包围长安，晋愍帝命司马睿火速救援，但司马睿哪里肯去送死？于是坐看匈奴消灭了西晋。

317 年，司马睿在江南大族王敦、王导兄弟的支持下，登基做了皇帝，史称东晋，司马睿为晋元帝。司马睿在江南没有地位，属于外来户，因此完全依靠江南大族王导、王敦兄弟，甚至和他们出则同车，入则同床。当时人称这一现象为“王与马，共天下”。

东晋建立初年，很多有识之士希望北上收复失地，其中最为典型的是祖逖（tì）北伐。祖逖出身士族，但他没有像其他士族一样，只知

道吟诗作画，而是心怀天下。他自己组建军队北伐，收复了中原大片的失地。传闻他夜里听见鸡叫，便立刻起床，拔剑起舞，练习武艺，因此留下了“闻鸡起舞”的佳话。

可是晋元帝司马睿和江南其他大族，不想过多刺激北方的少数民族政权，也惧怕祖逖北伐成功后，会失去对他的控制，因此不仅不予帮助，还暗中破坏。祖逖北伐失败，人生抱负不能施展，最终忧愤而死。

淝水之战

前秦王苻坚统一了北方，逐渐骄傲起来，他的丞相王猛在临死前，再三劝他不要进攻东晋。然而王猛刚一断气，苻坚就开始准备南下攻打东晋。

383 年，苻坚纠集了各民族士兵八十多万人，号称将马鞭子投在长江，就可以阻断长江的流水，于是有了“投鞭断流”的典故。

虽然前秦人数众多，却离心离德，大家都不愿意打仗，因此一路怨声载道，行军十分缓慢。而东晋虽然人少，却同心同德，众人为了保卫国家，斗志高昂。晋武帝派大司马谢安担任总指挥，派谢石、谢玄担任先锋，统帅八万精兵，严阵以待前秦军的到来。

总指挥谢安稳坐钓鱼台，手下的子侄都着急去请教他如何破敌，谢安却和客人张玄在下棋，赌注非常豪横，是一座功能化齐全的别墅。谢安平时棋艺很臭，但心理素质非常好。而张玄却因为前秦军马上杀奔过来，内心慌乱，输给了谢安。谢安淡定地对身边的外甥说：“张大人的别墅，我送给你了。”外甥擦着冷汗，脸上没有一丝喜悦之情。下完棋，谢安又去爬山，很晚才回家。

谢安如此散漫，但是他胸有成竹，众人问他：“敌人来了，怎么办？”谢安笑着说：“孩子们已经领兵去破敌了。”谢安如此说，可见谢家的子侄人才辈出。

谢玄、谢石果然不负叔叔谢安的期望。谢玄派广陵相刘牢之率领五千精兵开赴洛涧，击溃前秦军的先头部队，苻坚慌乱之下，命部队后撤。前秦几十万大军，连绵几十里，后面的人往前走，前面的人往后撤，古代没有通信工具，大家都蒙在鼓里。这时内奸出现了，朱序、张天锡早已厌恶苻坚，准备投降东晋，于是他们两个在队伍里大喊：“秦军被打败了。”这时，队伍立刻大乱，互相踩踏，争先逃跑。晋军突然发动了进攻，一鼓作气击败了前秦军。

苻坚更是狂奔几百里，一直逃到寿阳，依然惊魂未定。他登上城楼观察敌情，看到对面山上的草木随风晃动，以为是晋军追来，不由吓得心惊肉跳。这个典故历史上称为“草木皆兵”，比喻人受到惊吓，内心极度恐慌的样子。

淝水之战后，东晋政权更加稳固，社会经济发展，而前秦却因为战败，四分五裂，北方再度混乱起来。

南朝的更替

晋元帝去世后，随后的晋明帝、晋成帝、晋康帝、晋穆帝、晋哀帝都二十几岁就去世了。到了晋安帝时，安帝活的时间比较长，勉强活到了三十八岁，但却与晋惠帝如出一辙，不具备管理国家的能力，东晋的大权始终在士家大族的手中。王家、谢家，以及桓温、桓玄父子总共把持朝政几十年之久。404年，东晋大将刘裕起兵，攻伐权臣桓玄，桓玄兵败自杀。此后刘裕把持了东晋的大权，他北征南燕、西伐

巴蜀，建立了巨大的功勋。420 年，刘裕称帝，国号宋，开启了“南北朝时代”。

南朝（420—589 年），一共出现了四个朝代，每一个朝代的建立者和终结者都是手握重兵的大将。朝代更替频繁，政治腐败，战争、叛乱经常发生。人民生活极度贫困，人口急剧下降，疆土面积逐渐缩小，在与少数民族政权建立的北朝对抗中，南朝占有明显的劣势。

江南地区的开发

从中华大地人类起源，一直到唐朝，北方的人口一直多于南方。首先，政治中心在北方，长安和洛阳是历朝历代首都的首选；其次，

谁知江南无醉意，笑看春风十里香。

南北融合促进经济繁荣。

人才和文化技术在北方发展；最后，经济总量也在北方。所以南方发展一直比较落后。司马迁在《史记·货殖列传》中记载南方：“楚越之地，地广人稀，饭稻羹鱼，或火耕而水耨（nòu）……无积聚而多贫。”大致意思是说，南方地广人稀，耕作方式落后，人们生活困苦，没有多余的钱财。

南方人口少，经济不发达，却有一个很大的加分项，那就是安全。北方人多，事儿也多，五胡内迁，有民族矛盾；统治腐败，有阶级矛盾。互相的斗争、攻打，例如，八王之乱、五胡十六国诸国混战，大批的人死于非命。如果命都没了，那一切也无从谈起了。

为了保命，北方人拖家带口，唱着歌谣，大量向南迁移，他们要到南方去实现自己的人生抱负。

北方人口南迁对南方影响极其巨大。第一，人过去了，带去了劳动力；第二，人过去了，带去了生产技术；第三，更将吃苦耐劳的北方文化带到了南方。在安定的社会环境下，南北方人民共同开发了大江南。

在农业方面，他们改进犁耕、精耕细作，在岭南地区种植了双季稻，还大力发展养蚕、果树种植、药材种植等，实现农产品多种经营。

在手工业方面，他们缫（sāo）丝、织布、制瓷、造船、煮盐等。

在商业方面，出现了建康（今南京）等国际大都市。

经过南北朝时期对江南的开发，到了唐朝时，江南已经风景秀丽，形成一片载歌载舞的生活画卷。唐朝大诗人白居易作诗《忆江南》：“江南好，风景旧曾谙。日出江花红胜火，春来江水绿如蓝。能不忆江南？”

一、知识纵横

众所周知，淝水之战是一次著名的以少胜多的战役，那历史上还有哪些以少胜多的经典战役呢？请至少举出三例。

二、选择题

《史记》记载：“楚越之地，地广人稀……无积聚而多贫。”《宋书》记载：“江南……地广野丰……一岁或稔（rěn），则数郡忘饥。”《宋书》记载的这种变化开始于（　　）。

A. 东汉末年　　B. 西晋　　C. 东晋南朝　　D. 北朝

4. 一个大交融的时代

孝文帝改革

前秦南征东晋失败以后，北方再度陷入混乱。439 年，由鲜卑人建立起来的政权北魏统一了北方黄河流域。北魏的都城地处在平城（今山西大同），远离中原，气候寒冷。因此北魏皇帝孝文帝决定从迁都开始，进行一场震惊天下的改革。

孝文帝改革的阻力很大，主要来源于鲜卑贵族的反对，于是孝文帝以征伐南方的齐国为借口，举国南移。征伐大军到达洛阳，正值九月秋季，阴雨连绵，大臣们叫苦不迭，跪在地上，拉着孝文帝的马不肯继续前行。孝文帝见时机成熟，故作生气地说："大军已经出动，怎能半途而废？即使不再南征，也要定都洛阳，否则朕岂不是被天下人耻笑！"很多人不愿意迁都，但更不愿南征去送死，只好退而求其次，答应了迁都的要求。

494 年，孝文帝迁都洛阳，立即进行了雷厉风行的改革。孝文帝规定：官员必须说汉语，禁止说鲜卑语；官员必须穿汉服、禁止穿鲜卑服；改汉姓，鼓励鲜卑贵族与汉族贵族通婚。

孝文帝率先垂范，娶了汉族大地主的女儿为妻，又将自己的女儿嫁给汉族大地主。两族通婚的行为，大大加速了民族之间的融合。

民族交融

南北朝时期，不同民族政权之间战争频繁，人民生活在水深火热之中。但开明的统治者，会注重调解民族矛盾，加速民族融合。

民族融合最主要的途径是通婚，俗话说“血浓于水”。血缘关系的远近是古代社会判断亲疏的一个重要标志。例如，孝文帝改革，主张不同民族之间的通婚，拉近了彼此之间的关系，形成了你中有我，我中有你的局面，以往胡人和汉人的隔阂自然被打破了。

通婚之外，还有生产技术的交流。胡人可以向汉人学习农耕技术，汉人可以向胡人学习畜牧技术，互通有无，利益共享。他们之间实现

只要真心相爱，差距不是问题，民族不是障碍。

了生活习俗的交流。例如，语言、饮食、音乐、器物制造等。

民族交融意义重大，形成了中华民族的物质文化和精神文化，为多民族国家的繁荣和发展奠定了基础。

一、历史纵横

请说出对孝文帝改革的评价及其启发。

二、选择题

《爱我中华》歌唱道："五十六个民族，五十六朵花，五十六个兄弟姐妹是一家……"北魏时，孝文帝改革促进了民族大融合，其主要措施是（　）。

A. 实行"三长制"　　B. 严惩贪污受贿

C. 实行"均田制"　　D. 迁都洛阳、学汉语、通汉婚、改汉姓

5. 三国两晋南北朝的科技与文化

农学家贾思勰

贾思勰（xié），北魏高阳太守。他出身于知识分子家庭，但祖辈以耕种为荣，从来没有脱离过农业劳动。古代讲究耕读，即一边读书，一边耕种，可真正去做的人并不多，当官以后仍然耕种的人，就更稀少了。

良好的家风影响了贾思勰。贾思勰为了获得养羊的经验，买了二百头羊，亲自去养。对种地，贾思勰更是不辞辛苦，住老农的窝棚，到田头虚心向老农求教。

经过贾思勰不懈的努力，他统计了“农林牧副渔”等生产技术，终于写成了《齐民要术》一书。《齐民要术》是一部完整的农业学著作，对农学史具有重要的影响。

科学家祖冲之

祖冲之生活在南朝时的宋国和齐国交替时期。他的祖父祖昌任刘宋朝大匠卿，是在朝廷管理土木工程的官吏。父亲祖朔之做“奉朝请”，学识渊博，常被邀请参加皇室的典礼、宴会。

3.1415926
π
祖冲之画的不仅是圆，
还是一门科学。

祖冲之自幼热爱科学，天文历法、数学、机械制造，无所不通。宋孝武帝让祖冲之修订历法，祖冲之编制《大明历》一书，该书是一部更加精确的历法。

祖冲之还花费很大的精力来研究机械制造，重造出了用铜制机件传动的指南车，发明了一天能走百里的“千里船”、水碓磨（利用水力加工粮食的工具），还设计制造过漏壶（古代计时器）和巧妙的欹（qī）器（计时器，类似沙漏）。

祖冲之最为重要的科学成就是，将圆周率精确到小数点后的第七位数，3.1415926 和 3.1415927 之间，这项成果比西方领先近一千年。

文艺时代

汉代以前，文字主要是一种实用记载功能。东汉蔡伦改进造纸术以后，纸的成本变得低廉起来，加速了文化的传播，例如，书法、绘画在三国两晋南北朝时期，变得普及起来。

东汉以后，书法成为一种专门的艺术，曹魏时代的大书法家有钟繇、胡昭等人。东晋时代，有大书法家王羲之，他的代表作《兰亭集序》被世人称为“天下第一行书”。王羲之被后人称为“书圣”。《兰亭集序》一直流传到唐代，据说后来被唐太宗看中，收为己有，陪葬于昭陵。

南北朝时期，佛教文化盛行，宗教画占有重要的地位。东晋的大画家顾恺之画的《女史箴图》和《洛神赋图》，人物栩栩如生，线条流畅。

由于社会动荡不安，为了麻痹人民，统治阶级大力宣扬佛教，雕刻了许多佛像，比较著名的有四大石窟，分别是，甘肃敦煌莫高窟、山西大同云冈石窟、河南洛阳龙门石窟、甘肃天水麦积山石窟。

纵观三国两晋南北朝时期，虽然政治动荡，分裂割据，但人文文化却有了极大的发展，给中华民族留下了宝贵的精神财富。

一、历史趣闻

唐太宗智取《兰亭集序》

王羲之书写完《兰亭集序》，自己喜欢得不得了，后来他又模仿了自己的手迹，发现再写出来的《兰亭集序》，已经不如初创作品，于是王羲之将它视为传家宝。这东西可真够金贵的，连王羲之本人都模仿不出王羲之的字了，那更何况后来人呢？

《兰亭集序》传到第7代孙智永。智永看破红尘，将这幅字带到了寺庙，智永死后，因为出家人没有后代，只好传给了弟子辨才。唐太宗李世民酷爱王羲之的字，经过多方打听，终于打听到《兰亭集序》的下落，他命令官员萧翼伪装书法爱好者前往寺庙，伺机与辨才套近乎。辨才果然上当，最后《兰亭集序》落到了唐太宗李世民的手里。李世民爱不释手，临死前，他让儿子李治将《兰亭集序》打包陪葬昭陵。而官员萧翼替皇帝背锅，觉得对不起辨才和尚，自愿出家做了辨才的弟子。

二、选择题

历史上第一个将圆周率精确到小数点后七位的数学家是（　）。

A. 阿基米德　　B. 张衡　　C. 祖冲之　　D. 宋应星

本章思维导图

王老师划重点

第四章 分久必合 合久必分（三国两晋南北朝）

- 三国鼎立
  - 官渡之战（200年）：为曹操统一北方打下基础
  - 赤壁之战（208年）：奠定了三国鼎立的基础
  - 三国：魏（220年）、蜀（221年）、吴（229年）
  - 外交：吴国大将卫温到达夷洲（今台湾地区）（230年）
- 两晋
  - 西晋
    - 西晋统一全国（280年）
    - 衰落：八王之乱
    - 影响：八王之乱导致西晋灭亡，北方进入十六国时期
  - 东晋
    - 政治特点：王与马共天下
    - 淝水之战（383年）：以少胜多，稳定东晋统治
    - 东晋灭亡（420年）
- 南北朝
  - 南朝：宋→齐→梁→陈
  - 北朝：十六国→前秦统一→（淝水之战后，北方再度混乱）→北魏统一→东魏、西魏→北齐、北周
  - 孝文帝改革：加速了民族的交融
  - 科技文化：农学、数学、书法、绘画、石窟

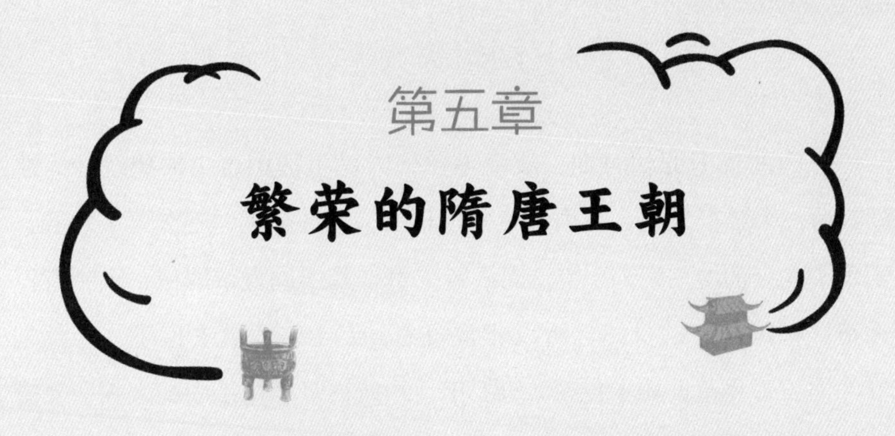

第五章

繁荣的隋唐王朝

1. 强大的隋帝国——二世而亡

隋朝统一

三国两晋南北朝时期，战乱不休，人民生活困苦，渴望统一。北朝最后一个政权北周，在周武帝的治理下，空前强大，不久灭了北齐，实现了北方的统一。578 年，周武帝去世，儿子周宣帝即位，宣帝荒淫无道，糟蹋自己的身体，所以非常短命，二十二岁就去世了。年仅七岁的周静帝登基，做了皇帝。581 年，外戚杨坚利用手中的大权，篡夺了外孙周静帝的皇位，建立了隋朝，杨坚被称为隋文帝。

隋朝建立后，便着手统一南方。此时的陈朝，是南朝最后一个政权，皇帝陈叔宝非常腐败，宠爱贵妃张丽华，大修宫殿，耗费国家的钱财。589 年，隋文帝杨坚命儿子杨广为大将军，征伐陈朝。陈叔宝自以为有长江天险，面对如火的军情，他端着酒杯大笑道："隋军还能插着翅膀飞过长江吗？"结果陈叔宝的酒话竟然应验。一天夜里，隋军渡过了长江，从天而降。陈叔宝藏在皇宫里的一口枯井里躲避，但不幸被搜出，陈朝灭亡。

隋朝统一，结束了南北朝以来长期的战乱局面，巩固了多民族国家的发展。隋文帝在位时，发展经济，编修户籍，统一货币，加强中央集权。在他的统治下，隋朝经济迅速发展，社会稳定，人口增加。

因为隋文帝的年号为开皇，所以后世称这一时期为“开皇之治”。

存在争议的历史功绩——修建大运河

隋朝建立以后，政治中心依然在北方，是为长安和洛阳。但经济中心，随着南北朝时期人口大量南迁，已经开始向南方转移，出现了扬州等大城市。为了加强南北两地的交通，巩固隋朝的统治，同时也为了隋炀帝个人能旅游江南，在国家和私人两个目的的兼顾下，隋炀帝于605年下令，征发几百万徭役民工，开始修建大运河。

大运河分为一个中心，两个起点，四大渠段，五大水系。一个中心是为洛阳；南北两个起点，北起涿郡（今北京）南至余杭（今杭州）；四大段从北向南依次为：永济渠、通济渠、邗沟、江南河；沟通了五大水系，从北向南依次为：海河、黄河、淮河、长江、钱塘江。

对于大运河的修建，从国家和历史角度看，应该给予正面评价，它加强了南北地区政治、经济、文化的交流。但从隋朝劳动人民的角度看，应该给予负面评价，开通大运河，浪费了巨大的人力、物力、财力，而且在当时专制制度下，开通大运河加重了普通百姓的徭役负担。隋炀帝不体恤民力，加速了隋朝的灭亡。

科举取士制度

隋朝之前，人们做官的途径主要有两个：第一个是和平年代的贵族世袭，主要考察人的投胎技术；第二个是战争年代的军功大小，主要考察人是否敢玩命。这两种制度都有致命的缺陷，贵族世袭，很不公平，而且容易使贵族丧失进取之心，《左传·庄公十年》中说：“肉

春风得意马蹄疾，一日看尽长安花。
大唐的科举制度，予以寒门学子登科之望。

食者鄙，未能远谋。”大抵说的是这种情况；凭借军功大小做官，看似公平，实则对国家也有伤害——军人不读书，完全靠战争上玩命的那一套来治理国家，战争结束以后，国家很难进入正规发展轨道。

汉朝时，曾施行素质选拔，以人的道德水平和是否孝顺为做官的标准，即“察举制”。但察举制很难量化，贵族们为了当官，互相帮忙作弊；贫寒者为了当官，经常使用一些非常极端的措施。例如，兄弟两个商量好，一个拼命虐待父亲，一个拼命孝顺父亲，引起舆论效应后，孝顺父亲的人做了官，然后再提携另一个兄弟做官，从而实现双赢。

由于察举制流于形式，到了三国两晋南北朝时期，贵族们干脆不愿意表演了，他们赤裸裸地以门第作为做官的标准，将贵族划分为九个等级，史称“九品中正制”。

隋朝建立以后，国家重新一统，迫切需要真才实学的人充任官吏。因此隋文帝实行分科考试，作为选拔人才的依据。隋炀帝设立了进士科，标志着科举制的正式确立。

科举制的创立，具有跨时代的历史意义。

首先，皇权和中央集权加强了。三国两晋南北朝时，皇帝选官只能在贵族里面挑选，选拔范围有限，而且贵族被选拔依据的是出身，他们并不是十分感激皇帝。而平民出身的人，一旦通过考试做官，通常很感激皇帝的选拔。

其次，科举考试更加公平，促进了社会阶层的流动，使贫寒阶层的青年才俊有了为国家效劳的机会，巩固了国家的统治基础。

最后，科举考试推动了教育的发展，它将学习、考试、做官相结合，有利于国家的稳定和发展。

科举制是中国文明的一大创举，延续了一千三百多年。

隋朝的灭亡

604 年，一代明君隋文帝去世，杨广称帝，是为隋炀帝。杨广排行老二，他用精湛的演技，博得了父亲隋文帝和母亲独孤伽罗皇后的好感。隋文帝被假象迷惑，竟然废黜了排行老大的太子杨勇，改立杨广为太子。

野史传闻杨广是杀掉了父亲才登基做的皇帝。野史虽然没有根据，但并不是空穴来风，而是根据杨广登基后的种种表现，进行的合理推论。

隋炀帝登基后，做了一些大事儿，例如，修建大运河、北征突厥、征伐高句丽、营建东都。但这些大事儿，都是以无节制的耗费民力为基础的。

隋炀帝乘坐豪华的龙舟，沿着运河，从长安出发，到江南去欣赏美景，沿途几千船夫拽着绳子拉船。隋炀帝每到一地，便命令各地官吏供应好菜好饭，食物太多，吃不了就挖个坑埋起来，但沿途的百姓正饿得饥肠辘辘。

隋炀帝的暴行，终于激起了人民的反抗，爆发了著名的隋末农民大起义。隋炀帝面对天下大乱的局面，并没有觉醒，而是破罐子破摔，依然选择下江南游玩。618 年，将士们忍无可忍，发动了江都（今扬州）政变，杀死了隋炀帝，隋朝灭亡。

一、读文思考

秦朝和隋朝都属于二世而亡，它们都曾辉煌一时，但又迅速走向了灭亡，秦朝和隋朝的统治模式都有哪些异同点？最少说出两条。

二、选择题

历史学家杜兰特在《世界文明史》中评价中国的一项制度时说：“没有操纵的提名，没有伪君子卑鄙的争夺……没有混战或腐化的选举，没有仅凭巧言而能登入仕途的现象。”他称赞的中国古代制度是（　）。

A. 中央集权制　　B. 郡县制　　C. 科举制　　D. 九品中正制

2. 唐朝帝王中的楷模们

唐朝建立与贞观之治

隋炀帝的暴行，不仅引发了农民起义，也引起贵族内部的不安，他们都担心隋炀帝哪一天会心血来潮将他们处死。隋炀帝在北伐辽东时，一个江湖术士向他进言：“当有李氏应为天子。”并且建议隋炀帝，尽诛天下姓李之人。隋炀帝听了虽将信将疑，但没过几年，便找了个理由，将姻亲李敏、大臣李浑处死。这时，姓李的大臣不免惴惴不安起来，这里面心跳最剧烈的，是隋炀帝的表兄弟、太原留守李渊。

李渊手握重兵，值此天下大乱之际，他的内心也打起了小九九。李渊的儿子李世民素有大的谋略，他不停地规劝李渊谋反，但李渊始终下不了最后的决心。于是李世民委托大臣裴寂想办法，裴寂约李渊半夜喝酒，找了几个隋炀帝晋阳宫里的美女侍奉，喝的酩酊大醉的时候，裴寂将美女与李渊抬到一张床上，让李渊背负上欺君大罪。第二天，李渊醒后，非常地气愤，这时李世民跪在地上，乞求李渊谋反，李渊这才痛下决心。617 年，李渊、李世民起兵，攻打长安。第二年，隋炀帝在江都被杀，李渊随即称帝，建立了唐朝，李渊就是唐高祖。

李渊称帝后，立皇长子李建成为太子，封次子李世民为秦王。但李世民功劳最大，为储位之争埋下伏笔。626年，李世民发动了“玄武门之变”，将李建成杀死，然后登基为帝，由于死后庙号太宗，所以史称唐太宗。

唐太宗即位后，吸取隋朝灭亡的教训，勤于政事，虚心纳谏。谏议大夫魏征几次找唐太宗提建议，唐太宗虽然很生气，但仍然接受了魏征的建议。魏征死后，唐太宗伤心地说：“魏征就像一面镜子一样，能照出我的过失。魏征死了，我失去了一面镜子。”

俗话说，没有规矩不成方圆，国家建设也是如此。历代王朝的灭亡，除了皇帝昏庸之外，大臣们职权不明、权力过大，进而危害国家，这也是一个因素。唐太宗完善了隋朝的“三省六部制”。三省六部职权分明，行政效率提高，权力又相互制约，避免出现专权乱政的情况。三省六部制的实施，减轻了皇帝的工作负担，分散了大臣的权力，又维护了皇帝的权力，可谓是政治制度史上的一大创新。

唐太宗统治时期，政治清明、经济发展迅速，国力增加，历史上称这一时期为“贞观之治”。

一代女皇武则天

武则天是中国历史上唯一一位女皇帝。她服侍过唐太宗、唐高宗两代帝王，690年，她废黜儿子李旦，自称皇帝，改国号为大周。

古代史书，例如，《资治通鉴》《新唐书》等，对武则天的评价较低。古代封建社会以人伦为依据，作为评价历史人物的核心。古代政治一向以男性为核心，而武则天是一个女性，竟然称帝，封建史书必然抨击她。

但近代史学以是否推动社会的发展，作为评价历史人物的依据。

政启开元，治宏贞观。

武则天在位期间，提高平民入仕的机会；发展科举制，创立了殿试制度；重视农业生产。

当代史学家郭沫若先生对武则天评价很高：“政启开元，治宏贞观。”大致意思是说，武则天发扬了唐太宗的贞观之治，又为李隆基的开元盛世奠定了基础。

因此我们评价历史人物要坚持论从史出、一分为二的分析方法。

大唐全盛时期——开元盛世

唐玄宗李隆基是武则天的孙子、唐睿宗李旦的儿子。李隆基从小失去了母亲，他的母亲窦德妃被人诬告以“巫蛊术”诅咒武则天，被武则天处死，李隆基由姨妈抚养成人。

李隆基长大成人后，仍然身处一个政局动荡的时期。705 年，神龙政变爆发，祖母武则天被逼退位后去世，伯父李显登基为皇帝，是为唐中宗。李显懦弱无能，一切听从妻子韦后、女儿安乐公主的安排，国家处于紊乱状态。710 年，唐中宗被韦后毒杀，李隆基与姑姑太平公主合谋，发动了“唐隆政变”，处死韦皇后和安乐公主。相王李旦在众人的拥护下，登基为帝，是为唐睿宗，李隆基被册立为太子。

皇家内乱间接影响了国家的稳定和发展。712 年，李隆基登基称帝，是为唐玄宗。唐玄宗登基后，处死预谋叛乱的姑姑太平公主。自武周以来动荡的政局，终于逐渐稳定下来，唐玄宗开始推出他治国理政的一系列措施。

首先注重吏治，裁减冗员，提高行政效率；其次发展经济，改革税制；最后注重文教、编写经籍。此外他还注重使用人才，姚崇、宋璟、张九龄都是治世的人才，唐玄宗任用他们为宰相。国家逐渐蒸蒸日上，经济迅速发展，人口增加，因为他的年号为开元，所以史称“开元盛世”。

开元盛世富到什么程度呢？唐朝大诗人杜甫有诗记载：“忆昔开元全盛日，小邑犹藏万家室。稻米流脂粟米白，公私仓廪俱丰实。”古代老百姓以吃饱饭为盛世，但能吃饱饭的时候并不多，因此我们更要珍惜今天来之不易的幸福生活。

一、历史解释

“贞观”的由来

唐太宗的年号为贞观，他励精图治二十多年，开创了前所未有的“贞观之治”。那贞观是什么意思呢？它的出处在哪里？

“贞观”两字取自《易经·系辞下》“天地之道，贞观者也”。这两字表示天地之道，也就是天地间万事万物的发展是有其一定的客观规律的，这个规律就是“正”。南宋理学家朱熹解释这句话时说：贞，正也；观，示也。“贞观”以正示人也。

二、选择题

唐朝大诗人杜甫有诗记载：“忆昔开元全盛日，小邑犹藏万家室。稻米流脂粟米白，公私仓廪俱丰实。”杜甫称赞的是（　）。

A. 贞观之治　　B. 贞观遗风　　C. 开元盛世　　D. 康乾盛世

3. 全新大唐，威名远播

经济发展

古代经济发展包括农业、手工业、商业三个领域。在唐朝前期，这三个领域都有了明显发展。

农业方面：春秋时期，中国的耕作技术主要是铁犁牛耕，但比较简陋。西汉时代出现了直辕犁，特点是犁壁是直的，入土不深，方向不稳。隋唐时期，人们发明了曲辕犁，特点是操作灵活，可以自动控制入土的深浅，节省牛力，提高了耕种的效率。

手工业方面：纺织业、丝织业发达，以蜀锦为代表；制瓷业发达，越窑的青瓷、刑窑的白瓷，最为著名。

商业方面：陆地丝绸之路、海上丝绸之路；出现了一些国际化大都市，例如，长安，本地居民加流入人口，达到百万人之多。

民族关系

唐朝时期，周边少数民族众多。西北有突厥、北边有回纥、东北有靺鞨（mò hé）（后来的女真族）、西南有吐蕃和南诏等。唐朝初期根据实际情况，分别采取了战争、册封、设立机构、和亲等不同的少

数民族政策。隋朝炀帝时，对少数民族政权主要采取军事战争或者军事震慑政策。但唐朝采取了灵活多变、多元化的民族政策，可见唐朝的民族政策具有开明的特点。

对于突厥，唐朝采取了战争的策略。因为和平必须是双方妥协，单方妥协很难取得和平。隋末时，天下大乱，突厥强大。唐高祖李渊起兵入主中原争夺天下，为了消除后方突厥的侵袭，曾一度向突厥人称臣。唐朝稳定以后，唐朝与突厥就产生了谁当老大的问题，这是一个不可调和的矛盾。唐初经济落后，百业待兴，也没有太多的钱财赠给突厥。利益关系无非权和钱，权和钱都满足不了突厥，突厥肯定要南下进攻。

626年，唐太宗李世民刚刚登基，突厥的颉（xié）利可汗就赠送给他一份“大礼”，陈兵二十万于渭水河畔。李世民凭借一腔热血，亲临渭水桥头，与颉利可汗签订了和平盟约，杀白马对天盟誓，约定永不侵犯对方，突厥还趁机勒索了一批财物。这个事件史称“渭水之盟”。

突厥尝到了勒索的甜头，三天两头来侵犯一下唐朝的北部边疆。唐太宗忍无可忍，只好应战，最终击溃了颉利可汗，消灭了突厥。可李世民并没有杀颉利可汗，而是将他安置在长安厚养起来，这也是唐朝开明外交政策的一个缩影。

击败突厥以后，李世民在新疆设立安西都护府，管辖西北边疆。武则天时，为加强西北的行政力量，又设立北庭都护府。

吐蕃赞普松赞干布仰慕唐朝，请求与唐朝通婚。但唐朝并没有理会松赞干布，更没有把公主许配给他。年轻的松赞干布一时激愤，竟然挑起了边境战争，结果被唐朝无情击败。松赞干布这才知道唐朝的厉害，赶快备好厚礼，派使者前去长安道歉。俗话说“不打不相识”，唐朝军事胜利后，反而大度地将文成公主嫁给了松赞干布。松赞干布感激涕零，发誓永远捍卫大唐江山。文成公主入藏，增加了汉族与吐蕃的交流，互相学习对方的文化、技术，促进了民族交融和经济的发展。

唐太宗李世民由于宽仁，在少数民族中赢得了良好的口碑，被众多民族称为“天可汗”。

唐玄宗时期，国力达到了鼎盛，李隆基凭借强大的国力，采取了进一步怀柔政策。他册封渤海国首领为渤海郡王、回纥首领为怀仁可汗、南诏首领为云南王。大肆地封官晋爵，赢得了少数民族首领的好感，他们对唐朝的向心力，变得愈发强烈了。

唐朝的开放与多彩的文艺

在古代普遍重男轻女的社会，如果衡量一个朝代是否开放，那么看它对女性的态度，就一目了然了。唐玄宗的妹妹玉真公主，终身不

婚，而且选择出家做了道姑，在道观，未婚又出家的玉真公主与已婚的大诗人李白、王维等人，诗酒唱和，吟诗作对，但并没有引起负面的反响。而唐高宗的女儿太平公主、唐中宗的女儿安乐公主，一生都嫁了两次。这与宋、明、清时期，社会普遍提倡“好女不侍二夫”的思想，简直是不可同日而语。清朝时，即便公主和驸马结婚后，也要分开居住，公主有公主府，驸马有驸马府，平时只能公主召见驸马，二人才能见面，如果不召见，不得相见。

唐朝的女性接受了文学、音乐等方面的教育，喜欢骑马、打球、拔河、射箭、弈棋等。无不显示出进取、向上的社会风气。

唐朝开放的原因无谓三点：

第一，政权稳定，社会秩序良好。

第二，唐朝经济发达，为开放的社会奠定了物质基础。

第三，唐朝文化发达，大多贵族小姐的才学很好，从而带动了下层社会的女性的学习热情。

唐朝的文化包括：诗、书、画。

唐朝诗文特别发达，全唐诗将近五万首，诗人数以千计。著名的诗人有诗仙李白、诗圣杜甫、诗王白居易。

李白的诗潇洒、浪漫，传闻大多为酒后所作；杜甫的诗厚重、沉郁，体现了忧国忧民的气节；白居易的诗通俗易懂，深受百姓的欢迎。

唐朝的书法家主要有柳公权、颜真卿、欧阳询。画家有阎立本、吴道子。此外歌舞、雕刻、音乐也非常发达。

一、填表题

比较西汉与唐朝的民族关系

朝代	处理方式	史实	影响
西汉			
唐朝			

二、优质诗文节选

《黄鹤楼》

崔颢

昔人已乘黄鹤去，此地空余黄鹤楼。

黄鹤一去不复返，白云千载空悠悠。

晴川历历汉阳树，芳草萋萋鹦鹉洲。

日暮乡关何处是，烟波江上使人愁。

4. 趋之若鹜，中外朋友遍天下

遣唐使和鉴真东渡

关于中日两国的交往，有很多历史记载。最早是在《后汉书·东夷列传》中写道：“建武中元二年（57年）倭奴国奉贡朝贺，使人自称大夫，倭国之极南界也。光武赐以印绶。”意思是说，东汉光武帝二年，倭奴国来中国朝贺，自称大夫，光武帝赐封该国王金印。

西晋陈寿著的《三国志·魏志·东夷传》记载：曹魏时期，当时日本分裂为若干个国家，其中一个国家叫邪马台国。该国国王是个女巫，名叫卑弥呼，为了显示自己的神秘性，终身未婚。她遣使臣前往中国，魏明帝赐刻有“亲魏倭王”的紫绶金印一枚。

邪马台国的南部有一个与之敌对的国家，名叫狗奴国，关于狗奴国的记载，来源于《三国志·魏志·乌丸鲜卑东夷传》。邪马台国与狗奴国常年战争，因此邪马台国觐见魏明帝时，邪马台国使臣说：“邪马台国与隔壁的狗奴国向来不和，特来贵国求助。”魏明帝听了，略为尴尬，但他表示支持邪马台国。然而天高皇帝远，魏明帝仅仅表示了口头支持，并没有横跨东海出兵。因为他深知赤壁之战时，自己的爷爷曹操，横跨长江都费劲，就更别说让他横跨东海了。

到了隋朝时期，日本使者给隋炀帝的国书说：“日出处天子至书日没处天子无恙”，称日本君主为“日出处天子”，隋朝皇帝为“日没处天子”。隋炀帝历来把面子看得比什么都重要，他非常不高兴，于是对鸿胪卿说：“蛮夷的书信如果有无礼的，就不要拿来给我看了。”

唐朝时期，国力强盛，声名远播。日本大化天皇发动的“大化改新”，很多政策都是抄袭的唐朝典籍。所以日本人仰慕唐朝的文化，日本政府屡次向唐朝派遣留学生，当时叫“遣唐使”。他们学习中国的制度、天文、历法、书籍等。这些留学生，有的学成归国，促进了日本社会的发展，有的仰慕中国文化，选择留在了中国。留学生阿倍仲麻吕就是一个典型的代表。他在中国生活了五十多年，担任过很多要职，深受唐玄宗的器重，并与大诗人李白成了好朋友。

俗话说：“来而不往非礼也。”日本派遣唐使来华，中国高僧鉴真和尚在日本“留学僧”的邀请下，决定前往日本传播中国文化，史称“鉴真东渡”。

鉴真东渡日本并不顺利，前后六次东渡，才最终成功。

第一次东渡：他的弟子如海因为听信了谣言，在中途诬告师父鉴真与日本和尚在一起勾结海盗，要攻打扬州。吓得当地官府连忙把他们一行人拘押起来。尽管后来证实这是谣言，但官府仍然心有余悸，将他们一行人就地遣散。

第二、第五次东渡，鉴真出行都遇到了风浪。其中一次，鉴真的船顺着洋流，横跨千里，一直飘到了海南岛。

第三、第四次东渡，这两次失败是人为原因造成的。因为鉴真的名气太大，弟子们和尚同行们都想方设法阻止他。越州僧人为了挽留鉴真，向当地官府控诉日本留学僧是骗子，要求立即缉拿。弟子灵佑还苦求扬州官府阻止鉴真东渡。

善意的人为原因、不善意的风浪原因，导致鉴真东渡化为了泡影。这时鉴真都近七十岁的高龄了，但他依然坚持，终于在第六次东渡成功抵达日本。日本天皇热情接待了鉴真，给予他很高的礼遇。

763 年，鉴真在日本去世。鉴真东渡传播了中国的医药、文学、书法、建筑、绘画等文化，为中日文化交流做出了卓越的贡献。

唐与新罗的交流

唐朝以前，朝鲜半岛有三个独立的政权，它们是北部的高句丽、南部的百济和新罗。

高句丽是三者中实力最强的，它不仅欺压南部的百济、新罗，对隋、唐的东北部边疆也构成了严重的威胁。隋文帝、隋炀帝、唐太宗都征伐过高句丽，但都没有解决根本问题。

唐高宗年间，国力日益强盛。恰逢百济与高句丽结盟，入侵新罗，新罗乞求唐朝出兵。唐高宗答应了，派遣当时最能打仗的苏定方、薛万彻、程明振等将领，率领大军驰骋朝鲜半岛，最终打败了百济，后来又消灭了高句丽。唐高宗设立安东都督府直接管辖两国属地。

战争结束后，唐朝与新罗为了争夺原高句丽的地盘，发生过短暂冲突，但并没有妨碍双方之间的交流与往来。新罗派遣留学生到唐朝学习，崔致远就是杰出的代表，他十二岁到唐朝学习，中过进士、做过官，还参加了讨伐黄巢起义的军事行动。历时十六年，崔致远与中国结下了深厚的友谊。

此外，新罗学习中国的政治制度，例如，采纳了中国的科举制度、引进中国的医学、天文、算术等文化。新罗的音乐也传入中国宫廷，深受中国达官贵人的喜爱。

唐玄奘西天取经

西汉时期，印度佛教传入中土以来，由于距离遥远（《西游记》上称彼此相隔十万八千里），除了东汉明帝从天竺请来两个高僧入驻白马寺，中国与印度就很少进行佛教交流了。因此中土的佛教教义存在着众说纷纭的分歧。

贞观初年，洛阳净土寺的和尚玄奘，因搞不清法相之说，所以决定去佛教的诞生地天竺（古印度的别称）取经。当时出国是需要经过政府部门同意的，于是玄奘向皇帝唐太宗提出了书面申请。但唐太宗

没有像《西游记》里的唐太宗一样不但与玄奘拜兄弟，还送袈裟、送白马。真实的情况是唐太宗听了玄奘的请求，他的反应是断然拒绝。然而玄奘心意已决，决定长途跋涉，冒险偷渡玉门关。

玄奘出长安，经过漫长的河西走廊，偷渡玉门关，进入西域，跨过天山，穿过葱岭，终于踏进了印度的大城市曲女城。然后他又行了几百里到达了著名的那烂陀寺。玄奘在此学习佛法五年，收益很大，佛教圣典中的经、律、论三藏，玄奘都了然于胸，所以玄奘又被称为“三藏法师”。

戒日王决定召开一次佛教 PK 大会，以玄奘为论主。到会者包括十八个国王、三千个大小乘佛教学者和外道两千人。众人轮流发问，玄奘都能一一解答，一时间，玄奘大名震动了天竺的佛界。

古语说：“少小离家老大回。”玄奘出行的初心是学成回国，振兴中国佛教。而且他还年轻，不像鉴真一样，近七十了才到日本，他自然想回到故国。因此他拜别了天竺的高僧，踏上了回国的旅途。

贞观二十年（646 年），玄奘回到了唐朝长安，他带回来几百部佛经。唐太宗很高兴，没有追究玄奘当年的“偷渡之罪”，还让玄奘写下沿途的见闻。由玄奘口述，辩机撰文，最终写成《大唐西域记》一书，记载了沿途一百多个国家和地区的风貌和习俗，成为研究中外交流史的珍贵文献。

一、历史博览

为什么日本又叫东瀛

中国古代曾叫日本为“东瀛”，为什么叫日本为“东瀛”呢？因为瀛这个词有海岛的意思，日本是一个岛国，又处在中国的东边，东瀛也就是指中国东边的海岛。也有的说是秦始皇派徐福到日本来寻找一种可以长生不老的药，抵达的时候以为日本就是一个东方仙岛，所以称为“东瀛”。

二、读文思考

玄奘、鉴真为了增加中外之间的文化交流，都遭受了很大的磨难方成功，你从中能得到什么样的精神启发？

5. 安史之乱和大唐的衰亡

安史之乱

唐玄宗励精图治三十几年，亲手缔造了举世瞩目的开元盛世，但到了晚年，他开始变得昏聩起来。

马嵬坡的一丈白绫，结束了唐明皇和杨贵妃那海誓山盟的爱情。

唐玄宗任用奸臣李林甫、杨国忠为宰相。李林甫属于有能力的小人。说他有能力，是因为他为相长达十九年，惯有很多的手段；说他是小人，是因为他心胸狭窄，打击报复能力强的官员，并且嫉妒心极强。唐玄宗曾诏求天下士子，只要精通一艺，便可到长安备选。李林甫身为一个大国宰相，竟然担心这些后起之秀若干年后会威胁到自己，便对玄宗说："这些士子都是些卑贱愚聩之人，恐怕会胡言乱语扰乱圣听。"唐玄宗让李林甫组织士子考试，李林甫竟然让有关衙门在贡院的发榜栏里发了空榜，然后他又急匆匆跑到唐玄宗面前，抬手恭喜道："陛下，考试的人全部不合格，这说明贤明的人才都已经在朝堂之上，民间已经再无人才了。"唐玄宗听了，竟然很高兴，默认了这种荒唐的说法。这就是历史上著名的"野无遗贤事件"。

而第二号奸臣杨国忠，之所以当上宰相，全靠堂妹杨贵妃。杨贵妃名玉环，是唐玄宗的第十八子寿王李瑁的妃子。一个偶然的机遇，唐玄宗见到杨玉环，一见钟情，于是不顾伦理，将她收到皇宫为妃。杨国忠随之鸡犬升天，从一个低级官吏，一跃做了大唐的宰相，连升九级。杨国忠属于真草包类型的，收受贿赂、卖官鬻爵，什么坏事儿都能寻觅到他的身影。

最滑稽的是，李林甫和杨国忠同是奸臣，还彼此内斗，于是朝政更加腐败了。

中央里的皇权和相权变得腐败了，地方权力就开始紊乱起来。唐玄宗认为，胡人不识字，没有文化，容易驾驭，于是任命胡人担任北方很多边境地区的节度使。节度使权力很大，具有军政大权。当时安禄山是最有势力的节度使，他一个人兼着范阳、平卢、河东三地节度使，统兵近二十万，而中央的常备军也不过几万人，以至于发生了外重内轻的局面。

安禄山是一个没有文化、阴险毒辣而且有很大野心的人。因实力强大，他担心引起朝廷的警觉，所以拼命巴结唐玄宗和李林甫。他比杨贵妃大十六岁，却认杨贵妃做干妈，也间接认了唐玄宗为干爸。安禄山非常惧怕李林甫，因为李林甫似乎能看穿安禄山的内心所想，经常当着众人的面指责出来。肥胖高大的安禄山每次见到矮小瘦弱的李林甫，心中都十分忐忑。于是为了拉近关系，他亲切地喊李林甫为“十郎”，“郎”这个称呼在唐朝不是兄弟，而是带有家仆称呼主人的意味。

一次营州地区遭遇了蝗灾，安禄山给唐玄宗上表说：“如果我安禄山对唐朝不忠，对皇帝不忠，那就让蝗虫来啃食我的心脏。如果神灵听到我的心声就让蝗虫就此散去。然后有一大群鸟从北面飞到营州上方把蝗虫都吃了。”这种荒诞不经的说法，唐玄宗竟然深信不疑，更加相信安禄山的忠心了。

755年，对大唐“忠心耿耿”的安禄山在范阳起兵，直插洛阳、长安。唐玄宗无力抵抗，携带杨贵妃、杨国忠以及亲信随从，前往四川避难。在途中的马嵬驿，将士们饥饿疲劳，纷纷抱怨杨国忠，认为是他引来了安禄山，因为安禄山打的旗号是“诛杀杨国忠”。将士们在大将军陈玄礼的策动下杀死杨国忠、逼杀杨贵妃，发动了“马嵬驿兵变”。

兵变后，太子李亨在灵武即位，是为唐肃宗。唐肃宗在名臣郭子仪、李光弼的辅佐下，经过八年战争，终于打败了叛军，结束了安史之乱。

安史之乱对社会造成了巨大的负面影响。北方人口锐减，唐朝中央权力一蹶不振，地方藩镇崛起，形成割据势力。唐朝从此由盛转衰。

黄巢起义和唐朝灭亡

唐朝中后期，统治腐朽。中央宦官权力极大，甚至可以废立皇帝；地方藩镇节度使形成割据势力，不服从中央的调遣。晚唐时期，唐懿宗、唐僖宗父子都是有名的昏君，唐懿宗喜欢游玩，经常给名伶艺人巨额赏赐，而给前线流血的士兵的赏赐却少得可怜；唐僖宗喜欢打马球，在选任节度使的时候，他将候选人陈敬瑄、杨师立、牛勖（xù）及罗元杲（gǎo）四人召集到马球场，亲自当裁判，让他们比赛打马球，胜出者将担任西川节度使，这个典故在历史上叫作“击球赌三川”。

统治阶级的腐朽，引起广大人民的不满。河南人王仙芝、山东人黄巢，年少时都以贩盐为生。当时盐铁官营，贩卖私盐属于犯罪行为，为了躲避官府，二人练习武艺，结交天下豪杰。875 年，山东曹州一带农民在官府的逼迫下，聚集在王仙芝、黄巢麾下，发动起义。

起义席卷了大半个中国，沉重打击了唐朝的统治。后来王仙芝战死，黄巢作为起义军的首领，率军攻占了长安，建立了大齐政权。唐僖宗在宦官的簇拥下，紧急向四川逃跑。

黄巢起义引起唐朝各地藩镇节度使的不安，他们拼力绞杀。在关键时刻起义军内部大将朱温叛变，投降了唐朝。唐僖宗大喜，认为这是中兴大唐的标志，特给朱温赐名朱全忠，称他为大唐第一忠臣。

883 年，黄巢兵败，但唐朝统治也面临土崩瓦解。不久唐僖宗去世，弟弟唐昭宗即位，大唐的内外矛盾终于彻底爆发了。中央陷入了皇帝与宦官的大 PK，唐昭宗艰难地战胜了大宦官杨复恭、刘季述。地方陷入了军阀之间的大 PK，中原地区有两个大军阀——朱温和李茂贞，两个实力派人物经过几番大战，朱温终于胜出。

朱温劫持了唐昭宗，于是东汉末年的悲剧又上演了。朱温尽屠宦

官、大臣，把持了全部大权。907 年，被唐僖宗赐名“朱全忠”“大唐第一忠臣”的朱温，亲手毒杀了唐朝最后一个皇帝唐哀宗，自立为皇帝，建号立国，史称后梁。由此中国历史进入了五代十国时期。

城头变幻大王旗，五代十国时期

朱温出身草莽，杀人无数，以弑杀唐朝皇帝篡位，所以不能服众。很快山西军阀、唐朝册封的晋王李克用、李存勖父子以恢复唐朝的名义，讨伐朱温。朱温大怒，准备领兵抵抗，却祸起萧墙。朱温沉迷酒色，在立太子的问题上，偏爱养子朱友文，受到亲生儿子朱友珪（guī）的嫉恨。912 年，朱友珪杀死了朱温，自立为皇帝。

朱温家族的内乱，削弱了后梁的实力。晋王李克用死后，其子李存勖继承了爵位，不久称帝，沿用“唐”为国号，史称后唐，李存勖被称为后唐庄宗。

后唐庄宗轻松消灭了后梁，但他贪婪无度。李存勖喜欢听戏，宠幸伶人，他本人生活开始奢侈起来，国家很快衰败。李存勖死后，后唐又经历三帝。权臣石敬瑭勾结契丹发兵，在武力逼迫下，最后一任皇帝李从珂跳火自焚。

权臣石敬瑭建立了晋国，史称后晋。因为实力不足，灭后唐的时候，石敬瑭割土求援，将燕云十六州割让给北部的辽国（契丹），并且跪在地上喊契丹皇帝为干爹，自己充当屈辱的儿皇帝。石敬瑭屈辱地当了七年儿皇帝后病死，他的养子石重贵即位。石重贵上表契丹皇帝，称孙不称臣，契丹很气愤。因为父亲和儿子关系近，更容易控制，爷爷和孙子关系则远了一层。契丹皇帝一气之下，消灭了后晋。

后晋灭亡后，后汉建立，但仅存在了四年，便灭亡了。951 年，后汉大将郭威建立了大周，史称后周，后周是五代实力最强的一个朝代。

907 年至 960 年，短短五十三年的时间，中原地区便陆续出现了梁、唐、晋、汉、周五个朝代，史称五代。五代更替，战乱不断，最遭殃的还是老百姓。

南方地区则出现吴、南唐、吴越、前蜀、后蜀、楚、闽、南汉、南平九个政权，连同北方割据太原的北汉，一共十个割据的政权。

这十个政权的开国皇帝，都是唐末的节度使、武将出身。他们与五代王朝的统治者一样，一旦黄袍加身，或者迫切苟安享乐，或者邻国之间相互兼并。历史上的这一时期，可以说是最黑暗的时代，昏君、暴君非常的密集。

五代十国时期，尽管战乱不断，但因为各国保留着共同的文化，以及各地之间的经济联系，所以一旦出现强势政权，必然重新回归大一统。历史也确实如此，五代以后，宋朝建立，大宋军队所到之处，十国大多迎降或者请降，中国又重新迈入了江山一统的历史局面。

一．历史博览

杨贵妃如何吃到鲜荔枝

“一骑红尘妃子笑，无人知是荔枝来”是唐朝诗人杜牧路过华清宫时的有感而发，当年杨贵妃喜欢吃岭南的荔枝，但又没有今天的航空快递，她住在遥远的长安，只能空发悲叹。唐玄宗看在眼里，急在心里，为了让爱妃吃上一口新鲜的荔枝，他不惜严令各地的官方驿站，选用快马火速运达。古代冷藏技术落后，为了保证荔枝的新鲜，差役、马匹经常累得猝死，但唐玄宗并不管这个，看到杨贵妃吃到了新鲜的荔枝，他感觉特别开心。

二、选择题

五代十国的分裂局面实质是（　）。

A. 汉族政权与少数民族政权的并立

B. 豪强地主势力发展的结果

C . 统治阶级内部争权夺利的斗争

D. 唐末以来藩镇割据局面的延续和扩大

本章思维导图

王老师划重点

第五章 繁荣的隋唐王朝

隋唐时期

- 政治经济：开皇之治，贞观之治，开元盛世
- 制度建设：科举制度，三省六部制
- 民族融合：文成公主入藏，金城公主入藏
- 外交：鉴真东渡，玄奘西行
- 风气开放：社会风气兼容并包
- 文化辉煌：唐诗，书法，绘画，歌舞等

安史之乱 ↓ 藩镇割据

五代十国

第六章

你方唱罢我登场（辽、宋、夏、金、元）

1. 北宋的政治

宋太祖的铁腕手段

960 年，后周大将赵匡胤谎称辽国进犯，年仅七岁的皇帝柴宗训吓得不知所措，宰相范质立即派遣赵匡胤前去抵御。

大军行至陈桥驿，赵匡胤下令全军休息。赵匡胤的弟弟赵光义煽

赵匡胤自编、自导、自演的一幕黄袍加身舞台剧——陈桥驿兵变。

动有不满情绪的将士们："我们出生入死，皇帝那么小，他怎么会知道我们的功劳！"说完，赵光义拿着一件黄袍，带领着众将士冲进赵匡胤的帐篷，不由分说地给他披上，然后大喊："我们拥护点检大人做皇帝！"众将士纷纷跪下，三呼"万岁"。这就是历史上著名的"陈桥驿兵变"。兵变后，赵匡胤登基为帝，国号为宋，史称北宋，赵匡胤就是宋太祖。

赵匡胤登基以后，用了十几年的时间，陆续消灭了割据政权，结束了五代十国时期混乱的局面。赵匡胤统一南北后，他在思考一个问题，如何才能让国家长治久安？

赵匡胤与五代十国的君主不同，他是一个有谋略的政治家。五代十国时期，帝王用人，主要看是否对帝王忠诚。但遗憾的是那些表面对帝王忠诚的人，最后都成了弑君篡位的主力军。所以赵匡胤要从用人制度、权力分配进行改革，从根源上杜绝武将谋朝篡位、地方节度使领兵造反的事。

赵匡胤的改革重点，就是加强中央集权，削弱地方的权力。权力集中到中央，又削弱相权，最后达到独尊皇权的效果。

赵匡胤加强中央集权的改革措施如下：

第一，军权方面。他请石守信等禁卫军大将喝酒，教育他们征战一生，要及时享乐，然后在欢快的气氛中，解除了他们的兵权，史称"杯酒释兵权"。此外，赵匡胤将调兵权收归中央，地方节度使没有朝廷的调兵令，不得私自调兵。他还施行将领轮岗制，各地将领经常换防，使兵不识将，将不专兵。经过赵匡胤一番操作，军权彻彻底底地掌控在皇帝手中了。

第二，权力方面。中央层面，宋朝以前，宰相权力过大，地位极高，真是一人之下，万人之上。例如，宰相见皇帝，皇帝需要赐座、

赐茶。宋朝以后，赵匡胤不再给宰相设座，免掉了茶水，让他们站着回话。当然这仅仅是形式上削弱相权，在具体权力分配上，他设立三司分割了宰相的财权，设立枢密院分割了宰相的兵权，又增加宰相的数额，这样宰相的权力就大大下降了。

地方层面，唐末、五代十国时期，地方节度使之所以屡次造反，因为他们大多出身武将。武将不读书，行为彪悍，认知肤浅，考虑问题简单。他们不相信要对君主忠诚的道理，更相信实力，一旦君主不能满足他们的愿望，顷刻间便会造反。因此宋太祖任命文臣做地方官，文臣整天读书，从思想深处忠诚君主，而且文臣不会打仗，也没有造反的能力。这就是宋朝惯用的“重文轻武”政策。

即便如此，宋太祖依然对文臣不放心。他设立通判，专管司法、刑狱，分割知州的权力。地位略次于州府长官，杜绝出现绝对的“一把手”。

第三，经济方面。唐末藩镇割据的经济基础，来源于地方财富不归中央，地方节度使自收自用。各节度使手里聚敛巨额的钱财，供应着庞大的军队开支，成为天下动荡的经济原因。宋太祖在地方设转运使，将地方赋税收归中央，彻底掐断了地方的经济命脉。

综上所述，宋太祖在兵、权、钱三个方面，将权力收归了中央，中央集权加强，皇权加强。

王安石变法

在宋太祖的精心设计下，中央的权力加强了，皇帝的权力也加强了，宋朝的皇帝很高兴。但任何设计都是有弊端的，宋朝加强中央集权的一系列措施也不例外。

首先，权力分割后，事权多了，需要的官员数量为过去的好几倍。宋太祖削弱了官员的权力，于是在经济上对他们进行补偿，给他们发放高额的工资，导致国家负担沉重。大兴科举制，录取名额为唐朝的几倍，读书的风气好了，但也增加了国家供养官员的数量。这就是北宋出现的“冗官”现象。

其次，宋朝施行扩编军队的策略，军队数量为一百五十万，庞大的军费开支，占据了财政收入的一半以上。但如此庞大的军队在与辽、西夏的军事行动中，居然屡战屡败。宋朝为了进一步加强军事力量，只能再招兵。于是形成了恶性循环，打了败仗就招兵，招了兵又打败仗，然后再招兵。这就是北宋出现的“冗兵”现象。

最后，冗官和冗兵导致出现了“冗费”。令北宋朝廷发愁的一件事儿，就是给官员们发工资。《宋史·职官志》记载，宰相的俸禄为：俸钱每月三百千（即三百贯），春、冬服各绫二十四、绢三十四、绵百两，禄粟月一百石。折算为现代货币，仅仅俸钱一项，就大致相当于如今的现金 9 万多。还有很多隐形福利，更是难以计算。北宋的军费开支更是大于官费开支，导致国家财政入不敷出，陷入了严重的财政危机。

1069 年，宰相王安石开始进行变法，希望通过变法自救，富国强兵。他采取了以下措施。

第一，募役法。宋朝之前，老百姓向国家提供沉重的徭役，耽误了农时。宋朝时，如果老百姓不服役，可以交钱，官府雇人服役。

第二，方田均税法。国家财政收入少，是因为没有精准地核算土地，导致土地财政收入减少，大地主偷税漏税，无法制止。王安石规定，重新丈量天下土地，按土地多少纳税，严禁偷税漏税。

第三，农田水利法。国家鼓励兴修水利，保证农业生产。

第四，保甲法。把农村人口编制起来，让成年男人平时种地，战时打仗，等同于我们今天的预备役部队。这样减少了国家练兵的投入，又保证了粮食自给自足，减少了国家的军事投资。

理想是丰满的，现实是骨感的。广大北宋的官民尚没有如此高的政治素质，变法的施行人恰恰又是官员和地主，所以他们明为支持变法，暗中破坏变法，导致王安石变法最终失败。北宋依然积贫积弱，国家依然贫穷，王安石最后只能辞去宰相一职，变法彻底失败。

一、历史博览

赵匡胤与赵普的对话

宋太祖召见宰相赵普问道："为什么从唐末以来，几十年间，帝王换了八姓十二君，争战无休无止？我要从此息灭天下之兵，建国家长久之计，你有什么好的办法吗？"

赵普回奏道："这个问题的症结，就在于藩镇权力太重、君弱臣强而已，治理的办法也没有奇巧可施，只要削夺其权，制其钱谷，收其精兵，天下自然就安定了。"

二、读文思考

通过阅读本小节，王安石变法的内容非常丰富，涉及富国强兵的各个方面，为什么最终会失败呢？

2. 打打和和，花钱买外交

辽与北宋的战与和

北宋统一南北，建立了中央集权的国家，但不包括北方的辽、西北的西夏、西南的吐蕃等少数民族政权，所以历史称这一时期为“民

辽
战
西夏
和
北宋
北宋交出的不只有岁币，
还有尊严。

族政权并立”。

北方的辽，由契丹族建立。契丹在唐朝时期逐渐崛起，他们学会了汉族的牛耕、冶铁和纺织等技术，也学会了修建房屋、城堡，而且制定了契丹文字，向人类文明的成熟阶段大踏步迈进。

907年，契丹族迭剌部首领耶律阿保机被众多部落推举为契丹大可汗，契丹建国，定都城为上京（今内蒙古巴林左旗东南）。但是耶律阿保机的大汗属于临时工，不是汉族的世袭皇帝，耶律阿保机身材高大，雄心勃勃。《辽史》记载他“身长九尺，丰上锐下，目光射人，关弓三百斤”，颇似一副江洋大盗的模样。

耶律阿保机干了九年的临时工，各部落首领催促他抓紧交权。他的内心十分厌恶，于是对各部首领说：“我有盐池，经常供给各部落，但大家只知道吃盐方便，却不知盐池也有主人，你们应该来犒劳我和部下。”各部首领听了，觉得很有道理，于是带着酒肉前去赴宴。耶律阿保机趁着各部头头们酒醉的时候，将他们一网打尽。

916年，耶律阿保机称帝，建立了契丹。他死后，他的儿子耶律德光改契丹为辽，并且趁中原内乱，取得了燕云十六州的控制权。在五代时期，每逢中原王朝内乱，辽总要趁火打劫，想分得一点好处。

但辽不具备管理中原地区的能力，彼此文化不通，于是每次掳掠一番，然后扬长而去。他亲手扶持的后晋，后又被其亲手灭掉。中原人民受制于分裂、弱小的现实，敢怒不敢言。北宋结束了五代十国的分裂局面，到宋太宗时期，开始着手解决北部边患，欲收复被契丹侵占的燕云十六州。

979年，北宋与辽爆发了著名的“高梁河之战”。双方在高梁河（今北京西直门外）展开了大战。宋太宗御驾亲征，踌躇满志，立志收复燕云，创造惊天伟业。但由于宋太宗的轻敌和战术的失误，

宋军被辽军击溃，一时间队伍大乱。宋太宗也中箭负伤，因为无法骑快马，只能找到一头快驴，然后快驴拉车，慌忙逃跑，最终失去了踪迹。

宋军将士找不到宋太宗，曾一度想立宋太祖的儿子赵德昭为皇帝。正在大家议论的时候，失踪几天的宋太宗，穿着一身破旧龙袍忽然出现，他震怒地望着众将士，阴着脸一言不发。这时赵德昭才十八岁，还是一个不成熟的年轻人，他下跪请求给将士们封赏，宋太宗彻底爆发了，他大骂道："等你当了皇帝，再来封赏吧！"于是众人不欢而散。赵德昭因为害怕，当夜自杀。宋太宗导演的这一幕征辽大剧，也彻底画上了句号。

高梁河之战，宋军战败后，辽更加瞧不起宋朝，经常南下掠夺，犹如到自己家里拿东西一样自然。1004 年，辽大军二十万南下入侵，一路势如破竹，竟然杀到中原腹地澶（chán）渊。北宋朝廷一片慌乱，不少大臣都吓破了胆，纷纷主张迁都躲避。只有宰相寇准主张坚决抵抗，并且督促宋真宗去澶渊劳军。宋真宗勉强同意，登上了澶渊城头。宋军士兵见皇帝到来，士气高涨，大家一起高呼"万岁"，声音绵连几十里，气贯长虹。

辽军攻打了几次，始终无法攻克。于是辽宋双方议和，辽退兵，宋朝每年给辽"岁币"银十万两、绢二十万匹。由于这一协议在澶渊签订，所以史称"澶渊之盟"。

澶渊之盟的影响有两个方面，一个方面是双方维持了较长时间的和平，有利于双方的共同发展；另一个方面则是堂堂大宋，没有战败却签订了屈辱的城下之盟，有失尊严，每年的"岁币"加重了劳动人民的负担，也成为北宋财政困难的原因之一。

西夏与北宋的战与和

西夏是羌族人的一支——党项族所建立。唐僖宗时期，黄巢起义，天下大乱，党项族首领李思恭曾率领部族兵马助朝廷平叛，唐僖宗授李思恭为定难军节度使，赐号夏国公，这是西夏建立政权的起源。

北宋时，党项族首领李继迁、李德明父子向辽和宋朝称臣，名义上一仆二主，暗地里自己当家，以从主人手里换取巨额的赏赐。辽和北宋都册封李德明为西平王，分别对他加以笼络。

1032 年，李元昊继承了祖父、父亲的衣钵，承袭了西平王爵位。他的野心很大，已经不满足于依附别人过日子。1038 年，李元昊称帝，国号大夏，史称西夏，定都兴庆府（宁夏银川）。李元昊仿照唐宋制度，设立官制、法律，积极发展经济，还创立了西夏文字。

李元昊称帝，引起北宋的强烈不满。大宋王朝花了那么多钱，年年给“岁赐”，仅仅为了一点天朝大国的面子，如今李元昊财大气粗，不缺钱了，缺的是皇帝的面子。北宋忍无可忍，只能刀兵相见了。北宋与西夏在边境打了几场大仗，北宋军队数量庞大，但战斗力极低，大多失败。李元昊取得了军事胜利，但他高兴得有点太早了。

西夏只有三百多万人口，却养着五十万军队。北宋有几千万人口，养着一百多万军队，尽管北宋连战连败，但经济总量庞大，后援充足。而西夏连战连胜，但自从开战以来，北宋停止向西夏输血，关闭了边境的榷（què）场（互市市场），相当于掐断了西夏的经济命脉，导致西夏人吃盐都困难。加上连年战争死伤无数，西夏人将怒火发向了穷兵黩武的李元昊。因此李元昊只能取消帝号，北宋则继续向西夏输血，继续向西夏花钱买和平。

尽管李元昊放弃了帝号，但他从不接见宋朝的使节，实际仍然是国中之王。北宋与西夏的议和，边境贸易兴盛，两边人民都得到了实惠，边境又陷入了一片祥和之中。

一、历史情感

澶渊之盟的签订，自古以来便有两方面的评价，一个肯定，一个否定，你更倾向于哪种立场呢？请谈谈你的看法。

二、读文思考

通过阅读本小节，西夏地小、人口少，为什么能打败实力强大的北宋？而军事战争胜利的西夏，为何又主动选择了妥协呢？

3. 金与两宋的百年恩怨

女真族的崛起和辽的灭亡

11 世纪，中国历史存在北宋、辽、西夏三足鼎立的局面，可长江后浪推前浪，没有永远不变的利益格局。11 世纪末，东北的女真部落逐渐强大起来。

女真族是唐朝时期靺鞨族的一支，他们居住在黑龙江流域和长白山一带，以渔猎为生。艰苦的生活，磨炼了女真人吃苦耐劳的秉性。《大金国志》记载说女真人“俗勇悍，喜战斗，耐饥渴苦辛，骑马上下崖壁如飞，济江河不用舟楫，浮马而渡”。大意是说，女真人彪悍，喜欢打仗，能忍受饥渴和辛苦，在悬崖峭壁上骑马也犹如飞一样，渡河不用船，马儿可以驮着人泅渡。

《大金国志》记载得很邪乎，但女真人能打仗却是真的。1115 年，女真人首领完颜阿骨打统一了女真，建立大金，定都会宁，完颜阿骨打就是金太祖。建立之初，金太祖就解释了为什么叫大金，他说辽以镔铁为号，取其坚也。镔铁虽坚，终亦变坏，唯金不变不坏。金太祖登基之后，第一件事儿，就是消灭貌似强大的辽。

辽给我们的印象很强大，它的强大是对中原王朝而言，例如，征伐五代十国的后唐、后晋，逼着石敬瑭叫辽朝皇帝干爹；又如，高梁河大战，逼迫宋太宗驾驴车紧急逃窜；再如，澶渊之盟，强迫北宋每年缴纳“保护费”。

可是如今时过境迁，大金建立后，辽只剩下一个空壳子。辽末代皇帝，天祚（zuò）帝耶律延禧，昏庸无能，喜欢游玩、狩猎，还经常去女真族的地盘搞联欢会。耶律延禧为助酒兴，命女真族各部首领跳舞，只有完颜阿骨打不肯跳，而且从那时起完颜阿骨打便萌发出起兵抗辽的念头。

接下来的几年里，完颜阿骨打暗自积蓄力量，女真的将士们整日操练，士气高涨，终于等到与辽一决雌雄的时候了。1122 年，大金东路军攻占了辽的中京大定府，随后辽天祚帝逃往大漠，与此同时，大金的西路军又攻陷了西京大同府。在金军大兵压境时，辽还爆出贵族耶律淳以天祚帝“病死”，而擅自称帝的事情。内忧加外患，让辽彻底走上了崩溃，此后的几年里，天祚帝犹如一条丧家之犬，四处躲藏。

1125 年，天祚帝逃到今内蒙古呼和浩特附近的沙漠，因粮草断绝，只能吃雪充饥，这时他再也跑不动了，而金兵尾随而至，将他俘虏，随后辽灭亡。

北宋灭亡

金灭辽之前，一向懦弱的北宋在一旁隔岸观火，企图趁战乱之际，讨一点便宜。于是宋徽宗派遣使者到金搞“伐辽联盟”。金与北宋不接壤，金并不知道北宋的软弱，以为多个帮手，多一份力，于是欣然同意了。

1120 年，金和北宋签订盟约。双方约定，灭辽之后，金允许北宋

收复燕云十六州，北宋将每年缴纳辽的岁币转交金，因为使者往返渡海，订立盟约，所以史称“海上之盟”。

双方约定后，金从北往南打，北宋从南往北打，两面夹击辽。结果金一路势如破竹，北宋面对的只是辽兵的残余势力，但却一败涂地。金在灭辽的过程中，看透了北宋军队的虚弱，北宋也暴露了自己的无能，与辽一战之后，金便开始着手对宋的战争，所以说宋联合金灭辽，是宋的一项败笔。辽被灭之时，恰恰是宋引狼入室之日。

辽灭亡以后，金只将燕云十六州中的六个州给了北宋，而且将所有的人口、钱财掠夺一空，然后大肆破坏城内建筑设施，北宋只接收了六座残破不堪的空城。

还没等北宋庆祝收复燕云六州的胜利，金军便开始磨刀霍霍向北宋了。1125 年，金军很轻易地渡过黄河天险，没有遇到一个宋兵。一向善于打仗的金军将领一路诧异，不清楚宋军葫芦里卖的什么药。

金军大军压境，北宋的闷葫芦里正在激烈地争吵。他们在讨论是打仗还是求和，两派唇枪舌剑、引经据典、妙语连珠，好不热闹。素有艺术家皇帝之称的宋徽宗早已吓破了胆，他急忙将皇位传给儿子宋钦宗，自己连夜逃往亳州（今安徽亳州）。可宋钦宗和宋徽宗一样，胆小如鼠，内心十分惧怕金军。

宋钦宗登基后的第一件事儿，就是和老爹保持高度一致，决定向襄阳（今湖北襄阳）逃跑。襄阳隔着长江，金兵一时半会儿追不到那去。太常少卿李纲气愤地说：“太上皇将皇位传给陛下，您怎能舍弃宗庙而不顾呢？”宋钦宗哑口无言，但逃跑之心不改，后来李纲对他大喊：“全军将士的家属都在东京，如果逃跑途中，他们四散逃亡，谁来保护陛下呢？”李纲这句话直击宋钦宗的要害，于是宋钦宗勉强决定留下来，同时任命李纲为守城大臣。

李纲临危受命，率领将士们昼夜抵抗金军的进攻，城里的百姓也自发到城头协助守城，整个东京城都被动员起来了。金军见无法攻破，于是勒索了北宋一笔财物，扬长而去。

宋钦宗和投降派大臣见金军已撤，便立刻张灯结彩，相约庆祝一番，宋徽宗也春光满面地从亳州回到了东京，心想，总算虚惊一场。而大功臣李纲却遭到小人弹劾，职务被罢免，被贬到夔州（今重庆奉节）任职。

宋朝的昏君和奸臣高兴得有点太早了。1126 年，金军决定再次南下，这一次金军做了充足的准备，发誓一举消灭北宋。宋钦宗慌乱之下，任命何栗为宰相。何栗是文人，不会打仗，因此何栗找到江湖术士郭京，郭京自诩有六甲神兵，有天兵天将相助。宋钦宗和宰相何栗病急乱投医，将全部的希望寄托到这个江湖骗子身上。

同时为了双保险，宋钦宗又派人到金营求和，金军开出了天价，企图勒索巨额财物，并且要求北宋派出亲王作为人质。对于金兵的杀人条件，北宋君臣居然全盘接受，仿佛抓住了救命稻草一般，他们抓紧凑钱，官府的钱不够，开封府的差役强行闯入民宅，搜刮民财，以至于百姓怨声载道。

1127 年，金军不愿意继续浪费时间，大军攻破了东京城。宋徽宗、宋钦宗以及大臣、后妃、皇子、公主等三千人，被金兵掳掠到北方，受尽屈辱，北宋随之灭亡。由于该事件发生在靖康年间，所以史称“靖康之变”或者“靖康之耻”。

南宋的偏安

靖康之变前，宋徽宗一共三十二个儿子，宋朝灭亡后，除了少部

千古名将岳飞，豪迈气概，
万世景仰。

分夭折之外，宋徽宗和其他儿子，全部被掳到五国城，只有第九子康王赵构幸免于难。那么康王赵构究竟是何许人也？他是如何逃脱了金兵的魔爪呢？

1125 年，金军南下侵宋。康王赵构是宋徽宗儿子中非常不起眼的一个，但历史的机遇却意外地砸到了他的头上。金兵南下之时，哥哥宋钦宗派康王赵构前往金营谈判，暗地里让他去金兵大营当人质，这是一个非常危险的苦差，赵构却欣然领命，而且在强势的金人面前，他谈笑自若，颇有皇家的气度。金兵只知道宋朝的皇子都是草包，只知道吃喝玩乐，便怀疑赵构是假皇子，于是将他踢了回去，点名让宋徽宗宝贝儿子赵枢为人质，赵构才侥幸躲过了一劫。

1126 年，金军又一次南下，宋钦宗惊慌失措，于是又想起了弟弟赵构，宋钦宗再次启用赵构，让他去河北的金军大营求和。赵构走在路上那个恨啊，心里暗骂道："皇帝哥哥啊！好事儿，你为何不想着我啊？倒霉的事儿，偏让我去做。"

当赵构走到黄河边上的磁州时，知州宗泽劝他说："京城危急，殿下不可羊入虎口。"赵构迟疑了一下，勉强同意。结果赵构又一次中了头彩，不久京城被攻破，北宋的皇室成员被金兵一网打尽，全被押赴东北做苦力，受尽了屈辱。而赵构却安然无恙，并且他作为宋徽宗仅存的儿子，像一面大旗一样，成为各地抗金将领拥护的精神领袖。

1127 年，赵构在应天府即皇帝位，国号依然是宋，史称南宋，赵构就是宋高宗。赵构当皇帝后，金军再次南下，赵构不愧是老赵家的传人，立刻选择逃跑。

逃跑的时候，赵构只恨少生了两条腿，金兵一路追得满头大汗，也没有追上赵构。金兵望着赵构远去的背影，只好一声兴叹，下令撤退。

在皇帝一路狂奔的时候，南宋的抗金将士却同仇敌忾，誓死驱逐金兵。这里面最为典型的将领便是名将岳飞。

金兵所向无敌的法宝，在于它的铁浮图和拐子马。铁浮图是重装铁甲骑兵，拐子马是轻骑兵。而宋朝是农耕民族，不似北方草原民族畜牧业发达，所以缺少马匹，主要是步兵。在冷兵器时代，骑兵的攻击力明显强于步兵，这也是宋朝军队屡屡吃亏的原因之一。

金兵作战，通常是中路军为铁浮图，两翼为拐子马。铁浮图浑身被铁甲覆盖，所以刀枪不入；拐子马冲击力强，这让宋朝的军队猝不及防。对此岳飞找到了克敌的妙招，岳飞命令步兵用麻札刀杀入敌阵，不要抬头看，只管砍马的脚。拐子马连在一起，一匹马跌倒，其余的马便踩着前马倒地。岳家军奋起攻击，大破完颜宗弼的军队，史称这

一胜利为“郾城大捷”。

岳飞的战绩鼓舞了抗金军民的斗志，却引起宋高宗和宰相秦桧的恐慌，他们担心岳飞的实力强大，会不受控制，更担心有一天金兵会卷土重来，对他们兴师问罪。于是昏君、奸臣相互勾结，以岳飞可能会造反的借口，将其杀害于风波亭。岳飞死时只有三十九岁。

岳飞死后，南宋与金议和。南宋向金称臣，约定以淮水、大散关一线为界线，历史称这一协议为“绍兴和议”。此时赵构的父亲宋徽宗已病死，赵构要求金遣送自己的母亲韦太后回朝。金考虑双方已达成协约，便给了臣国皇帝一个面子。

韦太后回归宋土的时候，宋钦宗拉着韦太后的衣服哀求道：“如果能让我南归，就让我当个太一宫主好了。”韦太后哭着答应了，可宋高宗赵构没有接回宋钦宗的打算，最终宋钦宗惨死在了寒冷的五国城。

一、优质诗文节选

岳飞《满江红》

怒发冲冠，凭栏处、潇潇雨歇。抬望眼，仰天长啸，壮怀激烈。三十功名尘与土，八千里路云和月。莫等闲、白了少年头，空悲切。

靖康耻，犹未雪。臣子恨，何时灭。驾长车，踏破贺兰山缺。壮志饥餐胡虏肉，笑谈渴饮匈奴血。待从头、收拾旧山河，朝天阙。

二、历史情感

如何看待南宋与金的“战”与“和”？

4. 商业帝国，世界 GDP 之最

两宋时期，军事失利、外交软弱，财政赤字，政治腐败，于是有了积贫积弱的说法。但这都是国家、政府层面的。两宋时期的经济、文化达到了中国古代封建社会的顶峰，很多历史学家，都高度评价两宋时期。

著名史学家陈寅恪说："华夏民族之文化，历数千载之演进，造极于赵宋之世。"著名历史学家漆侠先生说："在两宋统治的三百年中，我国经济、文化的发展，居于世界的最前列，是当时最为先进、最为文明的国家。"那么两宋时期的经济发达，究竟体现在哪些方面呢？答案还是农业、手工业、商业三个领域。

农业发展的原因和表现

由于战乱，中国古代人口几次大的南移，技术和文化也随之南移，不但改变了南北的人口比例，南北经济地位也随之发生了变化。南方逐渐被开发，唐朝安史之乱后，经济中心开始南移，到南宋时，经济中心南移完成，南方经济超过了北方。江西、福建、两广地区都得到了较快的发展。

农业发达的表现：垦田面积扩大，耕作技术进一步提高；从越南引进了占城稻，占城稻具有生长周期短，耐旱和适应强的特点，因而成为宋代大力推广种植的水稻作物。农业粮食的增加为宋代商业的繁荣奠定了坚实的基础；种植茶树、棉花等经济作物，棉业区由南向北逐渐推广。

手工业发达

两宋时期，南方手工业繁荣，纺织业、制瓷业、创造业尤为突出。

宋朝的纺织业：丝、麻、毛纺织业都非常发达。南方的丝织业胜过北方，四川、江浙地区的丝织业发达。南宋后期，棉纺织业兴起，南宋末年棉纺织专家黄道婆发明足踏三锭纺车，能同时纺出三根纱，是当时全球最为先进的纺车。

宋朝的制瓷业：宋朝的制瓷业非常发达。清末许之衡在《饮流斋说瓷》中说："吾华制瓷可分三大时期：曰宋，曰明、曰清。宋最有名之有五，所谓柴、汝、官、哥、定是也。更有钧窑，亦甚可贵。"五大官窑的瓷器，有品种多样、做工细致、造型新颖、美观又实用等方面的特点。既不断创新，又保留传统的特色，深受消费者的欢迎。

景德镇是宋朝的瓷都，该地瓷器造型优美、品种繁多、装饰丰富、风格独特，以"白如玉，明如镜，薄如纸，声如磬"著称，品种数量高达三千多。其中青花瓷、玲珑瓷、粉彩瓷、色釉瓷，合称为景德镇四大传统名瓷。宋朝皇帝喜爱景德镇的瓷器，于是景德镇名声远扬，成为著名的瓷都，一直延续到今。

先进的造船业

宋朝的造船业居当时世界首位。北宋时期，中原地区以北的粮食依赖于东南苏、湖一带的粮仓，因此东南漕运十分重要。水运离不开船只，航海贸易也离不开船只，所以造船业关乎国计民生，宋朝统治者十分重视造船业。

北宋时期，东京城郊外，建有世界上最早的船坞。

北宋航海技术先进，船上已配备航海指南针，这是古代中国对世界文明的伟大贡献。几百年后，欧洲的新航路开辟，得益于中国指南针的传入。北宋航船在航行时，晚上看星星，白天看日头，阴天时，便根据指南针辨别方向。

“南海一号”商船的沉没，是海上丝绸之路的不幸，却是当今考古事业的大幸。

南宋时期，造船业得到进一步发展。明州、泉州、广州等造船厂，制造了大型的航船。1987 年，在广东阳江海域发现一艘南宋巨型航船，考古专家命名为“南海一号”。该船是尖头船，船高 4 米，宽度 11 米，排水量 800 吨，载重 400 吨。可见当时造船技术发达，已遥遥领先世界其他国家。

商业贸易的繁荣

古代大城市的功能主要是政治职能和军事职能。例如，长安、洛阳，都是各朝代的首都和军事重镇。但到了宋朝，随着商品经济的发展，开始涌现出一批人口达百万的特大城市，例如，河南开封（东京城）、临安府。城市内店铺林立，好不热闹。传闻当时宋徽宗经常穿上平民的衣服，在夜晚热闹的时候，带几个太监到民间“微服私访”，可见北宋夜市的吸引力，都将堂堂的皇帝从皇宫里给勾了出来。

街市上有大的娱乐场所，叫“瓦子”，类似于今天大城市的商业街、步行街。瓦子中有很多专供演出的圈子，叫“勾栏”，类似于今天的刘老根大舞台、德云社。

在古代大城市里，市是商业区，坊是居民区，俗称坊市制度。北宋以前，为了加强社会秩序的管理，官府采取了严格的坊、市分隔制度。坊内的居民实行邻里互保、按时启闭坊门制、宵禁制等。

唐朝时，市场的时间都受到了严格的限制，例如，“凡市以日午，击鼓三百声而众以会；日入前七刻，击钲三百声而众以散。”这说明唐朝时期，开市和散市都是由政府管制，但随着商品经济的发展，到了北宋时，市场经营的时间限制逐渐被突破了，市民和商贩可以根据实际经营需要，自由选择营业、购物的时间。

随着经营时间的突破，经营的空间也被打破了，出现了早市、草市、夜市。

商业的繁荣带动了货币的改进。北宋以前，货币主要是金、银、铜。不方便大宗货物的交易，也不方便商人携带，因此北宋政府发行了纸币，名叫“交子”，这是世界上最早的纸币。

同时，宋朝注重海外贸易的发展。海外贸易最远到达阿拉伯半岛和非洲东海岸，政府鼓励公私海外贸易，并设立市舶司管理，海外贸易给两宋带来了巨额的财政收入。

两宋时代，农业、手工业、商业都异常发达，文明程度之高，为当时世界的顶峰。但由于政治体制的腐败，国家治理的艰难，两宋仍然没有摆脱积贫积弱的局面，最后依然走向了灭亡。

一、学习卡片

1. 农业的发展：从越南引进的占城稻，成熟早，抗旱力强，北宋时推广到东南地区。
2. 手工业的兴盛：两宋时期的纺织业、制瓷业、造船业，尤为发达。
3. 商业贸易的繁荣：北宋时期，随着商品经济的繁荣，商业贸易打破了坊市的界限；北宋出现了世界上最早的纸币——交子。

二、选择题

宋朝的“神舟”是中国为使节出访外国而专门建造的大型豪华海洋客船，显示出宋朝卓越的造船成就。下列对当时中国造船业的评价最精准的是（　）。

A. 领先于日本　　B. 落后于欧洲

C. 领先于世界　　D. 领先于阿拉伯

5. 横扫天下的马上民族

蒙古族的崛起

在宋、辽、金、西夏四方杀得昏天黑地的时候，漠北的一个小民族——蒙古族逐渐强大起来。蒙古各部落与辽、金、西夏的发展历程

一代天骄成吉思汗，只识弯弓射大雕

相似，强大的前提首先要统一内部。1206年春天，铁木真将各部落的头头们召集在一起开会，铁木真获得“成吉思汗”的尊号，国号大蒙古国。

蒙古建国以后，便开启了对外征战之路。首先它将矛头对准了邻居西辽（辽灭亡后的残余政权），西辽扼守丝绸之路的交通要道，非常的富有。西辽的首领耶律直鲁古被乃蛮部首领屈出律俘虏，屈出律俘虏了人家的首领，占了人家的地盘。远在蒙古的成吉思汗义愤填膺，决定“替天行道”，于是他派大军两万余众，轻松打败了屈出律，还赚取了好名声，西辽百姓拿着酒水迎接远征而来的蒙古大军，并感动得流下了泪水。

西辽西边的一个强邻叫花剌子模，地处中亚。成吉思汗的最初打算，是与花剌子模和平共处，于是派使者带去了钱币、贵重的礼物，要求通商。但花剌子模的一个地区总督劫杀了蒙古使者，将所有的财物据为己有。成吉思汗恼羞成怒，派大将木华黎率领大军西征花剌子模，这一次征伐是带着怒火而去。蒙古兵长相彪悍，擅长草原骑兵作战，战斗力远在鼎盛时期的辽、金之上。蒙古大军在花剌子模开始了报复性的屠城。

此后，成吉思汗及其继承者又陆续西征，一直打到欧洲的多瑙河。蒙古帝国所占辖地四千万平方千米，占据地球土地面积的三分之一。虽然战争带来了破坏，但也加速了各地区的民族交流，有利于商贸经济的发展和民族文化的融合。

当然，蒙古国的主要注意力，还是在征伐中原上面。成吉思汗的第一个消灭目标，瞄上了盘踞在甘肃、青海一带的西夏。西夏是一个小政权，对外一向奉行“墙头草策略”，金灭辽的时候，它依附金；蒙古伐金的时候，它依附蒙古。可是万万没想到，活得如此小心，还

是难逃一死。

1227年，蒙古国的主力部队包围了西夏都城中兴府。西夏末代皇帝李睍（xiàn），仅二十二岁，即位才一年。他的爷爷李遵顼（xū）和父亲李德旺在蒙古大军围城的时候，都惊吓而死，将这一副烂摊子交给了他。他登基的第一件事儿，就是考虑投降。成吉思汗做出了承诺，只要他开城投降，保证不杀。

可天有不测风云，成吉思汗做出承诺后，便病死了。西夏王李睍投降后，没地方找人兑现承诺，蒙古人最终还是将他杀死，西夏灭亡。

蒙古消灭西夏之前，并没有停止进攻金。西夏灭亡后，蒙古国新任大汗窝阔台开始了灭金的筹划。窝阔台为了进一步孤立金，派使者带着礼物到南宋结盟，而且开的价码很可观，两家联合灭金之后，即将河南之地赠送给南宋。与此同时，金为了争取南宋的支持，也派了使者求援，金使说："蒙古灭国四十，以及西夏，西夏灭亡后到了大金，大金灭亡后必然危及大宋。唇亡齿寒，这是自然的道理。"但南宋君臣与金有不共戴天的仇恨，他们痛恨金人，在靖康之变时肆意地凌辱皇室成员，于是予以拒绝。最终宋蒙达成协议，联合灭金。金国的统治，变得岌岌可危了。

1234年，蒙古大军攻占了金最后一座城池——蔡州城。金哀宗不愿做亡国之君，于是在破城之前，将皇位传给了大将完颜承麟。金哀宗退位后，自杀殉国，完颜承麟即位后仅一个时辰，城池被攻破，他带兵厮杀，死在了乱军之中，成为史上即位时间最短的皇帝。随之金灭亡。

元朝建立与南宋的灭亡

蒙古国的国名，取的是族名。1260 年，蒙古国第五任可汗忽必烈，已取得黄河以北的广大汉族统治区的控制权。西南吐蕃和大理也臣服于蒙古。南宋的疆土被压缩至只有东南几个省份。

忽必烈登基以后，一改过去蒙古国的旧习，禁止屠城，禁止嗜杀，行汉法中的仁政，整顿吏治，劝课农桑，学习中原王朝的治理模式。忽必烈想尽快地稳定统治，完成国家的统一。忽必烈取《易经·乾卦》中的一句："大哉乾元，万物资始"，寓意着一切的生机，从元开始，1271 年，定国号为元，定都大都（今北京）。

宋蒙协议灭金的时候，蒙古国曾承诺赠河南的土地给南宋，可金朝灭亡以后，蒙古国便撕毁了协议，并且将矛头对准了南宋，大军随之迅速南下。所幸的是南宋有一批赫赫有名的抗元名将，如姜才、孟珙、杜杲（gǎo）、张珏等。现列举其中二位名将，杜杲和张珏的英雄事迹。

杜杲在安丰之战和庐州之战中大败南下蒙古军。杜杲设计了一种专用的平底船，来往于壕沟上，击杀蒙军的填壕沟士兵。根据史料的记载，杜杲还发明了鹅梨炮、三弓弩炮等武器帮助守城，杜杲的儿子杜庶也发明了一种排杈木武器帮助守城。

张珏人称"四川虓（xiāo）将"。1258 年时，元兵攻入四川，一路势如破竹，很快就攻到了钓鱼城下。1259 年，保卫合州的战役正式打响。张珏率领宋军坚守钓鱼城前后有九个月，多次打败蒙古军的进攻，最终蒙古大汗蒙哥受伤死在城下。这是蒙古国立国以来，遭遇的最大失败，蒙古大汗竟然被打死，而且引起其弟忽必烈和阿里不哥的汗位之争，蒙古国陷入了五年的内战之中，为南宋防御备战赢得了宝贵的

时间。

综上所述，南宋不缺名将，士兵敢于效死。但南宋却盛产昏君和奸臣。其中最大的奸臣莫过于“蟋蟀宰相”贾似道。贾似道是一个地道的纨绔子弟，平时喜欢斗蟋蟀，并写下了大作《促织经》。他的姐姐是宋理宗的妃子，贾似道算是地道的皇亲国戚，所以他当了官，一路平步青云，做到了宰相的位置。

贾似道掌权以后，很多忠臣良将都受到他的排挤，以至于国势越来越弱。1275 年，元军发动了灭宋之战，贾似道出征迎战，但元军还未发动进攻，他便吓破了狗胆，竟乘船私自逃跑，随之宋军大败。元军直逼南宋首都临安府，后来贾似道被谢太皇太后贬官到广东，路上被忠臣郑虎臣杀害。

元军包围了临安府，谢太皇太后携宋恭帝赵㬎投降，南宋灭亡。然而广大爱国将领依然坚持抗元斗争，例如，陆秀夫、张世杰、文天祥，人称“宋末三杰”，他们在福州拥立益王赵昰为帝，继续坚持斗争。

文天祥是一个有才的年轻人，他二十一岁便中了状元，被授予知府的职位。元军包围临安，大多将领不敢前去护驾，文天祥第一个赶到临安府救驾。谢太皇太后很感动，封他为丞相。这个时候升官可不是什么好事儿，而是一个危险的差事。谢太皇太后委托文天祥去元军大营谈判，文天祥居然不顾实力悬殊，当面怒斥元军统帅伯颜，伯颜见过太多唯唯诺诺的宋人，面对血气方刚的文天祥，他大为诧异。他很欣赏文天祥的勇气，于是没有杀他，下令将他绑送回大都。文天祥半路机智逃脱，继续南下抗元。

尽管南宋的爱国志士拼死抵抗，但奈何大势已去，元军已经占据了大半个中国，统一趋势不可避免。1278 年，皇帝赵昰去世，死的时候年仅九岁。南宋将领扶持只有六岁的赵昺（bǐng）为帝。

1279 年，元朝汉军大将张弘范率领水军将南宋小朝廷逼到了崖山（今广东江门新会区南），南宋军队在这场战役中，全军覆没。陆秀夫抱着年仅七岁的皇帝赵昺投海自尽，南宋的遗臣、将士大多殉国，史称“崖山之战”。

文天祥被押赴元朝大都，途中路过伶仃洋，他写下了流传千古的《过零丁洋》，全文如下：辛苦遭逢起一经，干戈寥落四周星。山河破碎风飘絮，身世浮沉雨打萍。惶恐滩头说惶恐，零丁洋里叹零丁。人生自古谁无死，留取丹心照汗青。

元朝踏着战争、征服、杀戮的道路，最终统一了中国，成为正史上标榜的正统政权。它的建立加速了各民族的融合，结束了长期分裂的局面，为多民族国家的统一奠定了基础。

一、历史纵横

忽必烈学汉法

忽必烈即位后，决定接受以儒学为主体的汉族传统文化。忽必烈任命了许多儒士担任各级政府的官员，如任姚枢为大司农、许衡为国子祭酒等。又立孔庙，设国子监，这使中原的汉族文化传统得以保持和发展。

二、历史情感

文天祥是一位爱国英雄，你从他的身上，能发现何种高贵的品质呢?

6. 元朝的统治

行省制度的设立

1279年，元朝消灭了南宋最后的一支抵抗力量，完成了中国的统一。此外，成吉思汗的子侄南征北伐，在世界其他地区建立了四大汗

元朝可以申请“版图最大的帝国”之吉尼斯世界纪录。

国，它们分别是，金帐汗国（又称钦察汗国）、察合台汗国、窝阔台汗国、伊利汗国。

元朝是中国古代史上第一个少数民族建立的统一的中央王朝，它的疆域极其广大。“北逾阴山，西极流沙，东尽辽左，南越海表。”国土面积超过了汉朝和唐朝，成为中国疆域最广的朝代。

国土面积如此广阔，应该如何治理呢？

忽必烈不敢走历史的老路：大肆分封诸王，施行分封制。因为蒙古贵族文化水平很低，汉化程度不高，甚至在一定程度上，他们排斥汉族文化和汉人。一旦大肆封王，势必引发各地严重的民族矛盾，不利于帝国的稳定。如果继续施行历朝历代推行的郡县制，帝国版图无疑又太大了，郡县二级体制无法有效治理地方事务。

忽必烈集思广益，施行了行省制度，全称“行中书省”。他在全国设立了岭北、辽阳、河南、陕西、四川、甘肃、云南、江浙、江西、湖广 10 个行省。行省的权力很大，关于行省的权力和职能，《元史·百官志七》云：“凡钱粮、兵甲、屯种、漕运、军国重事，无不领之。”可以说除了外交之外，行省承载了中央的大部分权力。

忽必烈在地方上施行行省制，在中央设置中书省。隋唐两宋都施行三省六部制，三省的长官都叫宰相，设立的目的是分化宰相的事权，加强皇帝的权力，但也出现了政出多门或者事权不明的现象。元朝建立后，为了进一步加强中央集权，于是施行了“一省制”，也即中书省制。中书省只有一个宰相，统领六部百官，中书省秉承君主意旨，掌管机要、发布皇帝诏书，是中央政令的最高机构，权力很大。

中书省分管行政权力，另外设枢密院分管军权，设立御史台分管监察事务，最后大权统归皇帝。经过忽必烈和汉族大臣的努力，元朝逐渐确立了一套新型的中央集权制度。

元朝对边疆的管理

汉、唐时期，中原王朝与周边少数民族政权，大多采取通婚、册封的政策或设立都护府进行直接管理。少数民族政权则臣服于中原王朝，承认中原王朝皇帝为正统，称自己为臣。但双方一旦发生利益冲突，就会战火重起，刀兵相见。例如，唐朝嫁两位公主（文成公主和金城公主）给吐蕃，双方关系的确得到了一些改善，但吐蕃仍然与唐朝打仗，一直延续到唐朝灭亡。

到了元朝时期，元朝本身就是少数民族建立的政权，通过战争，统一了华夏大地。于是元朝开始在边疆地区设立机构进行管理，以加强中央对这些地区的管辖。

元朝建国之初，元世祖忽必烈在澎湖岛设置澎湖巡检司，负责管辖澎湖和琉球（今台湾地区）。

为了加强对西域的管理，元朝设立了北庭都元帅府；为了加强对西藏的管辖，元朝设立了宣慰使司都元帅府，隶属宣政院管辖。宣政院名字的由来，源于元朝右丞相桑哥，他负责统领吐蕃各宣慰司军民钱财，因为他感觉自己责任重大，所以他奏请用唐朝皇帝在宣政殿接见吐蕃使臣的故典，设立了宣政院。

一、古今对比

元朝的中书省权力很大，是中央最高的行政部门，相当于今天的中央人民政府（国务院）。而且中书省还管理河北、山东、山西、内蒙古一部以及天津地区。在这种情况下，元朝首都大都以及周边地区相当于今天的北京市，都由中央人民政府直接管辖。

二、选择题

“北逾阴山，西及流沙，东尽辽左，南越海表，汉唐极盛之际不及焉”，这主要反映了（　）。

A. 宋朝军事力量的强大　B. 元朝疆域的辽阔

C. 元朝社会经济遭破坏　D. 汉唐阶级矛盾尖锐

7. 宋元时期的文化和交通与技术

宋元时期的文学艺术

宋元时期的戏剧表演主要是杂剧，杂剧包括说唱、杂技、歌舞、傀儡戏等，和今天的舞台剧有些相似。元朝时期盛行元杂剧，以大都为中心，向南方传播，深受广大民众的喜爱。元杂剧的代表作是关汉卿的《窦娥冤》。

《窦娥冤》记述了一个悲惨的故事。女主人公窦娥七岁时，父亲窦天章因为进京赶考，欠了蔡婆婆二十两银子，窦天章无力偿还，只好把年幼的女儿窦娥送给蔡婆婆做童养媳。可不幸的是成婚后不久丈夫去世，窦娥年轻守寡。泼皮张驴儿父子强占了蔡婆婆家，张驴儿让父亲强娶了蔡婆婆，而自己也要强娶窦娥。窦娥誓死不从，张驴儿恼羞成怒，竟然想用毒药毒死蔡婆婆，然后霸占窦娥。

没想到毒药却意外被张驴儿父亲喝下，张驴儿父亲毒发身亡，张驴儿威胁窦娥，只要嫁给自己，就可以平安无事。窦娥为保贞节，毅然拒绝。张驴儿贿赂官府，无端状告窦娥杀人罪。贪官昧着良心处死了窦娥，窦娥临刑前，对天发誓："如果我是冤枉的，我死后，一要自己的鲜血飞溅到悬挂于旗杆上的丈二白练上；二要三伏天降下瑞雪，遮盖尸首；三要楚州大旱三年！"

窦娥的冤死，感动了天地，三桩誓愿一一实现了。窦娥的父亲窦天章科考成功，做了大官。窦娥托梦给父亲，将自己的冤案陈述，窦天章深受触动。不久窦天章官拜参政知事，并加两淮提刑肃政廉访使，来到楚州，将罪犯张驴儿、楚州贪官绳之以法，以告慰女儿窦娥的不散冤魂。

《窦娥冤》的故事背景，反映了广大汉族读书人不满元朝的黑暗统治。按照元朝规定，汉族读书人不得做官，导致广大文人心有怨气。元朝官吏的野蛮贪婪，让汉族知识分子以同情底层百姓为题材，进行了大量的戏剧创作，元杂剧由此产生。

关汉卿、马致远、郑光祖、白朴被称为“元曲四大家”。

宋朝时，随着商品经济的发展，市民阶层的扩大，广大市民脱离了艰辛的农业生产，变得空闲起来。而消遣空闲的方式除了吃喝玩这种低级趣味的需求以外，高雅文学成为人们茶余饭后的谈资。为了迎合这种高雅的需要，文学出现了一种新的题材：词。词是一种新体诗歌，句子有长有短，也称长短句，便于歌唱。词的发展犹如今天的流行歌曲一样，流传很广，但古代的士大夫羞于谈钱，所以宋词更多摆脱了铜臭味，成为人们表达感情、寄托情怀的一种生活方式。

宋朝有三大词人：苏轼、辛弃疾、李清照。其中苏轼和辛弃疾走的是豪放派风格：苏轼的词飘逸、洒脱，将写景、抒情、议论相结合，引人入胜，让人读后心潮澎湃；辛弃疾的词雄浑磅礴、震撼人心，抒发了年轻人急于报国的情怀。李清照属于婉约派诗人，她是一个女性，本身内心就有柔弱的一面，又面临国破家亡、丈夫去世的人生悲剧，所以她的词风格偏向委婉、细腻、清秀。

北宋出了一位大的史学家，名叫司马光。司马光有一个众所周知的典故，即司马光砸缸救小孩儿的事。这个故事显示了少年司马光的机智和良好的心理素质。西汉的大史学家司马迁写的《史记》，是从三皇五帝到汉武帝太初四年，但汉武帝以后的事，司马迁没写，第一他不敢写，第二他只活到了汉武帝时期。于是这个任务，司马光接了过来。

司马光用毕生心血写成了《资治通鉴》一书，记录了战国到五代的历史，用意是根据历代统治者得失来规谏宋朝的统治者。司马光嫌《史记》内容繁杂，史料太多，因此摒弃了纪传体的方式，而改用时间、朝代为顺序的编年体。

司马光的《资治通鉴》与司马迁的《史记》都是不朽的史学著作，他们二人被后人称作“史学两司马”。

宋元的科技

宋朝的经济发达，文化发达，政治相对稳定，这给科学技术的研究带来了巨大的便利。给科学家们的发明创造，提供了一个展示的温床。除了对外软弱、政治腐败，宋朝是一个令人向往的朝代。

中国传统的四大发明，宋朝占了三个，除了东汉蔡伦改进的造纸术以外，活字印刷术、指南针、火药都出现在宋朝。

11 世纪，北宋平民工匠毕昇发明了活字印刷术。唐朝时的雕版印刷，刻版费时费工费料，大批书版存放不便，错字不容易更正。例如，北宋初期，成都印《大藏经》，刻板 13 万块；北宋朝廷的教育机构国子监，印经史方面的书籍，刻板 10 多万块。这些板块堆积如山，不能重复使用。如此大的浪费，平民百姓无力承受，即便官府有钱刻印，但也耽误时间。

毕昇用胶泥刻字，然后用火烧制，使字体变硬，单字挑选出来，

“四大发明”改变了世界文明史。

排列在字盘内，涂墨印刷，印完后再将字模拆出，留待下次排印时再次使用。活字印刷节约了时间，更节省了制作成本。不久活字印刷术传到了世界各地，带动了各地文化的普及、发展。

指南针，宋代已经普及使用。在战国时期，出现了可以指南的工具，叫司南。司南用天然磁铁做材料，而指南针用人造磁铁做材料。天然磁铁指南效果比较弱，而人造磁铁指南效果比较好，所以航海时大多用新款的指南针，而不用老款的司南。指南针的应用，大大促进了世界航海业的发展，很多外国商人再也不怕在海上迷路，所以更愿意来中国做生意了。

唐朝末年，火药已被用于军事。南宋时期，世界第一把火枪问世，名叫突火枪。突火枪杀伤力很大。它的弹丸最大射程可达 300 米，有效射程达 100 米。火器成为战争年代冷兵器的克星，后来火器传到了欧洲，震惊了拿着长矛、盾牌的骑士阶层。火器让欧洲的战争升级，后来欧洲人用火器去侵略非洲、美洲，为资本主义的发展攫取了第一桶金。

宋元的交通

宋元时期，出现了驿站。驿站分为两种类型，第一种是政府接待，叫馆驿；第二种是传递军情，叫邮驿。总之，驿站的职能分属政治和军事，都属于政府机构，过路商人和老百姓，就算兜里有银子，想去住驿站，也门都没有。后来民间的商人见开驿站赚钱，于是建了很多商业驿站，可以对民间百姓开放。

驿站的馆驿，通常作为政府官吏上任、返乡、公干的接待场所，修建得非常豪华。宋朝大词人苏轼就住过驿站，而且感觉不错，性情所致，他写了一篇散文叫作《凤鸣驿记》，是这样描绘的："视客之所居与其凡所资用，如官府，如庙观，如数世富人之宅，四方之至者如归其家，皆乐而忘去。"南宋时候，另一位文学家毛幵又用细腻的笔调，描写了另一处驿馆："为屋二十四楹，广袤五十七步，堂守庐分，翼以两庑，重垣四周。"意思是说，屋宇十分宽敞，左右前后有 24 间房子，住宿面积 57 步，有厅堂有居室有走廊，四周还有高高的院墙。

馆驿豪华、官员住得也舒服，可邮驿就苦了。邮驿又被称作急递铺，是传递国家紧急军情的中转站，每一个急递铺都备好了快马，方便随时征用。意大利来华大游历家马可·波罗，对当时中国的铺兵（驿卒）工作有一段很形象的描绘："在各个邮站之间，每隔约五公里的地方，就有小村落……这里住着步行信差……他们身缠腰带，并系上

数个小铃，这样方便当他们还在很远的地方时，听见铃响，人们就知道驿卒将来了。因为他们只跑约五公里……从一个步行信差站到另一站，铃声报知他们的到来，因此使另一站的信差有所准备，人一到站，便接过他的邮包立即出发。这样一站站依次传下去，效率极为神速。”

可是外国人马可·波罗只看到了一面，没有看到另外一面：驿站的驿卒工资很低，而且官府官员经常拖欠、克扣。很多驿卒嫌弃待遇太低，有的人甚至上山为匪，造成了地方的不安定，典型的代表就是明朝末年叱咤风云的农民起义军领袖李自成，他就做过银川驿的驿卒。

宋元时期，国家在全国各地建立了四通八达的驿站，迎接来往使节、官员，交通十分方便。

此外宋元时期的陆上丝绸之路和海上丝绸之路，与汉代相比，分支更多了，陆上丝绸之路到达黑海、地中海一带，海上丝绸之路到达非洲东海岸、阿拉伯一带。

一、优质词文朗读

苏轼《念奴娇·赤壁怀古》

大江东去，浪淘尽，千古风流人物。故垒西边，人道是，三国周郎赤壁。乱石穿空，惊涛拍岸，卷起千堆雪。江山如画，一时多少豪杰。

遥想公瑾当年，小乔初嫁了，雄姿英发。羽扇纶巾，谈笑间，樯橹灰飞烟灭。故国神游，多情应笑我，早生华发。人生如梦，一樽还酹江月。

二、选择题

印刷术、火药、指南针的发明，世界为之而改观。下列对此解释不正确的是（　）。

A. 印刷术的运用加快了人类文化的传播

B. 火药武器的使用极大地影响了作战方式

C. 指南针的应用促进了航海事业的发展

D. 三大发明阻碍了人类历史的进步

本章思维导图

王老师划重点

第六章　你方唱罢我登场
（五代、辽、宋、夏、金、元）

五代辽宋夏金元时期

- 多民族国家并立：辽，北宋，南宋，金，西夏 → 元大一统
- 经济重心南移：唐中期开始 → 南宋最终完成
- 繁华的都市：衣食住行等习俗变化 → 瓦子，商业街
- 灿烂的宋元文化：科学，文化，艺术

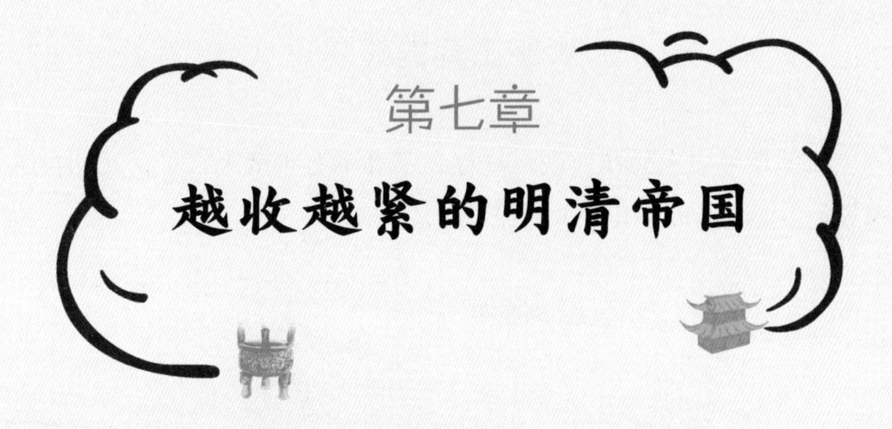

第七章 越收越紧的明清帝国

1. 事无巨细，皇帝说了算

大明王朝的建立

元朝在历史上昙花一现，只存在了九十七年就灭亡了，元朝会迅速灭亡主要是由以下几个方面原因造成的。

从放牛娃到皇帝——朱元璋
上演了史上最励志的发家史。

一是内部争斗不休，皇帝更换频繁，九十七年换了十五个，平均六年多换一个，死于非命的皇帝很多。二是统治者穷兵黩武，政权动荡，元朝版图非常大，内部矛盾也非常尖锐，有了矛盾，没有能力转化，只能靠暴力震慑，而暴力震慑又激化了原本的矛盾。三是自然灾害严重，洪水、蝗灾、旱灾，让广大人民濒临在死亡线上，而元朝政府竟无力救助。

1351 年，一群苦力被元政府征发，修建黄河堤坝。正在大家干得叫苦连天的时候，一个苦力忽然挖到了一个独眼石人，在石人背上刻着“莫道石人一只眼，此物一出天下反”几个字，众苦力面面相觑。这时在一边的韩山童、刘福通等人大喊：“劳苦兄弟们，这是上天让我们造反啊！”于是，众苦力举起干活的铁锹、锄头，推举韩山童为首领，掀起了元末农民大起义的序幕。韩山童自称“明王”，他们头扎红巾，所以史称“红巾军”。

元末农民起义之初，明朝的建立者朱元璋还在当着云游僧，四处乞讨化缘。说起朱元璋，倒是个苦命人，他父母都死于瘟疫，他给地主放过牛，从小就尝遍了人间苦难，长大后又去做了和尚。但后来做和尚也没饭吃了，朱元璋一狠心，加入了元末红巾军，拜在郭子兴将军的麾下。

郭子兴见朱元璋聪明能干，非常喜欢，将自己的义女马氏嫁给他为妻。1355 年，郭子兴死后，朱元璋成为红巾军的首领之一，拜号称“小明王”的韩林儿为君主，实际独立操控部队的全部大权。

朱元璋此后北击元军，南伐陈友谅，东灭方国珍、张士诚，逐渐成为长江流域的唯一霸主。1367 年，朱元璋命中书右丞相徐达为征虏大将军、平章常遇春为副将军，率军 25 万，北伐中原。1368 年，朱元璋称帝，国号为明，年号洪武，史称其为“明太祖”。同年八月，

元朝政权无力抵挡明朝的北伐军队，元朝最后一任皇帝元顺帝放弃大都（今北京），携带太子、嫔妃、大臣，向漠北逃窜。

朱元璋强化皇权

朱元璋当了皇帝以后，他与历朝历代的开国皇帝一样，思考究竟怎样才能永葆江山。朱元璋认为，元朝的灭亡是由于地方行省权力太大、中央政府的相权权力太大，导致元朝皇帝被架空，徒有虚名，最终失去了天下。所以朱元璋实行了两手政策，一手削弱地方权力，一手削弱中央的相权，最终将权力全部集中到自己手里。

首先，朱元璋取消了行省，设立了三司。三司是布政使司（掌民政、财政）、按察使司（掌司法）、都指挥使司（掌军务），三司互不统属，相互制约，一律由皇帝任命。即使这样，朱元璋仍然不放心，各地必须有老朱家的人看着，他才放心。于是他不惜走历史的老路，重启分封制，大肆封子侄为王，让他们监控地方，巩卫皇室。

到了朱元璋晚年，由于嫡长子朱标去世，朱标的儿子朱允炆被朱元璋立为太子。朱允炆问爷爷朱元璋一句话：“如果叔叔们造反，那我怎么办？”朱元璋使劲咳嗽了几声，苦笑着摇了摇头。朱元璋的神情，是告诉孙子：我死了，那就是你的事儿了。结果几年后，朱允炆的话不幸言中，朱元璋第四子朱棣与朱元璋大孙子朱允炆之间爆发了历史上著名的“靖难之役”，为期四年，双方杀得昏天黑地。老朱家内讧，朱元璋倒是想到了，但他却没有能力解决这件棘手的事儿。

其次，朱元璋在中央取消了丞相制度。自秦始皇创立丞相制以来，丞相制度在历史的长河里曾长期存在。唐宋时期即便削弱相权，也只是增加几个丞相名额而已，从来没有想过废除丞相制度。

明朝建国之初，也设置了丞相，丞相叫李善长，是明朝的开国功臣。后来李善长老了，辞去了丞相的职务，又推荐了助手胡惟庸担任丞相。孰料想胡惟庸是个地道的小人，他贪污受贿，而且酝酿着招揽勇士，建立私人武装。不久后被人告发，朱元璋极其震怒，便诛杀了胡惟庸，连推荐的李善长也一起诛杀。朱元璋厌恶帝国的二把手不忠于自己，认为这是极其危险的信号！于是当众下旨：“后世子孙不得设立丞相。”朱元璋将这句话写在了《太祖实录》里面，让后代子孙日夜背诵。果然明朝以后的皇帝，都没有再设置丞相位。丞相被废除了，丞相上班的地方——中书省，自然也没必要存在了，于是被一并废除。

丞相被废除以后，六部直接对皇帝负责，每天的奏折多得让朱元璋不堪重负。尽管朱元璋出身贫苦，又多年征战，属于贫下中农走出来的君主，但他毕竟年龄大了，精力是有限的，于是他设置了殿阁大学士。殿阁大学士地位很低，有干活的责任，没有职务的权利。明成祖时期，又设立内阁，干活的人称内阁大学士，职能和殿阁大学士的职能差不多。

一直到了明中晚期，因为内阁处理朝政，所以内阁的地位随之提升。朱元璋万万没想到子孙后代出了很多的昏君、懒君，皇帝不愿意干活儿，又担心内阁权力太大，于是皇帝重用太监，成立司礼监，分割了内阁的一部分权力。而自己一边玩，一边瞎指挥。皇帝的不作为，成为明朝中后期腐败的原因之一。

最后，朱元璋成立特务机构，例如，锦衣卫。明成祖又设立东厂，锦衣卫和东厂合称为“厂卫制度”。锦衣卫、东厂对皇帝负责，可以不经过三法司的批准，便有调查、审讯、动刑、逮捕、宣判的权力。很多大臣一旦被怀疑，常常神秘蒸发，大多是被锦衣卫或者东厂带走了。一次大学士宋濂请客吃饭，第二天朱元璋问他都请了哪些客人，宋濂一一如实回答。朱元璋听了后，哈哈大笑地说：“你没有骗我！”

说完，朱元璋递给宋濂一份名单，名单上罗列着宋濂请客的客人姓名。由此可见厂卫特务的监视，已经无孔不入了。

朱元璋从中央到地方，进行了一系列改革，皇帝的权力空前加强。但权力和责任是统一的，只有权力，没有责任，必然造成危机。明朝中后期的皇帝，例如，明武宗、明世宗、明神宗都喜欢玩乐，经常不上朝。神宗皇帝竟然长达二十多年不上朝，这倒是朱元璋始料未及的。

科举考试的变化

科举制创立于隋朝，完善于唐宋，衰落于明清，这是其发展的一条时间主线。

隋朝时，为了适应大一统的政治环境，隋文帝、隋炀帝开创了科举制。但隋朝统治时间很短，只举行了几次考试，没有时间规定，都是由皇帝临时下诏，各州县推荐考生。要想通过考试，先要有被推荐资格，所以隋朝的科举制流于形式，获得被推荐资格比考试更重要。

唐朝时，开始逐渐完善科举制度。常设的考试科目有秀才、明经、俊士、进士、明法、明字、明算、一史、三史、开元礼、道举，等等。可见唐朝的科举制考察科目是很广泛的，注重人的全方位培养。明经和进士是读书人喜爱的两科，因为这两科含金量高，能够授予好的官职，提拔神速，一旦高中，等于上了仕途的“快车道”，一路顺风。

明经考试大纲是儒学经典，考试内容：先帖文，然后口试，经问大义十条，答时务策三道。主要考察知识的记忆，脑子笨点也没关系，因为知识都是死的，只要肯用功，十有八九能考上明经，所以有“三十老明经”的说法，也即考到三十岁才考上明经，那就是老龄化的学子了。而进士考察诗赋、策论，需要考生发挥创意，难度大于明经，所以有“五十少进士”的说法。

宋朝时进一步完善了唐朝的科举考试，例如，完善了糊名法，即将考生姓名等信息覆盖，等同于今天装订试卷的密封线；又如，录取名额大幅度提高，三年一科，一科录取人数达四百多人，而唐朝一科只录取几十人。宋朝科举考试注重明经、策论，王安石变法时，曾一度将诗赋考试废除，因为宋朝统治者认为，做官的标准第一要统一思想，第二要能实务。吟诗作对不是官员必备的职业素养。

总之唐宋以来的科举制，还属于上升时期，为国家的发展培养了各式各样的人才。但到了明清时期，科举考试发生了根本的变化。

明清时期，高度加强皇权，统治者武断地认为，读书和做官就是为自己服务的，不需要多么有才华，更不需要多么有思想，只要人听话，能做事就行。因此明清时期的科举考试，开启了一种新模式，叫“八股取士”。

八股文考试的范围集中在四书五经，参考书只有一本，那就是南宋大儒朱熹的《四书集注》，绝对不允许考生自由发挥。而考试文体必须局限于八股文，八股文每篇由破题、承题、起讲、入题、起股、中股、后股、束股等固定段落组成。八股文不仅格式僵死，而且要“代圣贤立言”，即揣摩古人的意思，用古人的口气说话，因此语言表达枯燥，啰啰唆唆，空疏无聊。但八股文考查考生的书写。书写是官府文秘工作的一个硬性要求，所以科举制对书写有很高的要求，通篇必须用馆阁体行文，即今天考试所要求的印刷体。很多文学大咖之所以被八股文淘汰，从而愤恨八股文，与他们不会写馆阁字有很大的关系。

八股文取士制度禁锢了人们的思想，只培养为封建政府工作的工具，扼杀了近代科技的发展和人才的培养。中国在明清时代，开始逐渐落后于西方社会了。

一、历史趣闻

明朝开国皇帝爱吃的“珍珠翡翠白玉汤”

明朝开国皇帝朱元璋，从小家境贫寒，经常吃不饱肚子。一天他饿得实在受不了了，恰巧遇到一位好心的老婆婆。老婆婆看到又脏又饿的朱元璋，顿时生了怜悯之心，他给朱元璋做了一顿饭，朱元璋一阵狼吞虎咽，吃得非常地香甜。吃完后，朱元璋问老婆婆是什么菜，老婆婆答道：“珍珠翡翠白玉汤”（珍珠即米饭粒，翡翠即青菜叶，白玉即豆腐块）。

朱元璋做了皇帝后，还经常思念着那位老婆婆做的“珍珠翡翠白玉汤”的美妙滋味，于是把那位老婆婆请到京城去，让她再做“珍珠翡翠白玉汤”。但这一次吃惯了山珍海味的朱元璋，觉得这饭不像以前那么好吃了。老婆婆笑着说：“饥者食味美，如今你当了国君，食尽天下美味佳品，那汤只是普通百姓家的家常食品，怎抵皇家御膳美味……”朱元璋恍然大悟。朱元璋为了不忘过去的苦难和黎民百姓对他的恩情，让御厨常给他做“珍珠翡翠白玉汤”吃。这道菜一直流传至今。

二、强化重点

朱元璋强化皇权的措施，是历年的考试重点，请从政治、经济两个方面，简述该措施的具体内容。

2. 明朝的对外关系

伟大的航海——郑和下西洋

明朝以前，中国官方从来没有大规模远洋至海外诸国，这与中国传统的重农抑商政策、国家实力、统治者的远见、航海技术条件的限

制等，都有很大的关系。但到了明朝永乐年间，发生了著名的郑和下西洋事件，为什么明朝的郑和能下西洋呢？郑和下西洋对中国和世界的文明，都做出了哪些贡献呢？

明太祖朱元璋做了三十年皇帝，他出身贫寒，做皇帝以后，励精图治。农业经济恢复了，农民吃饱了饭，而且国家仓库的粮食也多了。在手工业方面，也有了很大的发展：矿冶、纺织、陶瓷、造纸、印刷各方面，都比以前有了不同程度的提高。

明朝的造船业也很发达，除南京龙江宝船厂外，在苏州、松江、镇江等地均设有大型的造船厂。明初工商业的恢复和发展，催生了大型的手工工场，为海外贸易的畅通，提供了源源不断的货源。西方商人十分喜爱中国的手工业品，例如，瓷器、茶叶、丝绸，都受到西洋诸国的欢迎。而东南亚一带盛产的香料等，也得到了中国贵族们的喜爱。因此明朝的统治者有了海外贸易的需求，这是伟大航海的经济原因。

明朝国力强大，明太祖、明成祖都想用和平的方式，来宣扬大明朝的国威，展示中国的富强，让海外小邦感念中国博大文化的向心力，自动臣服，从而建立一个以中国为核心的国际新秩序。同时明成祖朱棣发动靖难之役，在杀入皇宫之前，朱棣的侄子建文帝忽然失踪，这个事一直让明成祖寝食不安。有人传言，建文帝去了南洋，正在召集海外义兵，以夺回失去的皇位。这个事情真真假假，多半子虚乌有，但明成祖却宁可信其有，他准备派一个使节携带船队，前去海外寻找建文帝。这是伟大航海的政治原因。

明成祖派遣郑和为船队的正使，是恰当的人选。郑和原姓马，明朝平定云南时，皇宫急需一批幼年太监，郑和不幸被选上。郑和并没有因身体不全而悲观，他当太监以后，被分配到燕王府，由于人机灵，深受燕王重用。靖难之役时，郑和帮助朱棣，立下了大功，所以被朱

棣提拔为内官监太监，并赐姓郑，为他起名郑和。由于郑和一直随朱棣南征北战，锻炼了自己的能力，从而成了伟大的航海家。

总之，万事俱备，只欠东风。1405—1433年，明朝皇帝委派郑和等两万多人，乘坐大船数十艘，远下西洋（以中国为中心，西面的大洋）。郑和的船队装载着大批的茶叶、丝绸、瓷器、钱币等值钱的货物，奔赴东南亚、南亚、中东、非洲东部一代，与沿途各国进行政治交往、经济贸易。由于郑和远航的政治目的大于经济目的，所以经常馈赠礼物，导致船队开支庞大。明帝国送出去的是手工业品，而沿途各国赠予的，都是香料、橡胶、珊瑚，甚至飞禽野兽，长颈鹿硬当“麒麟”被送给明朝，狮子、猎豹、孔雀等也被拉上了郑和的船。郑和贸易的特点是互通有无、互补互利，但由于经济利润有限，导致明成祖去世后，明朝政府再也无力承担这种超负荷的远洋成本。因此郑和之后，就再无郑和了。

郑和下西洋后不久，欧洲各国也进行了改写历史的大航海，哥伦布、麦哲伦、达·伽马、迪亚士都是著名的航海家。他们航海的目的是掠夺财富，而中国航海的目的是和平交往。所以西方的海航，每一次都轻车简从，一群不怕死的亡命徒带着武器，历经艰险，去探寻财富的道路。他们出发时的船舱是空的，返航时船舱却是满的，里面装满了金银珠宝。而中国的远航，每一次都满载而出，里面装满了茶叶、丝绸、瓷器等货物，返航时是空仓而回。最后的结果是中国赢得了荣誉，但航海已不可持续；而西方赢得了财富，但却遭到被掠夺国家人民的怨恨，这就是东西方两种截然不同的价值观。

郑和远洋航行，规模大，人数多，开通了新的航线，沟通了中国与亚非各国的友好关系，对人类航海事业做出了巨大的贡献。

民族英雄戚继光将军大败倭寇

元末明初之际，日本国政局混乱，很多底层武士失去了活路，因此他们勾结奸商，将目光对准了富庶的中国。他们结伴而行，到中国东南沿海一带，劫掠船队、打劫富商、骚扰百姓，形成了一股性质极其恶劣的犯罪团伙，当时的中国称呼他们为“倭寇”。

明朝中期，郑和下西洋时的“永乐盛世”已经一去不复返了。就在明朝政府陷入财政困难、政治腐败、海防松懈的危急时刻，倭寇乘虚而入。

倭寇到了中国，人生地不熟，语言不通，很难开展暴力犯罪活动，于是他们找到了一批急于发财致富的中国人。徽州府歙（shè）县人王直就是一个典型的代表，王直年少聪明，但他不喜欢读书，却喜欢做一些刺激性的活动。他痛恨明朝的“片帆不得下海”的海禁政策，曾对同伙表示说：“中国的法度太过森严了，稍有行动就会触动法律，而科举也只对那些酸气十足的读书人开放，我们要到外面去闯荡世界！”

王直与徐惟学、叶宗满等好友决定从事利润巨大的走私活动。他们满载明王朝严禁出海的硝磺、丝绵等物品驶抵日本、暹（xiān）罗（泰国的旧称）等国，进行贸易往来，从而牟取暴利。仅仅五六年时间，王直就获得了巨额资本，成为违禁贸易的暴发户，被称为“五峰船主”。

后来日本倭寇见王直等中国走私团伙可以利用，于是抛出诱饵，二者一拍即合，成立了巨大的倭寇团伙。他们攻府破县，危害人民群众的生命和财产安全，形成了历史上的倭患。

倭寇肆无忌惮地抢劫活动，引起明朝嘉靖皇帝的不安。他任命戚继光为将军，让他一鼓作气，扫平倭寇。但戚继光发现卫所的士兵大

多没有经过训练，不少士兵甚至惧怕倭寇，不敢与他们作战。戚继光亲自到浙江义乌招兵，义乌的农民、矿工彪悍异常，戚继光在义乌招了三千多士兵，构成了闻名历史的“戚家军”。

戚家军刚开始投入战场，便遭到了失败。戚继光发现只有勇猛是远远不够的，还需要研究战术。于是他发明了历史上著名的“鸳鸯阵”。鸳鸯阵里，十二个人一个小队，他们长短兵器配合，分工明确，战斗力大增。

1561 年，戚继光取得了著名的台州大捷，歼灭倭寇五千多人，倭寇在浙江的势力基本被摧毁。不久，戚继光领导戚家军与著名将领俞大猷（yóu）会合，又经过四年的时间，剿灭了广东一带的倭患。至此，困扰明朝十几年的倭患得到了彻底的解决。戚继光、俞大猷等将领因巨大的战功，被后来的史学家称之为“民族英雄”。

虽然明朝的海禁政策过严，禁止沿海居民出海经商，断绝了部分人的生计，而且海禁政策于世界全球化大势而言，确实是落伍了。但王直等人，出卖国家主权、勾结日本倭寇，杀戮沿海居民，犯下了滔天罪行，他们的罪行必将永远被钉在历史的耻辱柱上。

一、中外对比

欧洲新航路开辟的外交，伴随着血腥和暴力，为什么中国郑和的外交属于和平外交？这与中国文化有何关联？

二、人物关联

为什么戚继光被后人称为民族英雄？并请列举他的经典战役。

3.明朝的统治危机及灭亡

明朝多昏君，政治多腐败

明朝从明武宗以后，国势便开始衰弱起来。明朝的衰弱与明朝皇帝的不作为、乱作为有很大的关系。

明武宗是在“福窝”里长大的。他是孝宗唯一成年的儿子，没有兄弟与他争抢皇位。从小爸爸疼、妈妈爱，周围簇拥着一大帮宫女、太监。而他的父亲明孝宗从小是在“地狱”中长大的，明孝宗的父亲明宪宗迷恋万贵妃，万贵妃年龄大了，养不出儿子，因此特别嫉恨周围怀孕的妃子，经常派贴身太监去残害其他妃子。而宫女纪氏恰恰在此时怀上了孝宗，万贵妃便逼着纪氏打胎，纪氏人缘很好，万贵妃派去的太监、宫女竟然不忍心下手，所以才留下了这个可怜的男孩。孝宗在阴暗的冷宫度过了童年。后来周太后得知有这么一个孙子，将他接到身边。至此，孝宗的悲惨命运才彻底终结。

明孝宗和广大的家长朋友们一样，自己受了苦，便不忍心下一代受苦，所以明武宗从小就被溺爱。明孝宗去世后，明武宗即位，他当皇帝的那一年，才刚刚十五岁。年轻的皇帝身边包围着八大太监，他们是，刘瑾、马永成、高凤、罗祥、魏彬、丘聚、谷大用、张永，史称“八虎”。这八个人属于太监里面最坏的八个人，他们教唆着明武宗干坏事儿：在皇宫里开市场，让太监宫女穿上商人的衣服自由叫卖；让妃子、宫女穿上妓女的服饰，而自己扮演嫖客光临……就这样，明武宗彻底堕落了。他不喜欢住在皇宫，因为住在皇宫，每天都有太监喊他起床上早朝，所以他在宫外修建豹房。明武宗喜欢猛兽，尤其喜欢豹子，所以取名豹房，后来明武宗索性住在豹房里。

明武宗这样折腾，身体也垮了，三十一岁就去世了。最可悲的是，他的一生，临幸女子无数，竟没有一人怀孕，所以大臣们只好奏请太后，让他的堂弟朱厚熜（cōng）即位，是为明世宗。

明世宗即位初年，成绩勉强合格，开创了“嘉靖新政”。但好景不长，明世宗做了一阵好皇帝之后，发现当好皇帝太累，于是他开始追求长生不老，在皇宫里大炼丹药。手下的大臣们为了拍马屁，纷纷向皇帝进献敬天用的青词。奸臣严嵩、严世蕃父子因为擅写青词，所以严嵩当了二十年“青词宰相”。明世宗吃丹药吃得身体越来越差，最终在丹药房里消耗了自己人生最后的时光。

明世宗的儿子明穆宗是一个好皇帝，但因为喜欢女色，所以身体很差，当了七年皇帝便去世了。他的宝贝儿子明神宗即位，因为他的年号叫万历，所以又叫万历帝。

万历帝是历史上为数不多的守财奴。他身为天子，富甲天下，竟然还不满足。为了多弄一点钱，他派太监到各地去收税，即在国家正税的基础上，加一部分私税。这部分钱归皇帝个人所有，数额多达几千万两白银。苏州织工葛贤带领纺织业的工人打死了收税的太监六七人，他们包围了太监收税的衙门，要求停止收税。万历皇帝知道后，雷霆大怒，将葛贤抓了起来。从此，万历帝就只做两件事，一是躲在皇宫里数钱，二是在宫里一心享乐，二十年不上朝。

万历以后的皇帝更弱一些，泰昌帝短命，只当了一个月皇帝；泰

昌帝的儿子天启帝喜欢做木匠，人称“木匠皇帝”，他做了七年皇帝，一天去湖里划船，不幸落水落下病根死了。明朝最后一个皇帝崇祯帝，生性多疑，他从小没了父母，哥哥天启帝还是一个昏君，所以他没有安全感，便仇视、怀疑身边的一切人，甚至一天之内，杀死了三十六名大臣。

明朝皇帝的不作为、乱作为，导致明朝中后期的腐败非常严重。官员贪污、法纪松弛、中央的权威下降。贵族、奸商、大地主、官僚勾结在一起，疯狂兼并百姓的土地。例如，明神宗一次赏赐给宝贝儿子朱常洵（xún）土地两万顷。

明末又发生了严重的自然灾害，广大农民无法生存，因此爆发了大规模的农民起义。

明末农民起义

1606年，陕西榆林府米脂县的一个普通农家，传来了一阵婴儿的啼哭声，这哭声孕育着一个家庭满载的期望，也为大明王朝的终结，提前敲响了丧钟。

这个农村娃名叫李自成，因为出生时，父亲梦见一个黄衣人走进了土窑，所以取小名黄娃子。李自成的童年是在悲苦中度过的。他出身贫寒，年景又差，家里为了少一张吃饭的嘴，在他很小的时候，便送他出家去当和尚。后来还俗，他又为地主家放羊，长大成人后，李自成终于谋到了一份官差：在银川驿站做驿卒。孰料想，皇粮吃了没几天，明朝政府财政紧张，便裁撤了驿站。李自成因为丢失了公文包，官府借着这个小失误，打发他回了农村老家。丢掉了这份吃皇粮的工作，李自成的生活再次陷入了困境。

走投无路的李自成，借了本乡文举人、艾举人的高利贷，到期却无力偿还，于是官府将他收监，给他戴上了厚重的枷锁。出狱后文举人、艾举人依然不依不饶，对他百般羞辱，李自成实在忍无可忍，便杀死了他们，然后投奔了舅舅高迎祥的起义军。

李自成加入农民起义军后，作战勇敢，武艺高强，威信很高，人称“闯将”，高迎祥人称“闯王”，二人珠联璧合。他们所带的队伍成为诸多农民起义中最有实力的一支。李自成也因为卓越的才能，得到了舅舅高迎祥的喜爱。

1635 年，十三家七十二营起义军到河南荥（xíng）阳召开大会，史称“荥阳大会”。在这次大会中，李自成提出“联合作战，分兵迎敌”的策略，并得到了众多起义军领袖的积极响应。不久高迎祥在一次战斗中牺牲，李自成继承了“闯王”的称号，领导起义军继续斗争。

明朝政府面对农民起义军如火如荼的燎原态势，十分惶恐，特派大学士洪承畴（chóu）兼任五省总督，兵部尚书杨嗣（sì）昌统一指挥。他们二人制订了“四正六隅十面网”战略，即以陕西、河南、湖广、凤阳为四正，由属地的四个巡抚率兵分剿；而专防延绥、山西、山东、应天、江西、四川，为六隅，由属地的六个巡抚率兵协剿，洪承畴、杨嗣昌率领中央官军尾随起义军主力；最终形成十面网，让李自成等农民起义军无路可走、无地可藏。

面对危险的局面，李自成陷入了困境。周围的兄弟部队或者投降，或者被剿灭，李自成的部队被击溃，他仅带着大将刘宗敏等十七个骑兵，藏匿于陕西东南的商洛山之中。身在前途叵测，险象环生的十字路口，李自成并没有气馁，而是暗自积蓄力量，企图东山再起，终于机会再次来临了。

1638年，长城以北的女真族乘虚而入，翻越长城，直逼关内掠夺。明朝调围剿农民起义军的中原官军北上御敌，李自成借此机会，逐渐恢复了元气。

此后，李自成和明朝的实力开始发生了逆转，李自成提出“均田免粮”的口号，周围的饥民纷纷蜂拥加入起义军，人数多达几十万。

1644年，李自成攻陷西安，并建立政权，国号大顺，李自成称帝。同一年春天，李自成率领大军逼近北京城，明朝崇祯帝上吊自杀。在胜利面前，李自成踌躇满志，他跨着一匹白马，从承天门进入皇宫，从而掀起了一幅改朝换代的新篇章。

后金兴起与清兵入关

明朝初年，东北的女真人分成了三部：建州女真、野人女真、海西女真。其中建州女真势力最大，他们的首领姓爱新觉罗，世代被明朝政府任命为建州卫都指挥使。爱新觉罗家族忠于明朝，接受明朝的册封。但到了努尔哈赤时期，爱新觉罗家族与明朝之间的关系发生了逆转。

1583年，明朝在辽东打仗的时候，误杀了努尔哈赤的祖父觉昌安、父亲塔克世。努尔哈赤遂发下了毒誓，史称“七大恨”，发誓与大明朝不共戴天。

1616年，努尔哈赤自称大汗，建立了大金国，史称“后金”。努尔哈赤正式起兵反明，他亲手创立了八旗制度，以黄、红、蓝、白四色为四旗，另设镶黄、镶红、镶蓝、镶白为四旗，共计八旗。每个旗为七八千人，总计六七万人的兵力。八旗制度实行“兵民合一”，战时打仗，闲时种地，这样既节省了军费开支，又不耽误农时。一旦有了战利品，按照军功大小分配，因此八旗兵作战勇敢，热衷于跟随他们的大汗四处征战、劫掠。

努尔哈赤建立政权后，用五万大军打败了明朝二十万大军，史称“萨尔浒之战”。努尔哈赤陆续攻占了辽东的几个大城市，正当他踌躇满志，准备兴兵入关时，却在宁远城下被明朝总兵袁崇焕的大炮炸死。他的儿子皇太极随即继承了大汗的位子，1635 年，皇太极改族名为满洲；次年，改国号为清。皇太极征蒙古、掠中原，立下了巨大的战功，但他刚想入主中原时，却忽然暴病去世。

1644 年，李自成攻破北京，明朝灭亡。皇太极的弟弟多尔衮，非常有谋略，他勾结明朝宁远总兵吴三桂，许诺赏赐他王爵，两家联

手，在山海关外的一片石（辽宁葫芦岛绥中县），与李自成大军展开决战，史称“一片石之战”。李自成被击溃，随后逃出北京。多尔衮在吴三桂的引导下，终于占领了北京，实现了父兄两代人入主中原的梦想。

一、历史情感

冲冠一怒为红颜的意思是说，哪知道吴将军冲冠一怒是为了红颜。这句话出自清吴伟业的《圆圆曲》，此诗通过明末清初名妓陈圆圆与吴三桂的聚散离合，反映了明末清初一系列重大的历史事件，委婉曲折地谴责了吴三桂的叛变行为。

二、选择题

明朝是继汉唐之后的黄金时期。明代无汉之外戚、唐之藩镇、宋之岁币，天子守国门，君王死社稷。而明朝灭亡的标志是（　）。

A. 明末农民起义爆发　　B. 李自成率军攻占北京

C. 吴三桂引清兵入关　　D. 清朝统治者迁都北京

4. 开疆扩土，大一统的清王朝

郑成功收复台湾和清朝在台湾的建制

清朝问鼎中原以后，明朝的残余势力，在江南拥立了福王、唐王、桂王等几个小朝廷，史称“南明”。但几个南明小朝廷终究是昙花一

国姓爷大败“荷兰红毛鬼”，
扬我中华天朝之国威。

现，很快便走向了覆灭。1662 年，南明最后一个皇帝永历帝朱由榔被清廷平西王吴三桂残忍杀死，清朝完成了对大陆地区的统一。

但中国台湾尚在明朝延平王郑成功的手中，郑成功到底是何许人呢？他又是如何收复台湾的呢？

郑成功原名郑森，南明隆武帝赞赏他忠勇，赏赐他国姓，改名成功，也即朱成功，人称“国姓爷”。但他本姓郑，所以又叫郑成功。他的父亲郑芝龙担任明朝的福建水师提督。郑成功少年时，曾拜南京的大学问家钱谦益为师父，学习儒家文化。

郑成功青年时，正值明朝灭亡，清军入关，横扫江南。郑成功带领不愿意剃发降清的将士们，在福建一带坚持抗清，他一直尊奉明朝皇帝为正统，使用南明年号。但历史统一的大势不可阻挡，清王朝在全国逐渐站稳了脚跟，并加紧了对郑成功的进攻。郑成功为了更好地保存自己，也为了洗刷国耻，准备将荷兰人占据的台湾收回，作为自己休养生息的根据地。

1624 年，号称“海上马车夫”的荷兰占据了台湾，实行殖民统治。当时的明朝政府面对内忧外患，无力保护台湾，台湾人民从此生活在水深火热之中。

1661 年，郑成功率领两万多人，乘海船百艘，横穿台湾海峡，抵达台湾岛南端。荷兰军队只有一千多人，但他们非常嚣张。荷兰指挥官贝德尔上尉很瞧不起郑家军，认为他们胆小如鼠，是清军的手下败将，更不是荷兰的对手。于是他们十二人为一排，连放三排枪，枪林弹雨打死了不少郑军的将士，但让荷兰人吃惊的是，郑军并没有因此被吓倒，就在他们给枪换弹药的一瞬间，万千郑军士兵急速地冲向了他们。荷兰士兵还没有来得及第二轮开火，便抱头鼠窜，落荒而逃。

不久，郑家水师又击沉了荷兰的主力军舰——赫克托号。从巴达

维亚（今雅加达）赶来援救的荷兰海军，见到声势浩大的郑家军，吓破了胆子，甚至不敢上岸，于是他们找了一个借口，谎称遇到了台风，然后起帆仓皇而逃。

郑成功将剩余的荷兰人围困在赤崁城和台湾城，给他们断水、断粮，但荷兰总督揆（kuí）一坚决不投降，提出每年给郑成功十万两银子，请求郑成功退兵。郑成功舍命而来，怎么会只为了这区区十万银子？最后郑成功拿着大喇叭警告他们说："如果不投降，立刻放火烧城！"说完，郑成功指示士兵到山上砍柴，荷兰总督揆一见郑成功要玩真的，才开始害怕了，于是他挂起白旗，率领部下投降。与祖国分离三十八年之久的台湾，在国姓爷郑成功的努力下，又重新回到了祖国母亲的怀抱。

郑成功收复台湾后，不久便去世了，年仅三十九岁。清朝皇帝康熙帝得知郑成功的死讯，颇为动情地说："朱成功系明室之遗臣，非朕之乱臣贼子。"

说完后，康熙帝又亲自写了一副对联，高度评价了郑成功光辉的一生。上联：四镇多二心，两岛屯师，敢向东南争半壁；下联：诸王无寸土，一隅抗志，方知海外有孤忠。上联的意思是说，清军入关南下，明朝各镇总兵多存有二心，唯有郑成功固守厦门、金门，又挥师北伐，震动东南；下联的意思是说，随着清军推进，南明诸王相继覆亡，只有郑成功依然坚持抵抗，才知道海外有孤胆忠魂。郑成功收复台湾的历史功绩，台湾人民永远铭记，称他为"开台圣王"。因他收复台湾的历史事迹，史学家称他为"民族英雄"。

郑成功死后，他的儿子郑经继承了延平王的爵位，继续统治台湾。康熙帝曾下诏劝说郑经投降，只要答应剃发、称臣、登岸，就可以允许郑经永远镇守台湾。但郑经怀疑这是康熙帝的圈套，所以没有答应。

当年郑经的爷爷郑芝龙手握十几万大军，清廷许诺郑芝龙闽粤总督的大位，没想到关键时刻，清廷却死不承认，还把郑芝龙囚禁了起来。清廷的言而无信，成为镌刻在郑氏家族内心深处的一道阴影。郑经担心清朝皇帝旧病复发，自己一旦投降，便死无葬身之地，所以没有轻易答应。

1681 年，郑经病死，儿子郑克塽继承了延平王爵位，不久清军开始攻打台湾。1683 年，郑克塽投降清朝，台湾归入清朝的版图。1684 年，清朝在台湾设府，1885 年，清朝在台湾设省。

清朝对西藏的管辖

元朝时，元朝皇帝在西藏设立宣慰使司督元帅府，归宣政院管辖。到了清朝，清政府一改明朝对西藏管理的宽松政策，在政治、军事等方面加强了对西藏地区的管辖，并且采取了一系列的措施。

明亡清兴之际，相隔万里的达赖和班禅，得知中原王朝换了大皇帝时，他们积极向清朝示好，请求接受册封。1653 年，五世达赖正式接受了清朝册封的“达赖喇嘛”封号。此后，历代达赖都必须经清朝册封。1713 年，清朝派使者进藏，封第五世班禅罗桑意希为“班禅额尔德尼”，从此班禅封号也被确定下来。

1727 年，清朝在西藏设置驻藏大臣，监督西藏地方政务。1751 年，清朝在西藏地方设立噶厦，授达赖喇嘛和驻藏大臣管理政教事务。1793 年，清朝颁布《钦定藏内善后章程》29 条，规范了西藏地方行政体制和法规。章程明确驻藏大臣政治上与达赖、班禅地位平等，共同管理西藏政教事务；驻藏大臣还掌管地方军事、外交等事务；西藏地方达赖与班禅等大活佛的转世，需要通过金瓶掣签，依照宗教仪轨和历史定制，最

后报请朝廷批准。清朝的这些措施，有效地加强了对西藏的管辖。

经过清朝一系列的措施，从康乾时期一直到清末，总计二百多年的时间，西藏政局稳定，为巩固祖国西部边陲，做出了巨大的贡献。

巩固西北边疆

清朝前期，西北边疆发生了两次大的叛乱，一次是康熙年间的噶尔丹叛乱；一次是乾隆年间的大、小和卓叛乱。

绰罗斯·噶尔丹，又作嘎尔旦、噶勒丹，准噶尔部人，厄鲁特蒙古准噶尔部首领巴图尔珲台吉第六子，准噶尔部贵族首领。

噶尔丹幼年在西藏班禅和达赖处学佛法。1670 年，其兄僧格珲台吉在准噶尔贵族内讧中被杀。噶尔丹自西藏返回，击败政敌，成为准噶尔部珲台吉（蒙古贵族的爵位）。噶尔丹夺得准噶尔统治权后，积极向外扩张，先后击败和硕特部，征服哈萨克、灭叶尔羌，称雄西域。为了壮大自身实力，噶尔丹想利用北面的沙皇俄国来对付清朝，沙皇俄国也想利用噶尔丹来对付清朝，本来双方目的一致，应该很好达成一致。经过双方的一番较量，最终达成协议，共同对抗清朝，但噶尔丹实际一直被沙皇俄国操控。

1688 年，噶尔丹进攻喀尔喀蒙古土谢图汗部，直逼北京。康熙帝得知噶尔丹反叛之后，极为震怒，于是御驾亲征，攻打噶尔丹。

1697 年，康熙第三次征讨噶尔丹，歼灭了他的主力部队，噶尔丹带百余人逃入大漠。此时他无处可去，没吃没喝，众叛亲离，周围没有哪一个部落敢接收他。沙俄看到噶尔丹成为一条丧家之犬，也躲了起来。噶尔丹仰天长叹，急火攻心，死在了科布多。

康熙皇帝平定叛乱，为巩固多民族国家，稳定西北边疆做出了贡献。

乾隆年间，回部首领大、小和卓发动了叛乱。和卓是回部首领的尊称，大和卓叫波罗尼都，小和卓叫霍集占，大、小和卓是一对兄弟，他们都是回部的领袖。大、小和卓最初是承认清朝的统治的，清朝对他们也非常礼遇。然而1756年小和卓霍集占从伊犁逃回，阴谋发动叛乱。大和卓波罗尼都受到鼓动，于是发动了大、小和卓叛乱。1758年清朝派兵征讨他们，大、小和卓失败。1759年夏天，他们逃到巴达克山（今阿富汗境内），被当地的首领擒杀。

击败沙俄侵略者

清朝入关时，东北的土地被称为清朝的龙脉，不准汉族人迁移、耕种。而清朝的八旗兵又悉数入关，东北成为老弱病残安置地、犯罪分子流放地，很多土地无人看守，更无人耕种，这给北方野心勃勃的沙俄，提供了绝佳的侵略机会。

16世纪以前，沙俄还只是一个公国，连个王国都算不上。但17世纪中期，沙俄出了一个风云人物，他就是彼得大帝。彼得大帝疯狂地开疆扩土，将土地扩展到西伯利亚一带，开始与中国东北接壤。

早在彼得大帝之前，沙俄就派了一个打着探险队旗号的“流氓团伙”来到中国边境。团伙头子叫波雅科夫，波雅科夫带着132名亡命徒，从遥远的欧洲，横跨几千里，来到了中国东北边境黑龙江北岸河谷地带。波雅科夫见当地达斡（wò）尔族生活富裕，于是逼迫他们向沙皇进贡，达斡尔族表示，他们只向清朝的皇帝上贡。

波雅科夫率领十几名彪悍俄国强盗，绑架了达斡尔族的首领，然后又攻打达斡尔族的周边村落。达斡尔族是马上民族，作战十分勇敢，他们没有惧怕波雅科夫，而是将他们击败。沙俄的“探险队”丢下几

具尸体，哭爹喊娘地飞速逃走。

波雅科夫恼羞成怒，他们准备长期战斗下去，于是在达斡尔族周围建立了一个侵略据点。冬天来了，他们缺衣少食，难以立足。后来，波雅科夫只好下令撤退，这是发生在清朝顺治年间的一个真实事件，也是中国与沙俄的一次交锋。

沙皇俄国贼心不死，派兵侵占了黑龙江流域的一个城池——雅克萨。1685 年，康熙帝派遣三千军队，分水陆两路向雅克萨开进。五月二十二日抵达雅克萨城下，当即向侵略军头目托尔布津发出通牒，督促他们立刻投降。托尔布津凭借兵 450 人、炮 3 门、鸟枪 300 支的战力，拒不投降。清军于五月二十三分水陆两路列营攻击。陆师布于城南，集战船于城东南，列炮于城北。二十五日黎明，清军发炮轰击，侵略军被打得鬼哭狼嚎。托尔布津乞求投降，清军同意了他们的请求，但要求他们立刻离开中国领土雅克萨城。

1685 年秋，沙皇俄国背弃承诺，再次出兵雅克萨，结果又被清军击退。沙俄再次投降，这一次他们彻底服了。

1689 年，清朝与沙俄签订了《尼布楚条约》，条约规定黑龙江和乌苏里江流域包括库页岛在内的广大地区，都是中国的领土。

一、选择题

康熙帝面对东北边疆危机，曾说："罗刹扰我黑龙江、松花江一带三十余年，其所窃据距我朝发祥之地甚近，不速加剪除，恐边徼之民不获宁息。"为剪除"罗刹"的危害，康熙帝采取的举措是（　）。

A. 平定大、小和卓叛乱　　B. 收复台湾

C. 进行抗倭斗争　　D. 组织雅克萨之战

二、历史拓展

西藏自古以来就是中国的神圣领土，请从唐朝、元朝、清朝三个不同的朝代，列举中原王朝与西藏地区交往的史实。

5. 君主专制强化与清政府的统治危机

皇权达到了顶峰

中国古代历史的发展规律，皇权加强是一条主线，但每一个朝代又有所不同。宋朝之前，大臣见了皇帝，可以坐着，还有免费的茶水；清朝之前，大臣见了皇帝，可以站着；而到了清朝，大臣见了皇帝，只能跪着，皇帝不让起，就只能一直跪着。很多大臣只好在膝盖上绑好厚厚的护膝，自己的老胳膊老腿，万一跪下去，起不来，那可怎么办？

清朝皇帝加强皇权，是有一个过程的，这要从清朝初年的议政王大臣会议开始说起。

清太祖努尔哈赤时，遇到国家大事，女真部落采取奴隶主集体决议的方式。那么奴隶主都是些什么人呢？毫无疑问，都由努尔哈赤的子侄等宗室贵族组成。清太宗皇太极时，正式将这个会议起名为议政王大臣会议。议政王大臣会议权力很大，甚至可以决定皇帝的人选，例如，当皇太极死后，他的大儿子肃亲王豪格与他的十四弟睿亲王多尔衮发生了皇位之争。双方剑拔弩张，就要火拼的时候，是议政王大臣会议紧急裁决，让皇太极的第九子福临为帝，是为顺治帝，因此避免了一场武斗的惨剧上演。

清朝入关以后，到了康熙皇帝时，康熙帝平定三藩叛乱、收复台湾、征伐噶尔丹等，立下了巨大的功勋。因此康熙帝要树立自己的绝对权威，他设立了南书房。南书房，顾名思义，是陪皇帝读书的地方，康熙帝还选了一大批翰林，到南书房当陪读。但康熙帝明显是醉翁之意不在酒，他将南书房作为自己发号施令的一个机构，此后所有军国大事儿都出自南书房。而议政王大臣会议，则有名无实，从此，该部门逐渐处于半瘫痪状态。

到了雍正时，西北出现了大的叛乱。雍正帝命中央的各部门火速运转起来，为西北战事提供军械钱粮。但雍正帝发现平时官员们阿谀奉承、三呼万岁，真到了要命的时候，工作效率出奇的慢。于是他设立了军机处，专管西北军务，军机处绕过国家行政机构，直接对皇帝负责。而人选方面，军机处由亲贵大臣、各部的堂官组成，他们的任务是跪受笔录，也即皇帝坐着念，他们拿着本子跪在地上记，然后根据皇帝的意思，拟成诏令，下发全国各地。由此军国大事，完全由皇帝一个人裁决，此时封建皇权也因为军机处的设立，而达到了顶峰。

西北叛乱平定后，雍正帝感觉有了军机处，自己干什么事儿都非常方便，因此保留了这个机构，一直到 1911 年清朝搞预备立宪，要成立责任内阁，军机处才被废除。军机处一共存在近二百年的时间。

写书吟诗要谨慎

古语说，祸从口出。意思是说，灾祸从口里产生出来。指说话不谨慎容易惹祸。这句话出自晋傅玄书写的《口铭》。谨言慎行是必要的，既为了安身，也为了立命，可谨言慎行不等于不说话。如果非要子虚乌有、凭空捏造、含沙射影、故意刁难，那么就会防不胜防。不

清朝皇帝一起身，殿下一片“嗻！嗻！嗻！”

幸的是清朝前期的文字狱就是这样的，它已经突破了谨言慎行的底线，而且处罚手段极其残酷，那么文字狱究竟是什么？清朝发生了哪些文字狱？又带来了怎样的影响呢？

清朝以少数民族身份起兵，勾结山海关总兵吴三桂，趁中原内乱，顺势夺取了天下。清朝立国之初，采取了剃发、圈地、逃人等一系列暴政，所以很多有骨气的汉族知识分子，终身不仕清朝。其中最为代表性的是明末三大家黄宗羲、顾炎武、王夫之。还有画家八大山人，他会画一些瞪着白眼珠的野鸭子和树上的呆鸟，意在讽刺清王朝。对此清王朝一面加以笼络，例如，重视儒学、开贡院；但更多的一面，是进行疯狂的打击，最后甚至到了病态的程度。近代文学家胡奇光编写的《中国文祸史》一书中说道：“清代文字狱，持续时间之长，文网之密，案件之多，打击面之广，罗织罪名之阴毒，手段之狠，都是超越前代的。”

纵览清朝三百年，文字狱大概存在了二百多年，一共几百起。现将几次有代表性的文字狱，罗列如下：

顺治年间，清朝一直在打仗，没有时间大兴文字狱。清初第一场文字狱是1660年的“张缙彦案”。张缙彦是明朝的一个尚书，后来投降了清朝，并受到了顺治帝的重用。一次顺治帝阅读他的奏折，发现里面有一句“将明之才”，顺治帝怀疑他有心自诩明朝的大才。于是顺治帝下令将他发配宁古塔，张缙彦哭笑不得，自己已经降清，吃着清朝的饭，怎么会思念明朝呢？就因为一句闲来之笔，就被主子给发配了，他悔恨不已，但为时已晚。

康熙年间，大的文字狱有“明史案”和“南山集案”。庄廷钺是一个盲人，但立志要学司马迁，写一本流传千古的史书，因此他准备写一部《明史》。可明朝历史繁杂，他正苦于无处着手，这时他恰巧得知前明大学士朱国祯有一部《明史》的遗作，只是缺了天启朝、崇祯朝的历史。庄廷钺花费重金购买了遗稿，经过几年的写作，补充了天启、崇祯两朝外加南明几个小朝廷的历史。庄廷钺在书中有一些贬低清朝的语言，例如，提到清太祖努尔哈赤，按明朝官职称他是“建州都督”；在与清朝作战的将领李如柏、李化龙、熊明遇的传记中，庄廷钺对忠臣义士壮志未酬感到惋惜；称呼降清的将领孔有德、耿精忠为叛将；用南明的年号隆武、永历，而不用清朝年号。

清王朝入关时，曾努力汉化，因此很多士大夫被它的假象所迷惑，认为清朝胸怀宽广、海纳百川，但事与愿违。而且《明史》一出，给奸诈小人快速走上致富路提供了一条捷径。原归安知县吴之荣前去庄家敲诈，被庄家拒绝。吴之荣恼羞成怒，到官府告发，一直捅到清朝

辅政大臣鳌（áo）拜那里。虽然庄廷鑨已死，但朝廷仍下令将他的棺材打开，用鞭子抽打他的尸体，庄家全部男丁被杀，女人发配到边疆，给人当奴隶，至此“明史案”才落下了帷幕。

《南山集》是清朝大文人戴名世所写，与明史案如出一辙，《南山集》也使用了南明的年号，歌颂了抗清的一些英雄志士，所以戴名世全家被杀。

如果说顺治、康熙年间的文字狱，大多是修史的史学家犯了一些所谓的政治错误，那么雍正、乾隆年间的文字狱，就纯属捕风捉影、主观臆断的大冤案。

例如，雍正年间，大学士查嗣庭作为出题官，他引用《诗经·玄鸟》中的一句话：“邦畿千里，维民所止。”其中“维民所止”一句，维通“为”，“止”即住所，意思是说，都邑周边千里远，都是商民居住地。但雍正帝见了这句话，牵强附会解释为：雍正的正字少了一横，即要去掉雍正皇帝的头。查嗣庭哭笑不得，百般解释，仍然被处以死刑。

又如，乾隆年间，内阁学士胡中藻喜欢作诗，平时没事儿的时候喜欢哼哼两句，但却不幸被人告发。因为他的诗文中有一句：“一把心肠论浊清。”字面意思是，我能分辨出浊和清。但乾隆帝却大怒说：“浊字前加一个国号清字，究竟做何解释？”于是胡中藻被下了监狱，乾隆让刑部议罪。刑部的堂官害怕万一论轻了，自己会背负为罪犯开脱的罪名，于是拼命往死了论，判处凌迟处死。乾隆帝一看，觉得太过残忍，不好意思在判决书上签字，于是大发慈悲，判处胡中藻砍头的刑罚。

清朝编纂了两部大书，一部是康熙朝编纂的《古今图书集成》，一部是乾隆朝编纂的《四库全书》。为了编纂这两部书，清王朝花了很大的人力、物力。但在编纂的过程中，审查制度过严，一旦发现于清朝不利的书，立刻焚毁。结果一边收书，一边编书，一边毁书。毁坏的书是收录的好几倍，给中国古代文化带来了灭顶之灾。

清朝的文字狱和所谓的编书活动，实际是一种文化专制政策，它禁锢了人们的思想，严重阻碍了思想、学术的发展和进步。

清朝的腐败

清王朝的腐败是亘古罕见的。乾隆朝时，有“三年清知府，十万雪花银”之说。乾隆刚做皇帝的时候，惩办了很多贪官，例如，闽浙总督陈辉祖、浙江巡抚王亶（dǎn）望、山东巡抚国泰等人，这些都是一二品的朝廷大员。但这些人在史上最大贪官和珅那里，完全是小巫见大巫了。

和珅贪污与其他人不同，别人贪污只是自己捞好处，而和珅贪污，是拉着皇帝一块儿腐败。让皇帝家国不分，最后乾隆帝也搞不清钱去哪了，反正都吃了、喝了、玩了。乾隆帝也享受了，便懒得追查和珅。乾隆帝甚至把和珅当作摇钱树，一缺钱就想起和珅。但和珅是不会直接创造财富的，他只是一个会搜刮的机器。在乾隆帝的庇护下，和珅将少部分财富供应乾隆开支，大部分的财富归了自己。久而久之，和珅的财富像滚雪球一样，越滚越大。1799年，乾隆帝驾崩。嘉庆帝将和珅抓了起来，所抄没的财产是清政府十五年的财政收入。所以民间有了“和珅跌倒，嘉庆吃饱”的说法。

嘉庆年间，土地兼并非常严重，很多百姓失去了土地。大量的流民拥挤到大城市，政府无力救济，也严重影响了城市的稳定。聚集在京城的乞丐有十万人，嘉庆元年的一个冬夜，竟冻死了数千乞丐，严

重给“乾隆盛世”的脸上抹了黑。

贫富差距巨大，阶级矛盾极其尖锐，甚至爆发了“陈德刺驾”事件。陈德是内务府的一个厨师，相当于在现在的豪华宾馆任职，这本来是一个人人羡慕的职业。但不知什么原因，他失业了，老婆也死了，家里有一个瘫痪的岳母，还有两个未成年的孩子。他没有了活路，于是想到了死，但他又不想默默无闻地死，于是决定刺杀皇帝。那是一个早上，陈德被招募到皇宫帮厨，他看到嘉庆帝的轿子走了过来，便持刀冲了上去。整个神武门的卫士都吓呆了，一动不动。最后六位大臣和御前侍卫合力，将一个厨子制服在地。嘉庆帝简直气得要吐血，让刑部严加审讯。陈德被打得死去活来，只是反复说：“我没法活了，和别人无关。”最终嘉庆帝恼羞成怒，下令将他凌迟处死！

关起门来过日子

中国古代的汉、唐、宋、元时期，对外政策是一直开放的。丝绸之路的开通就是一个很好的例子，各国商人踊跃来华贸易，政府收取关税、商税，又增加了收入，老百姓与外通商，获得了实惠，可谓皆大欢喜。到了明朝时，由于海上闹倭寇的原因，曾一度实行海禁政策，但很快隆庆年间又对外开放。一直到了清朝，中国才完全对外关闭了交流的大门，史称“闭关锁国”。

闭关锁国的原因主要来自清王朝的狂妄自大，故步自封。同时也惧怕沿海居民与外国人交往，会威胁自己的统治。例如，1793 年，英国使臣马戛尔尼受英国政府的派遣，来华为乾隆皇帝庆祝八十五岁生日。乾隆皇帝对外国人一向不感兴趣，但人家千里迢迢来给他过生日，他还是非常开心的，于是命令广州官方按照接待亲王的礼仪迎接外国使团。此时英国正经历第一次工业革命，发明了很多先进的工业品，马戛尔尼携带了天体运行仪、赫歇尔望远镜、帕克透镜、气压计、蒸汽机、棉纺机、带有减震装置的马车、热气球等物品，他相信乾隆皇帝肯定对这些新奇玩意感兴趣。以打开乾隆帝兴趣大门为突破口，进而提出通商的国策，租用中国东部沿海岛屿，以实现英国在东方的经济利益以及背后的政治利益。不得不说，马戛尔尼这一次投石问路，当然不是为了给乾隆帝过生日。

马戛尔尼一行人到了中国，乾隆帝并没有立刻接见他们，而是让太监教他们中国的宫廷礼仪，例如，见了皇帝怎么磕头、怎么下跪、怎么行礼。马戛尔尼听了后，大叫："STOP！"马戛尔尼大声对清朝接待官员说："我们是一个国家的使节，怎么能随便下跪磕头呢？"清朝接待人员见英国人如此"冥顽不灵"，于是下了逐客令。马戛尔尼背负重大的使命，不想和清朝翻脸，于是他提出可以向大清皇帝下跪，但清朝大臣必须对着英国国王画像下跪，这才叫公平。清朝接待人员一听，大喊："送客！"

最终马戛尔尼做出了妥协，他答应向乾隆帝单膝下跪，但不磕头。乾隆帝很反感英国人没有教养，但又不想扫了自己的雅兴，加上周围的大臣在一边打圆场，说英国人还没进化好，他们的膝盖不会打弯。乾隆帝听了微微一笑，决定大度一次，同意了马戛尔尼的请求。

乾隆帝在承德避暑山庄接见了马戛尔尼，只字没有提通商的事，而是炫耀了一下清朝的富裕，然后请他们吃了几顿大餐，赏赐了一些财物礼品。生日宴会一过，乾隆帝就将他们礼送出境了。至于马戛尔尼赠送给乾隆帝的很多科技产品，乾隆帝并不感兴趣，认为是"奇技淫巧"，将它们全部堆在了皇宫的仓库里，彻底封存了起来。

因为皇室贵族喜欢西方香水、玻璃球、西洋镜一类的新鲜玩意。

不久，乾隆帝下令只准保留广州一处，作为通商口岸。虽然乾隆帝主张闭关，但保留一处通商，可以截留一部分税收充当自己的“大钱包”，自己花钱更方便一些，于是也就同意了。从此广州有了“天子南库”的说法。

一、看图表，找错误（ABCD 中有一处错误）

闭关锁国	
表现	A. 实行严厉的海禁政策
	B. 禁止一切对外贸易
影响	C. 允许广州一处对外经商
	D. 中国逐步落伍于世界

二、历史趣闻

军机大臣需要跪着上班

军机大臣，作为清朝皇帝的心腹大臣，可谓一人之下，万人之上。清朝皇帝独揽大权，军机大臣地位很高，但他们每天都跪着上班。皇帝每天要发多少命令？那肯定是相当的多，比如像是康熙、雍正、乾隆包括嘉庆帝这都是勤政的皇帝，一天的办公时间超过 14 小时，而身边的军机大臣们在皇帝发布命令的时候要跪着记录，这一跪就是十几小时，一般人哪里受得了。所以对于军机大臣来说，护膝护肘是必备的物品，一天没戴，保证让他们跪得血液循环不通顺，走路都走不动。

后来皇宫里的太监竟然发现了商机，他们将大殿的地板给撬开，铺上实心砖和空心砖，实心砖冰冷，而且不平整，膝盖跪在上面非常疼，而空心砖既平整，而且磕头还能磕出声儿，能吸引皇帝的注意。太监们靠这一项发明专利，勒索官员，大发横财。

6. 明清经济

明代经济的发展

明朝初期、中期的政治环境稳定，因此农业、手工业、商业都有了很大的发展。

农业方面：中国古代老百姓最难的问题，就是吃饭问题。历代王朝的皇帝都提倡重视农业，但水稻、小麦的亩产量也不过二三百斤，如果遇到自然灾害，很容易颗粒无收。农民没有饭吃，容易聚众起义，引发严重的社会问题。美洲的玉米、甘薯、马铃薯、花生、向日葵等属于高产作物，明朝时被引进到中国，粮食产量空前提高。例如，甘薯亩产千斤以上，说起甘薯，我们不得不说一下甘薯之父的故事。

“甘薯之父”名叫陈振龙，福建福州府长乐县（今福建福州长乐区）青桥村人，因不喜欢读书，所以从小去吕宋（今菲律宾）经商。陈振龙见吕宋人种植甘薯，产量很高，因此不顾西班牙殖民者的禁令，偷偷地将甘薯藤蔓塞在船上，趁深夜偷渡回国。甘薯试种后，产量果然很高，亩产竟达三千多斤。当时福建一带大旱，陈振龙将甘薯推荐给地方官府，官府令农民种植，当年获得了巨大的丰收，从此甘薯在我国各地普遍种植起来，陈振龙也因为推荐甘薯有功，被后人称之为“甘薯之父”。

手工业方面：宋末元初，棉花开始由新疆向内地传入，明朝时棉纺织业发达，全国各地开了很多棉纺工场，松江被称为棉纺织业的中心。苏州是明代的丝织业中心。景德镇仍然是制瓷业的中心。

商业方面：明朝时的商业活跃。明朝初年的大富商沈万三，富可敌国，因为与明太祖朱元璋比富，触怒了龙颜，全家被发配。但在发配途中，他依然找到了商机，再次成为大富翁，引发了一段流传千古的佳话。当时北京、南京都是著名的商业城市。明代出现了大规模的商帮，也即地域性的商业团体，类似于今天的地方商会。明朝商帮的出现，标志着明朝的商业真正地走向了繁荣。

清代农业的发展

清王朝入关以后，平定农民起义大约花了十几年的时间，见识了农民没有饭吃而产生的巨大能量。清朝反思明朝亡国教训，开始重视农业的发展。

每年农历仲春（农历二月）亥日，不管多么繁忙，清朝皇帝都要亲自率领文武百官从深宫大院里走出来，经过正阳门来到先农坛。首先是宰杀牲畜，祭祀先农神。随后，皇帝就要到具服殿，脱下礼服，换上亲耕服。干什么？当然是要亲自耕种啊！

在先农坛旁边，有一块小小的农田，面积不大，刚好是“一亩三分”，叫“演耕田”。只见换好衣服的皇帝下到“演耕田”里，一手扶着犁，一手举着鞭，往返犁地三次，叫作“三推三返”。礼毕，收队。皇帝随即登上“观耕台”，兴致勃勃地观看王公大臣们继续耕种。只见一个个平时养尊处优的大臣，在田地里挥洒汗水，干得有声有色。

尽管皇帝、大臣的“耕种秀”有很强的演戏成分，但毕竟是向全

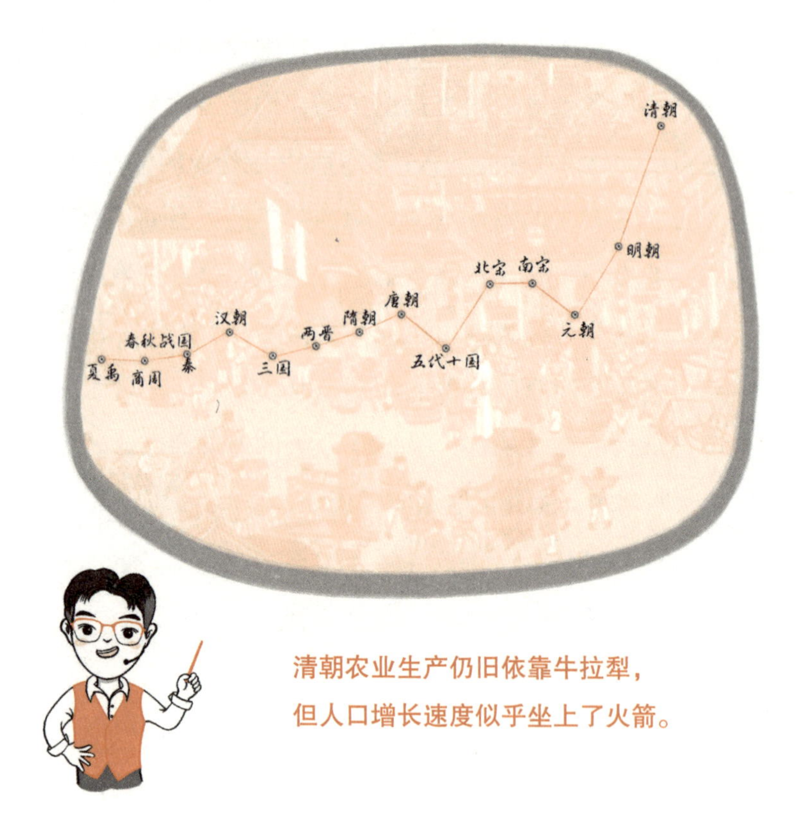

天下展示皇帝的重农思想。只不过随着时间的推移，到了清朝中期，这种“耕种秀”越来越假了。有一次嘉庆帝种地的时候，牛在原地悠闲地吃着草，根本就不配合嘉庆帝的工作。嘉庆帝不惜动用了牛鞭抽打，可牛儿只是惨叫，并不干活儿。没办法，礼部只好换了一头耕牛，可换回来的耕牛还是不听话。最后，大臣、侍卫齐上场，硬拽着这头耕牛在田里走了 3 圈，才算完成了耕种任务。事后嘉庆帝大发雷霆，埋怨礼部和顺天府给他提供的耕牛不好。

清朝前期，清朝皇帝鼓励垦荒，耕地面积提高；又不断地兴修水利，修筑堤坝；同时继续引进高产农作物，补充主粮减产造成的粮荒；种植经济作物，增加农民的收入。

经过以上措施，清朝的农业经济发达，为手工业、商业的发展奠定了基础。然而清朝中期以后，随着土地兼并、贪污腐败的频发，农业经济开始逐渐萎缩。这从嘉庆帝“耕种秀”的失败，也能看出几分端倪了。

清代工商业的发展

清朝前期，丝织业、棉织业、印染业、矿冶业、制瓷业、制糖业等手工业领域都有了很大的发展。

早在明朝中晚期，手工业的纺织行业便出现了资本主义萌芽。资本主义萌芽有三个特点：机工出力，机户出资；雇佣关系，计日受值；规模大、人数多。

但明朝的资本主义萌芽发展比较缓慢，很多手工业主挣了钱，然后将赚的钱疯狂买地，他们更喜欢当地主，称“以末致财，用本守之”。农是本业，商是副业，这是典型的小农经济下产生的保守思想。在这种思想的引导下，明朝始终没有出现成熟的手工业工场。

但清朝时期，随着商业的进一步繁荣，手工业规模得到了扩大，出现了成熟的手工业工场。具有萌芽的手工业部门明显增多，已经不再局限于纺织行业。大商人控制生产过程，成为早期的资本家。

清代城市商业的发展，大多围绕着人们的吃、穿、用、住。如磨坊、油坊、酒坊、机坊、纺坊、织坊、弹棉花坊、普坊、糖坊，还有木作、铜作、铁作等。其产品多种多样，无所不有。并且形成了四级市场，即农村集市、城镇市场、区域性市场、全国性市场组成的商业网。北京、扬州、苏州、杭州、广州等大城市异常繁华，商业繁荣，土地价格“地值寸金”。

与明朝相比，清代的晋商、徽商等区域性商帮得到了进一步的

发展。

清朝时期，由于农业、手工业、商业的发展，清朝康熙、雍正、乾隆时期，社会人口数量开始猛烈增长。一百多年的时间，人口从三四千万一跃增长为两亿多人，人口激增是“康乾盛世”的一个写照。但是一旦遇到统治危机、土地兼并、自然灾害等，人口泛滥便成为巨大的社会隐患，影响了经济的发展和政治的稳定。

一、选择题

清朝前期，江宁的机户李扁担、李东阳等各拥有织机五六百张，这表明清初（　）。

A. 开始出现手工工场　B. 手工工场规模较小　C. 已经出现成熟的手工业工场　D. 手工业工场只在纺织行业出现

二、历史趣闻

朱元璋与沈万三

明代商品经济高度发达，由此诞生了很多大富翁，当时大明首富便是浙江豪富沈万三。据《吴江县志》载：“沈万三有宅在吴江二十九都周庄，富甲天下，相传由通番而得。”民间传说沈万山有一只“聚宝盆”，他想要多少钱就有多少钱。沈万三的巨富，引起了明朝开国皇帝朱元璋的注意。明朝定都南京，但南京久经战乱，城墙已经残破不堪，朱元璋想重修南京城墙，但财力不足。沈万三主动找到朱元璋，说自己要承担一段城墙的修建，朱元璋很高兴，将聚宝门至水西门一段的工程包给了他。沈万三不仅提前修完，还完成了南京城郭房、街道、桥梁、水关和署邸等相关工程。对于沈万三的能干，农民出身的朱元璋不仅不感激，反而警惕了起来。后来沈万三竟然要拿出钱来，替皇帝犒赏军队，朱元璋终于忍无可忍，将沈万三抄家，并将他发配云南。可财神到哪都是财神，身无分文的沈万三到云南后，又发现了商机，不久他又成了一个大富翁。

7. 明清科技、文化的发展

明清科技

尽管明朝采取的八股文考试，束缚了读书人的思维，但明朝社会经济的发展，政治的相对稳定，仍然为科学技术的进步提供了一个宽

利玛窦与徐光启：知识不分国界，翻译见证友谊。

松的环境。李时珍、宋应星、徐光启分别在医学、科技、农学方面取得了令人瞩目的成就。

李时珍，字东璧，晚年自号濒湖山人，蕲（qí）州（治今湖北蕲春）人。李时珍出生于医学世家，从小就对医学有着浓厚的兴趣，但他的父亲却希望李时珍考八股文，出人头地，当一个大官。李时珍很不情愿，但又不敢违抗父命，只好违心地连续考了3次，都没有考中，于是他果断放弃了正统之路，开始专心研究医学。

李时珍很有医学天赋，不到40岁便当上了太医，专门给皇帝治病。但嘉靖皇帝信神不信医，他宠爱道士，平时和道士躲在炼丹房里炼丹，幻想长生不老。一有病就吃仙丹，结果身体越来越差。李时珍痛恨嘉靖皇帝的迷信行为，但又无可奈何，只好挂印离去。离开皇宫的李时珍，一边给普通老百姓治病，一边撰写医学著作《本草纲目》，经过27年的努力，终于完成了该书。

《本草纲目》全书190万字，记载药物1800多种，收录药方11000多个，比前人所收录的药方增加4倍，在世界医药史上占据重要的地位。

宋应星，字长庚，江西奉新人。宋应星读书很好，在家乡被称为“神童”。他儿时便能写诗，出口成章。1615年，宋应星在南昌参加乙卯科乡试，一举考得全省第三名的好成绩，被授予举人的名分。但宋应星后来考了几次会试，均失败了。他被朝廷任命做了几任地方小官。面对迎来送往的生活，宋应星开始厌恶官场，于是他将注意力转移到科学研究领域，并写成了《天工开物》。

《天工开物》是一本科技著作，囊括农业、手工业的生产技术和经验，被西方称为“中国17世纪的工艺百科全书”。

徐光启，字子先，上海人，万历年间进士。徐光启出身贫寒，年

少时便开始从事农业劳动。徐光启长大成人后，参加了几次科举考试，但都没有考中。不得已，他只好做了几年私塾先生，不久又南下闯荡。在广东，徐光启认识了一个西方传教士。他从传教士那里，学到了很多西方数学、天文、测量、武器制造等知识。这一次经历，让徐光启眼界大开。阅历丰富的徐光启，科考也如意起来，不久他便考中了进士，并认识了传教士利玛窦。

徐光启在做官之余，写下《农政全书》一书，全书共计60卷，包括农、林、牧、副、渔五个门类。《农政全书》是一部重要的农业著作，对今天农业发展，依然起着重要的借鉴作用。徐光启还自制西洋火炮，他撰写的《选练百字诀》《选练条格》《练艺条格》《束伍条格》《形名条格》《火攻要略》《制火药法》等各种条令和法典是我国近代较早的一批条令和法典。

由于闭关锁国、文化专制等一系列的错误政策，导致清朝沉溺于落后、保守之中，丧失了科学所需要的独立自主的探索精神。中国封建社会达到“康乾时期”的顶峰后，就开始飞速地落后于西方，在世界文明进程中逐渐落伍了。

明清文化

明清文化主要体现在小说、戏剧、书画三个领域，其中明清小说最具有代表性。随着商品经济的发展，市民文化的需要，广大从事手工业、商业的普通人在闲暇时光，迫切需要大量的精神食粮，因此小说这个文学题材应运而生。

明清时期是一个中国封建社会固化发展的时期，专制制度的高压，让人们的生活、精神世界变得枯燥、压抑。尤其知识分子的精神世界急需一个可以释放的渠道，因此很多人开始借着写小说的名义，吸取民间一些广为流传的历史故事、神话传说，赋予文学加工，本质是对封建制度进行有力的批判。明清小说的代表作是四大名著：《三国演义》《水浒传》《西游记》《红楼梦》。

《三国演义》，作者罗贯中，是根据陈寿《三国志》和裴松之注解，以及民间三国故事传说，经过艺术加工创作而成的长篇章回体历史演义小说。《三国演义》三分实、七分虚，这也是写小说的一贯手法，主要的时间、历史人物、宏观的历史是实的，但具体的事件、人物性格、人物关系等，有一些是虚的。例如，草船借箭、诸葛亮借东风、空城计等，总之那些神话诸葛亮的事，基本都是假的。但就是这些假的事，在《三国演义》作者罗贯中笔下，变得生动有趣，充满了智慧，这也是小说的魅力所在。

《水浒传》，作者施耐庵，是一部描写北宋时期，一群中小地主、好汉侠客、低级官吏等，在朝廷奸臣、贪官的迫害下，纷纷前去山东济宁府管辖下的一个叫梁山水泊的地方，聚众起义，进而演绎了一幕幕替天行道、除暴安良、侠肝义胆的故事。《水浒传》是一部白话文小说，读起来通顺、生动，人物形象传神，让人爱不释手。

《西游记》，作者吴承恩，是一部颇具浪漫主义色彩的小说。该小说借用唐朝三藏法师西天取经的故事，经过人为的加工，融入了孙悟空、猪八戒、沙和尚等人物角色，让整个故事变得鲜活，富有想象力。作为《西游记》的第一主人公孙悟空，他是一个野猴子，因为胆子大，跳过水帘洞而当了猴王，后来又拜菩提老祖学艺，进而学会了七十二变、筋斗云等绝技。孙猴子大闹天宫，挑战秩序、权威，搅得天上的神仙好不烦恼。《西游记》通过神话题材，抒发了作者铲除邪恶势力的强烈愿望，表达了知识分子内心深处的侠义之情。

《红楼梦》，作者曹雪芹，以贾宝玉与林黛玉的悲剧爱情故事为主线，通过描写封建大家族的兴衰，揭露了统治阶级的奢侈与黑暗，展示了贾宝玉、林黛玉追求爱情的抗争精神，具有深刻的社会意义。曹雪芹本人原本是一个公子哥，祖父两代都给清朝皇帝当包衣奴才，领江宁织造的差事，专门负责皇家的穿衣问题，权力很大。但到了曹雪芹父辈曹頫（fǔ）这一代，因其不善经营，欠了皇帝的钱，被雍正帝抄家，曹家从此败落。曹雪芹也由公子哥一夜之间成了穷小子。后来的曹雪芹万念俱灰，开始重新思考人生，他无心仕途，一门心思写小说《红楼梦》，以寄托自己的哀思。

明清时期，除了小说之外，戏剧也有了一定的发展。明朝时出现了昆腔，代表作有《牡丹亭》《长生殿》《桃花扇》。清朝乾隆年间，出现了京剧，道光年间出现了新剧种“皮黄戏”。经过一二百年的发展，京剧逐渐发展为中国的国粹之一。

一. 选择题

被称为17世纪工艺百科全书的人是（　）。

A. 宋应星　B. 李时珍　C. 徐光启　D. 利玛窦

二、伟人读名著

把《红楼梦》当历史读，这是读小说的一个重要视角，一个高明的视角，马克思主义者读《红楼梦》这样的小说，尤其不能忽视这个视角。

——毛泽东

本章思维导图

王老师划重点

第七章 越收越紧的明清帝国

明清时期

- 加强皇权
  - 明：废丞相，八股取士，厂卫制度
  - 清：设军机处，文化专制制度
- 对外关系
  - 明：郑和下西洋，戚继光抗倭
  - 清：闭关锁国政策，收复台湾，抗击沙俄入侵
- 统一多民族国家的发展
  - 设台湾府（1684年）
  - 设驻藏大臣（1727年）
  - 平定西北叛乱：
    - 平定噶尔丹（1696年）
    - 平定大小和卓（1757年）
- 科技文化
  - 科技：医药学《本草纲目》
    - 科技百科全书《天工开物》
    - 农学《农政全书》
  - 文化：明清小说，例如四大名著《红楼梦》《西游记》《三国演义》《水浒传》
- 经济
  - 出现了商帮，以徽商、晋商为主体

历史老师教你读历史

—世界史—

王金辉 著　　蔡 月 绘

北京理工大学出版社
BEIJING INSTITUTE OF TECHNOLOGY PRESS

图书在版编目（CIP）数据

历史老师教你读历史．世界史 / 王金辉著；蔡月绘
．— 北京：北京理工大学出版社，2022.7
ISBN 978-7-5763-1354-3

Ⅰ．①历… Ⅱ．①王… ②蔡… Ⅲ．①世界史 – 通俗读物 Ⅳ．① K109

中国版本图书馆 CIP 数据核字（2022）第 094407 号

出版发行 / 北京理工大学出版社有限责任公司
社　　址 / 北京市海淀区中关村南大街 5 号
邮　　编 / 100081
电　　话 / （010）68914775（总编室）
（010）82562903（教材售后服务热线）
（010）68944723（其他图书服务热线）
网　　址 / http：// www.bitpress.com.cn
经　　销 / 全国各地新华书店
印　　刷 / 天津丰富彩艺印刷有限公司
开　　本 / 710 毫米 ×1000 毫米　1/16
印　　张 / 36.75
字　　数 / 411 千字
版　　次 / 2022 年 7 月第 1 版　2022 年 7 月第 1 次印刷
定　　价 / 128.00 元（全 2 册）

责任编辑 / 顾学云
文案编辑 / 顾学云
责任校对 / 刘亚男
责任印制 / 李志强

图书出现印装质量问题，请拨打售后服务热线，本社负责调换

目录

第五章　西方资本主义的萌芽时代

第十三章 多极化世界的新局势

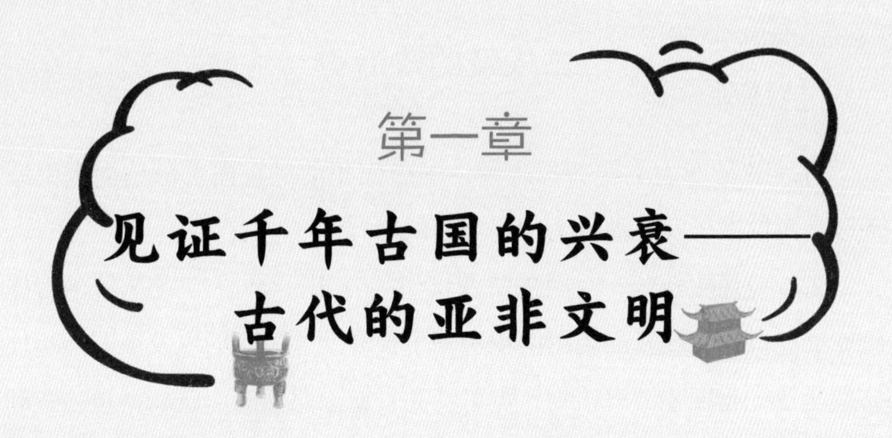

第一章

见证千年古国的兴衰——古代的亚非文明

1. 金字塔上的古埃及

古埃及的政治史

古埃及是四大文明古国之一，国土面积沿尼罗河扩散至周围平原地区，所以古埃及也被称为“尼罗河的赠礼”。

古埃及历史悠久，时间横跨3000多年，其中第18王朝的统治者图特摩斯三世让古埃及的版图面积达到了顶峰。这时候的埃及版图南达埃塞俄比亚，北抵爱琴海诸岛、克里特岛、塞浦路斯岛，巴勒斯坦、叙利亚等地区，跨亚欧非三大洲，这一历史时期堪称“古埃及的盛世”。

图特摩斯三世，史学家称之为“古埃及的拿破仑”，事实上他比法国大帝拿破仑还技高一筹。拿破仑虽然战功赫赫，却兵败滑铁卢，而图特摩斯三世却没有打过一次败仗。

图特摩斯三世崇尚武力，热爱战争。他打败了西亚大国米坦尼王国，米坦尼国王仓皇逃走。叙利亚和周围城邦小国早早举起了白旗，非常虔诚地等候图特摩斯三世的到来。最后连超级强国亚述、古巴比伦都向图特摩斯三世纳贡，古巴比伦还主动将公主嫁给图特摩斯三世为妃。

图特摩斯三世也认为自己达到了人生顶点，他认为自己是托特神喜爱之人，后世史学家通常认为，图特摩斯三世使埃及完成了从一个地域性王国向洲际大帝国的质变。图特摩斯三世是古埃及最伟大的法老之一。

然而盛极必衰是历史的定律，古埃及的第 26 王朝和第 30 王朝，曾两度被波斯征服。

第 26 王朝的末代法老普萨美提克三世仅在位一年，就被波斯大军打败。普萨美提克三世的女儿沦为奴隶，他的儿子被处死，一个朋友成为乞丐。他们全部被带到他眼前来测试他的反应。他只有在看到乞丐的时候愤怒。他本人被免死。他被囚在苏萨。一开始他的待遇比较好。但是由于他试图策谋反抗波斯国王冈比西斯，最终被迫喝牛血而死。

第 30 王朝时，波斯帝国再度进军埃及，在贝鲁西亚战役获胜，击败了内克塔内布二世的军队，埃及第 30 王朝灭亡。波斯人在埃及建立了第 31 王朝，埃及人沦为了亡国奴，备受波斯帝国的蹂躏。

就在波斯帝国扬扬得意时，没想到强中自有强中手，古希腊的马其顿帝国雄起，马其顿帝国的大帝亚历山大，是一个不折不扣的战争狂人，他打败了波斯人，占领了埃及。亚历山大征服埃及后，曾前往沙漠之中的神庙祭祀阿蒙神，换取了埃及人的支持，亚历山大自封法老。可是这位伟大的帝王只统治了埃及九年便英年早逝了，去世时，年仅 33 岁，他手下的大将托勒密随即占领了埃及，建立了古埃及的最后一个王朝，又被称为托勒密王朝。

托勒密王朝维持了近 300 年，最终被罗马大帝恺撒占领，关键时刻，埃及的艳后克利奥帕特拉七世利用自己的美貌色诱了恺撒，最终恺撒英雄难过美人关，倒在了埃及艳后的石榴裙下。克利奥帕特拉七世利用“美人计”保住了她的埃及王国。

恺撒死后，罗马大将安东尼又盯上了埃及，克利奥帕特拉七世故技重施，安东尼又被俘获。本来大将安东尼娶了罗马执政官屋大维的

姐姐，但安东尼一时头脑发热，与屋大维的姐姐离婚，光明正大地娶了埃及艳后克利奥帕特拉七世。这两口子联合起来，不仅要保住埃及，还试图瓜分罗马，罗马执政官屋大维大怒，宣布安东尼为“叛国者”。

公元前 31 年，屋大维派遣罗马统帅阿格里帕率领 400 艘战船，在古希腊西海岸迎战安东尼率领的 500 艘战船，双方展开了激烈的海战，结果安东尼的舰队几乎全军覆没。公元前 30 年，安东尼自杀，埃及艳后克利奥帕特拉七世放毒蛇将自己咬死，托勒密王朝随之灭亡。从此，埃及成了罗马帝国的一个行省，古埃及永远消失在了历史的丛林里。

古埃及的政治史很是波澜壮阔，同时它的文化也取得了很大的成就，古埃及的数学、医学、天文学都有很深的造诣，其中象形文字是古埃及的重大发明。

金字塔与法老的统治

古埃及的统治者被称为“法老”，法老自称是太阳神阿蒙之子，是神在地上的代理人，臣民将其当作神一样来崇拜。法老权力很大，大臣们以跪在地上亲吻法老的脚为最大的荣誉。法老认为自己灵魂不死，所以其身死后要将尸体掏空，以防腐材料做填充，将其制成木乃伊，即干尸，最后再放进金字塔。

金字塔是法老的陵墓，由于其外形像一个“金”字，所以我们中国人称它为金字塔，埃及人则称其为锥体建筑（Pyramids）。古埃及现存的大金字塔有 100 座左右，但最著名的当属第 4 王朝的胡夫金字塔。

胡夫在位 23 年，有史书说他 8 岁就做了法老。一个 8 岁的孩子，一登基就开始为自己修建陵墓，而且他发誓要为自己修建一个史上最大的锥体建筑。他命各地官员为他搜刮劳动力，最终聚集了10万奴隶和自由民，庞大的建筑队伍耗时二十年，才修建了如今举世瞩目的胡夫金字塔。胡夫金字塔高146.5米，用石230万块，外层石块约11.5万块，平均每块重达2.5吨，如此壮观的建筑，胡夫本人却不满意，他看到自己陵墓前空空如也，心想万一进来盗墓贼，怎么办呢？于是他打算在陵墓前修建一个神兽，以此震慑盗墓者，古埃及人认为狮子勇猛，是守护神。于是胡夫命令工匠们在他的陵墓前修建了一座巨大的狮身人面像。

可是人算不如天算，巨大的狮身人面像并没有起到所谓的震慑作用。到了近代，埃及沦为英国的殖民地，西方人以考古的名义，经常进出金字塔，然而噩梦也降临到这些考古队员的身上。

1922年，英国考古学家霍华德·卡特在古埃及第18王朝法老图坦卡蒙墓中，发现了几处图坦卡蒙的诅咒铭文，有一处写道："谁扰乱了法老的安眠，死神将张开翅膀降临他的头上。"还有一处写道："任何怀有不纯之心进这坟墓的，我要像扼一只鸟儿一样扼住他的脖子。"后人称这些咒语为"法老的诅咒"。

霍华德·卡特的考古队发掘图坦卡蒙墓不久，进入陵墓的考古队员先后离奇死亡，这更坐实了"法老的诅咒"。以至于周围的考古队员都惴惴不安，这时霍华德·卡特急忙站出来辟谣说："如果要死，最应该死的人是我，可我不是还活得好好的吗？"但信奉诅咒者坚持说，开通陵墓的时候，有一只幸运鸟指引卡特等人进入图坦卡蒙的墓室中，但那只鸟一进入墓室就被蛇吃掉了，也恰恰是这只幸运鸟，代替了卡特的死亡。对此霍华德·卡特只能苦笑面对。后来的医学家证明，那些去世的考古队员，大多是进入墓穴后感染了霉菌，引发了肺

病而死的，与“法老的诅咒”毫无关系。

随着埃及王权的衰落，金字塔越修越小。到了今天，大部分金字塔已经对游客开放，游客只需要花几十块钱就可以随便游览，还可以拍照留念，这一张张的照片似乎记述了昔日那个辉煌无比的古埃及王国。

恫吓盗墓贼的“镇塔之宝”——狮身人面像。

一、选择题

小明喜欢周游世界，他在旅游日记中这样写道：“今天，我看到了金字塔和狮身人面像。”那么，他到达的国家是（　）。

A. 埃及　　B. 法国　　C. 意大利　　D. 英国

二、读文思考

通过阅读该小节，进入埃及法老墓的考古学家，如果他们不是死于“法老的诅咒”，那他们的死因是什么呢?

2. 古代两河流域

顺流而下的文明

在西亚境内，幼发拉底河和底格里斯河由北向南奔流直下，进入波斯湾。它们如同一对脾气性格各异的孪生兄弟。幼发拉底河平和温顺，不紧不慢，袅袅婷婷地由北向南缓缓流动；底格里斯河则显得暴躁而任性。两河下游的冲积平原名为美索不达米亚，古希腊语意思是两河之间，其形状似一弯新月，故西方人称之为“沃月地带”。我们又称这个地区为两河流域地区。

今天的西亚诸国都因为石油而富得流油，为了争夺石油资源，两河流域的强国伊朗和伊拉克爆发了长达八年的“两伊战争”。但在四五千年前，西亚还没有开采石油的技术，地底下的“黑金”尚未被发掘，人们还非常贫困，然而令人惊奇的是，人类文明的第一缕曙光在这块“贫穷的”土地上冉冉升起：世界上最早的文字在这里产生，世界上最早的城市也在这里建立起来。

在古时的两河流域，人们用泥土来建造房屋和器皿，泥土是基本的生活资源。不仅如此，泥土还是古代两河流域文明的载体。他们在泥土上写字，泥土是古代两河流域文明传向四方的媒介。这一文明最早的创造者是苏美尔人，他们创造了一种全新的农业生产方式：灌溉农业。早期大规模的灌溉系统始建于公元前 6000 年左右，但真正发展起来是在公元前 3000 年以后，正是大规模的灌溉，造就了我们所说的两河文明。苏美尔人、阿卡德人、巴比伦人等，先后生活在现今伊拉克的南部地区。在两河的交汇点上，有一个叫特罗的小地方，1877—1900 年，三万多块刻有文字的泥板、刻有两千多行铭文的圆筒形印章及各式雕像在这里被发掘。它的发现，让人类开始了解历史上最早的文明——苏美尔文明。

古巴比伦王国和《汉谟拉比法典》

古巴比伦王国（约公元前 1894 年至约公元前 1595 年）位于美索不达米亚平原，大致在当今的伊拉克共和国版图内。距今 5000 年左右，这里的人们建立了国家，到公元前 19 世纪，古巴比伦王国诞生。古巴比伦王国的史诗、神话、药典、农业历书等，是西方文明的摇篮之一。

公元前 18 世纪，古巴比伦王国出现了一位伟大的国王，他的名字叫汉谟拉比。汉谟拉比十分勤政，他兴修水利，奖励商业，并建立了一支常备军。他制订了雄心勃勃的征服计划，并以百分之百的信心和决心要使蓝图变成现实。从公元前 1787 年起，他开始了统一两河流域之路，采取灵活务实外交，一个时期集中力量攻灭一国，先后占领了伊新、拉尔萨、马里等城邦。征服活动大约进行了 35 年，耗尽了汉谟拉比的生命，除了北方强悍尚武的亚述和它庇护下的埃什嫩之外，两河流域已基本统一在汉谟拉比的铁腕下。

除了武力征服之外，汉谟拉比还制定了举世瞩目的《汉谟拉比法典》。该法典遵循“同态复仇”的理念，即“以牙还牙，以眼还眼”

的原则。打瞎别人的眼睛，就必须以被打瞎为处罚；被别人打断了腿，就可以打断别人的腿作为补偿；害死了别人的儿子，他自己的儿子就要被处死。

但以上条款仅限于同等身份的人之间。如果身份不同，结果就大相径庭了。法典将人分成奴隶主、自由民和奴隶几个等级，上等级的人相对于下等级者享有更多的权利、承担更少的义务，犯相同的罪时处罚也较轻。例如，奴隶主打瞎了自由民的眼睛只需要付一定量赔款，而自由民打了奴隶主，则代价惨重。若医生给奴隶主治病时奴隶主不治而亡，医生就要被砍去双手。

很明显《汉谟拉比法典》带有很强的阶级性质，该法典维护奴隶主贵族的利益，但它毕竟是世界上现存的第一部比较完备的成文法典，在一定程度上也限制了奴隶主的权力，例如，奴隶主打死了人、打瞎了人，他们要赔钱，而且被告之这属于违法行为，所以在一定程度上，也保护了奴隶和自由民的权益。

汉谟拉比去世之后，古巴比伦王国迅速衰落，被埃兰人和加喜特人侵袭，内部又盛行债务奴隶，债务奴隶憎恨国王和《汉谟拉比法典》，不愿意为国家效力，甚至在敌人打来时幸灾乐祸，毫无家国情怀。他们期盼着敌人早日打进来，因为这样会使原来耀武扬威的奴隶主也沦为奴隶，大家就能平起平坐。

公元前 1595 年，赫梯统治者穆尔西里斯一世消灭了古巴比伦。存在了三百多年的古巴比伦彻底消失在了历史的记忆里。

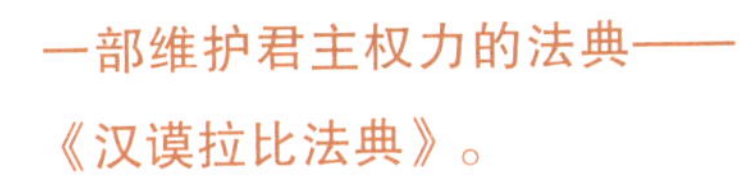

一部维护君主权力的法典——《汉谟拉比法典》。

一、选择题

下列关于古巴比伦王国的说法正确的是（　）。

①汉谟拉比统一了整个两河流域中下游地区

②汉谟拉比对外采取各个击破的策略

③汉谟拉比在位时是古巴比伦王国最强盛的时期

④汉谟拉比实行君主专制制度

A. ②③④　　B. ①③④　　C. ①②③④　　D. ①②④

二、看图答题

浮雕中站立的人物是法典的颁布者，法典因其而得名。根据已学知识判断，这个人物是谁？他的身份是什么？

3. 古代印度

外来的雅利安人

很早以前，亚欧大陆很多地区都被原住在俄罗斯乌拉尔山脉、热衷于武力和战争的雅利安人占领，他们疯狂地掠夺土地和女人。被占领地区的居民身上都带有雅利安人的血统，在那个相信武力至上的时代，许多国家和民族宣称雅利安人是其祖先。

公元前 1500 年左右，雅利安人来到印度河流域，渐渐地在那里定居下来，为了和当地土著人抢夺地盘，雅利安人展开了一系列的战争。雅利安人出身落后的游牧民族，但他们自视为“血统高贵的人”，印度当地土著居民是发达的农耕民族，但被雅利安人称为“蔑戾车”，意为野蛮人，或称为“达萨”，意为敌人。雅利安人擅长使用战车和骑兵，他们身披甲胄，骑着高头大马，横冲直撞，屠杀当地土著居民，不久便占领了印度的广大地区。

孔雀帝国

雅利安人占领印度之后，由于生产力不发达，并没有形成繁荣强大的帝国，而是分散在印度各地，形成了一个个的部落，后来发展为一个个的

国家。公元前 4 世纪，印度出现了一位伟大的人物——旃陀罗笈多。旃陀罗笈多年轻的时候，面对远征而来的马其顿大军，他只身前往觐见亚历山大大帝，因为言语冒犯，差点被处死，可见其颇有胆量。逃脱之后的旃陀罗笈多，积极地组织军队对抗马其顿大军，并最终击败了他们。

旃陀罗笈多强盛时，总兵力达到 60 万人，包括步兵、骑兵、战车兵、水兵、象队和后勤部队。这支庞大的军队出征时，浩浩荡荡，旌旗招展，大军所到之处，势如破竹。旃陀罗笈多依靠这支生力军，最终统一了印度。由于旃陀罗笈多出身饲养孔雀的家族，所以取国号为“孔雀帝国”。

旃陀罗笈多晚年认为自己杀戮太多，所以出家当了和尚，最终大

国王出家做和尚，是一种真正的大彻大悟。

彻大悟，绝食而死。尽管旃陀罗笈多很伟大，但与他的孙子阿育王相比，无疑逊色了很多。

根据《阿育王传》记载，阿育王杀死了自己 99 个兄弟，才坐稳了王位。公元前 261 年，他征服羯陵伽国，有 15 万人被俘，10 万人被杀，死伤数十万，基本统一了印度次大陆。统一之后，阿育王开始致力于发展经济，出现了很多工商业城市，首都华氏城是恒河岸边的一个大都市，往来的客商沿途叫卖，商人络绎不绝，一片欣欣向荣的繁荣景象。

森严的种姓制度

雅利安人作为外来民族，属于少数人，因此当他们进入印度之后，只能划分等级，将雅利安人血统的人定义为上等人，非雅利安人的土著人定义为下等人，然后写入法典，载入宗教，世代印在各个阶层的血液里，灌入其思想内，形成固化思维，进而世代传承。

雅利安人的种姓制度，分为四个等级。第一等级为婆罗门，掌握宗教大权；第二等级为刹帝利，掌握国家行政权和军权；第三等级为吠舍，从事商业、畜牧业、农业；第四等级为首陀罗，主要负责农林牧副渔，首陀罗为前三个等级服务。其中前三个等级都具备雅利安人血统，第四个等级为被征服的原始居民，为了保证雅利安人血统的纯正，也为了维护种姓制度，各等级的人禁止通婚。

印度除了以上四个等级之外，还有一个阶层，被称为“贱民”，即奴隶。贱民阶级属于不可接触者，从事淘粪、剥皮、搬尸体、收垃圾、清洁工等工作。贱民不能与其他种姓同住，不可以和高种姓聊天，不可在公共水井打水，甚至连影子都不能碰到高种姓人。

到了近代，印度遭受了工业大国英国的入侵，从而沦为英国人的殖民地。但“文明的英国绅士”也无法改变印度根深蒂固的种姓制度，英国只能在印度疯狂地开采资源，掠夺原料，然后美滋滋地躺着赚钱，但对待种姓制度下木讷、呆板的印度人，英国人也只好听之任之。其实英国人更懒得去管印度人这些闲事儿，而且他们也许更喜欢印度的种姓制度，因为种姓制度下的印度人，安于现状，很难有反抗精神，这反而有利于英国的殖民统治。

1947 年，印度独立，脱离了英国的殖民统治，独立后的印度从法律上废除了种姓制度，但其在印度人心中早已根深蒂固，不同种姓的人依旧不交往，不结婚，可见印度的这种所谓的千年文化，真可谓百毒不侵了。

释迦牟尼和佛教的产生

公元前 6 世纪，印度北方有一个小国家，叫迦毗罗卫国，当时的国王人称净饭王，他一直没有儿子，所以总是忧心忡忡。直到净饭王年已 50 岁，45 岁的摩耶王后才第一次怀孕。按照印度的习俗，女人怀孕头胎需要去娘家生产，净饭王给摩耶王后准备了两头大象，并且派遣宫女、侍卫、仆人沿途护送。

当他们一行人走到一棵葱茏茂盛的无忧树下时，摩耶王后伸手去抚树枝，惊动了胎气，就在树下生下了太子。佛经上说，这个小太子诞生的时候，天空仙乐鸣奏、花雨缤纷，诸天神拱卫。一时间宇宙大放光明，万物欣欣向荣。

净饭王老迈之年，喜得贵子，非常地高兴，聘请全国的名师为儿子取名，经过层层筛选，最终得名乔达摩·悉达多，意思为吉祥如意。

乔达摩·悉达多在幼年时代，便喜欢思考问题，而且思考的问题都很沉重。例如，他坐在树下看到农夫在烈日下辛勤的劳动；耕田的牛被绳索鞭打皮破血流；犁铧翻出来的小虫蚯蚓，被鸟雀竞相啄食，而鸟雀又被蛇、鹰吞食。这一幕幕惊心动魄的自然现象，都让他寝食难安。

又过了几年，他向父亲净饭王提出了出家的请求，净饭王听完，好像遭遇了晴天霹雳。他以为儿子想找媳妇了，所以才整日胡思乱想，于是连忙将悉达多的表妹耶输陀罗，选为太子妃，又送给儿子一大帮美女，企图利用享乐来打消儿子出家的想法。

乔达摩·悉达多婚后不久，太子妃耶输陀罗便为他生下了一个儿子，起名为罗侯罗。净饭王以为儿子这次肯定不会出家了，毕竟权力、妻子、儿子都有了，谁还会出家呢？但乔达摩·悉达多不是普通人，他在儿子出生的第七天，骑着一匹白马，冲向了原始大森林，消失得无影无踪。

乔达摩·悉达多出家后，通过苦修，终于成了佛，并且沿途传教，人称他为佛陀，又称其为释迦牟尼。乔达摩·悉达多成佛后，回到了迦毗罗卫国。净饭王见到“功成名就”的儿子，真是百感交集，但让他意想不到的是，儿子这次回家不是为了看望他，而是要带孙子和儿媳一起出家，这简直是要了净饭王的命，但孙子和儿媳愿意跟随他一起出家，对此净饭王只好含泪同意。

乔达摩·悉达多创立了佛教，佛教主张众生平等，这一教义迎合了广大底层民众的精神需求，很多人纷纷入教，而统治阶级也认为佛教不提倡暴力，可以起到稳定社会的作用，于是便放任佛教的发展。

公元前3世纪到公元前1世纪，佛教传播到了亚洲的中国、朝鲜、日本、泰国、柬埔寨等国家和地区，现如今佛教信仰人众达10亿人，与基督教、伊斯兰教并称为世界三大宗教。而乔达摩·悉达多对佛教

创立所做出的贡献，更是不可磨灭的。

乔达摩·悉达多出身贵族家庭，却不沉迷享乐，能够关心穷苦大众，想从宗教中找到净化人们心灵的办法，这无疑是值得后人尊敬和膜拜的。

一、【聚焦种姓制度】

印度在2016年的里约奥运会上只取得了1银1铜的成绩。印度某学者认为，印度体育落后，主要是印度文化没有运动的元素，因为种姓制度鄙视体力活动，注重精神修行，所以现在的印度教育、体育都被放在次要地位。曾在《印度时报》工作，且出版过印度运动史书籍的新加坡国立大学某访问学者也认为，印度根深蒂固的种姓制度，让不同阶层的人无法一起参与同一体育活动，这成了印度体育不发达的根源之一。

如何理解“不同阶层的人无法一起参与同一体育活动”？

二、读文思考

公元前3世纪，佛教开始向外传播。请根据课本所学知识，写出佛教传入中国的路线。

本章思维导图

王老师划重点

第一章 见证千年古国的兴衰——古代的亚非文明

- 古代埃及文明
  - 位置：非洲东北角，尼罗河流域
  - 文明：金字塔，太阳历，象形文字
- 古代两河流域文明
  - 位置：西亚两河流域
  - 文明：《汉谟拉比法典》
- 古代印度文明
  - 位置：南亚大陆的印度河流域
  - 人种：雅利安人
  - 文明：种姓制度，佛教

第二章

征服与民主并存的时代——古代的欧洲文明

1. 希腊城邦与亚历山大帝国

希腊——男性俱乐部

古希腊位于希腊半岛、爱琴海诸岛、小亚细亚半岛西岸、黑海沿岸、意大利南部以及西西里岛等地区。希腊的地形以山地为主，群岛环绕，所以不适应中国古代的农耕经济，只能发展工商业以及航海贸易。

希腊是一个由几百个邦国组成的国家，大的邦国几万人，小的邦国只有几百人。因为希腊各邦都是以城池为中心辐射周围的农村地区，所以又叫城邦国家。

希腊的政治权力实行者为公民群体，公民必须符合以下两个条件。第一，本邦人；第二，成年男性。外邦人、女人、儿童、奴隶没有公民权。例如，雅典城邦有约 20 万人，但其中真正的公民只有 4 万人左右，所以古希腊地区的民主虽然很发达，但只是少数人的民主，被称为“男性公民俱乐部”。

“勇士之城”——斯巴达

希腊南部一个名叫斯巴达的城邦将“希腊公民军事化管理”发挥到了极致。美国电影导演扎克·施奈德根据斯巴达与波斯的温泉关之战，拍摄了著名影片《斯巴达 300 勇士》，讲述了古代希腊斯巴达国王列奥尼达一世率领 300 名斯巴达勇士抵抗波斯 10 万大军的历史故事。斯巴达人在战场上超级勇猛，他们利用长矛和盾，组成了坚不可摧的战斗队形，在狭窄的温泉关，他们杀死了波斯的 2 万大军，波斯皇帝薛西斯一世的两个弟弟被残忍杀死，可见斯巴达士兵惊人的战斗力。

斯巴达人之所以勇猛无比，是因为他们是全职士兵，脱离农业劳动，农活儿全由自由民和奴隶（希洛人）完成。传说斯巴达人出生时，就要遭受残忍的筛选和淘汰，瘦弱病残的婴儿要被扔到山下喂狼。通过筛选的男孩都要接受严格的军事训练，并且要在成人之前，杀死一匹狼，以证明他的勇敢。如此残酷的训练使斯巴达人所向无敌。当然斯巴达人的英武背后，是对希洛人的残酷。斯巴达人常用烈酒灌醉希洛人，把他们拖到公共场所肆意侮辱。希洛人即使没有过错，每年也要被鞭笞一次，目的就是要希洛人记住自己奴隶的身份。如果希洛人当中出现了智慧的人或是勇猛的人，都会被斯巴达人秘密处死，这也体现了斯巴达人野蛮的一面。

“智慧之邦”——雅典

希腊诸多城邦之中，斯巴达和雅典是两个大的城邦，如果说斯巴达以凶悍著称，那么雅典则以智慧著称，苏格拉底、柏拉图、亚里士多德并称为“雅典的三大哲学家”。但最让后人津津乐道的，不是雅典的智慧，而是雅典的民主制度，因为雅典的民主制度是雅典文化璀璨的保障，也是近代西方民主的源头。

雅典的民主政治有三个特点，第一，直接民主，即雅典每一个公民都直接参与国家事务的管理，而且开公民大会的时候，每一位公民都有津

贴，以此鼓励他们参政议政；第二，轮番而治，雅典公民通过抽签的形式，选取国家各部门的行政人员；第三，法律至上，即便是最大的官——雅典执政官，如果触犯了法律，也要受到法律的惩罚。例如，伯里克利在首席将军任职期间，就曾被控渎职，因而受到审判并被处以罚金。

雅典的民主政治为公民创造了广泛的参政机会，激发了公民的自由、开拓精神，推动了雅典社会经济和文化的发展，具有历史的进步性。

然而雅典民主政治也有很大的局限性。雅典的民主实际上是公民民主，而不是人民民主，它的范围仅限于本邦的成年男性。雅典的直接民主和以抽签为主要形式的轮番而治，无法选出德才兼备的官员。而很多文盲、低素质的公民却可以通过抽签来担任城邦的官员，导致行政和法律在一定程度上出现了紊乱，例如，著名的学者苏格拉底就是死于雅典的直接民主。

苏格拉底是一个哲学家，他经常低头思考一些很深的哲理，并且喜欢与别人辩论。他思考的问题主要是伦理道德以及教育政治方面，他被认为是当时最有智慧的人。但由于苏格拉底太聪明了，他思考的问题逐渐脱离了神性，与宗教渐行渐远，所以他经常发表一些超前的言论。而且他的门徒众多，难免出现一两个败类，大家都把这些责任算到了苏格拉底的头上。雅典民众法庭以藐视传统宗教、引进新神、腐化青年和反对民主等罪名，通过民主投票的方式，判处了苏格拉底有罪，但并没有判处他死刑。苏格拉底在法庭上口若悬河地为自己辩护，声称自己无罪，没有做到“坦白从宽”，结果触怒了民众法庭，他们投票判处苏格拉底死刑。

苏格拉底被关进了死囚牢，他的徒弟们花钱买通了狱卒，给他打开了脚镣，让他抓紧逃跑。但苏格拉底拒绝逃跑，他说自己是雅典公民，既然自己已经被判处死刑，就应该尊重雅典的民主制度，从容赴死。

践行民主原则，从容面对死亡。

所以苏格拉底因民主而生，又因民主而死，这恰恰是雅典民主政治最大的悲剧。

从马其顿走出的伟人——亚历山大

马其顿原是希腊北部的一个国家，实力并不强大，但公元前 4 世纪，马其顿出现了一个伟大的国王——亚历山大三世，后世称他为亚历山大大帝。

亚历山大年幼时，他的父亲腓力二世为他聘请了著名的思想家亚里士多德作为老师，在亚里士多德的教育下，亚历山大喜欢上了诗歌、

哲学，他喜爱诗人荷马的诗歌《伊利亚特》。按照正常的发展轨迹，亚历山大或许能像他的老师亚里士多德一样，成为一个有学问的哲学家、思想家。但在那个战争年代，持有宝剑的英雄更受人们的崇拜，所以亚历山大的理想是成为一个仗剑杀敌的英雄。

抱着这个伟大的理想，亚历山大奔赴了疆场。在他 18 岁的那一年，亚历山大率领军队全歼了底比斯圣队，一战成名。然而就在他人生得意之时，他的父亲腓力二世却突然宣布与他的母亲奥林匹娅斯离婚，并另外娶了一个妻子。陡然间，亚历山大的储君地位岌岌可危，很多人制造谣言说亚历山大不是腓力二世的儿子，而是奥林匹娅斯与其他男人的私生子。面对父亲的变化，年轻气盛的亚历山大怒不可遏，在父亲婚礼上摔了酒杯，腓力二世酒醉之下，拔出宝剑对准了亚历山大，亚历山大却面不改色，没有丝毫畏惧。

就在形势危急之时，腓力二世被人刺杀，亚历山大幸运地成了马其顿王国的新国王。亚历山大继承王位之后，开始征服西亚地区的大帝国波斯。

鼎盛时期的波斯帝国，横跨亚欧非三大洲，有军队 60 多万，实力远超马其顿王国。但亚历山大偏偏要干掉波斯，因为只有灭掉最强者，才能震慑其他小国家。公元前 334 年，亚历山大率领 3.5 万大军远征波斯，波斯国王大流士三世率领 10 万大军抵御。在作战时，亚历山大身先士卒，冲在队伍的最前面，这种冒险的行为，极大地鼓舞了马其顿大军的斗志，波斯大军很快被冲垮，大流士三世见败局已定，急忙丢下妻子、母亲，慌忙逃跑。

大流士三世战败后，被迫向亚历山大求和，但亚历山大不以为然。为了彻底击溃大流士三世的心理防线，亚历山大在给大流士三世的信上说：根据可靠消息，您的妻子斯塔蒂拉曾与某男子私通，并生下了孩子。面对亚历山大的挑衅，大流士三世彻底被激怒了，他拼命搜刮了 20 万军队，决定与亚历山大决一死战。但很不幸，这支庞大的军队，因号令不一，部队涣散，在高加米拉战役中，大流士三世再次兵败，虽然波斯最后的精锐部队——“不死军团”，拼命掩护大流士三世逃跑，但他仍然死在了逃难的路上。

亚历山大消灭了波斯帝国之后，进驻了西亚名城——格尔迪奥恩。这座城市的街道中心，供奉着天空之神宙斯的神殿，在神殿中摆放有一辆古老的战车。在这辆战车上有当时十分著名的“格尔迪奥斯绳结”，根据传说，解开绳结的人就是亚洲的统治者。

亚历山大拜访了这座神殿，当他看到绳结的时候，突然从腰间解下佩剑，用力一砍，绳结顿时被砍为两半，周围的人吓得目瞪口呆，不敢多说一句话。

亚历山大说，命运要靠自己来掌握，对于不断出现的考验应该用自己的方法去解决。对现在的他来说，他的剑就是打开世界之门的钥匙，他要靠手里的这把宝剑来征服整个世界。

打败波斯之后，亚历山大又南下，兵不血刃地征服了埃及，获得了“法老”的尊称，成为埃及的统治者。

公元前 327 年，亚历山大率领军队离开中亚，南下侵入印度，占领了印度西北部广大地区，但由于印度天气炎热、暴雨，造成疾病蔓延，马其顿帝国的士兵怨声载道，亚历山大只好停止了他前进的步伐，决定班师回朝。至此，亚历山大终于建立了一个横跨亚欧非三洲的大帝国，历史上称之为“亚历山大帝国”。

亚历山大一生征战，给东方人民带来了巨大的灾难，但他打通了亚欧非三洲的通道，有利于不同国家、不同地区之间的文化交流和经济发展，亚历山大被后来的史学家认定为历史上最杰出政治家和军事家之一。

历史小课堂

一、读文思考

通过苏格拉底之死，请阐述雅典民主制度的局限性。

二、填空题

约公元前320年，亚历山大建立的跨____的帝国，最东到达____。评价其东征：积极影响是：__________；消极影响是：___________。

2. 欧洲历史上最强的帝国——罗马帝国

源于习惯的法律与制度

公元前 1000 年前，在地中海中部出现了很多的小城邦，其中一个

ROMA
一个喝狼奶长大的民族，缔造了
一个五百多万平方公里的大帝国。

不起眼的城邦叫罗马城邦，传说罗马城的创建人罗慕路斯、勒穆斯兄弟，因为被仇人追杀，他们从小是喝狼奶长大的。后来，兄弟二人长大后，建立了罗马城。

罗马最初处于王政时代，大约维持了二百多年的统治。公元前509年，罗马的末代国王小塔克文统治残暴，从而引起了罗马人民的反抗，最终罗马人驱逐了国王小塔克文，结束了罗马的王政时代。

为了防止罗马再度沦为君主暴政，新生的罗马采取了共和制，史称“罗马共和国”。罗马共和国由元老院、执政官和公民大会组成。掌握国家实权的元老院由贵族组成。执政官从贵族中选举产生，行使最高行政权力。公民大会是罗马最高权力机关，由男性平民和男性贵族构成。为了保护平民的利益，罗马还特意设置了一个重要的官职——平民保民官。

说起平民保民官设置的历史，可谓充满了艰辛。那是罗马共和国时期的某日上午，在罗马的元老院广场上，一个衣衫褴褛、蓬头垢面、声音嘶哑的老人正激动地大声哭诉：“罗马人，你们看呐！”他脱下破旧的上衣，袒露出胸前背后的累累伤痕，激动地大喊：“这些，除了为国家打仗留下的，就是债主用鞭子抽打的。”

原来老人当了一辈子兵，为罗马打了一辈子仗，回到家园却发现，自己在外为国献身的时候，家里的田地房屋都成了一片废墟，为了生活，他只好借了高利贷，到期无法偿还，被债主使劲地殴打，他万分绝望之下，决定到罗马元老院大门口“上访”。老人的行为引来了大批罗马平民的围观，大家愤愤不平，决定去元老院讨一个说法，但元老院的贵族百般推诿，甚至决定动用军队驱赶人群，就在万分紧急的时刻，边境传来消息，说优尔西人已经入侵到罗马境内。在国家危急时刻，罗马平民却欢欣雀跃，他们奔走相告，以都不去当兵来威胁元老院，有的人甚至搬出了罗马城。面对紧急情况，罗马元老院终于妥协了，决定设置平民保民官来维护平民的利益，保民官权力很大，可以否决执政官和元老院的决议。

过去的罗马采用习惯法作为法律，习惯法就是以贵族主观意志为主导，没有具体的法律条文，因此经常出现贵族侵犯平民利益的事情。经过平民保民官提议，将具体的法律条文刻在了十二块铜表上，做到有法可依，史称《十二铜表法》。《十二铜表法》规定了诉讼的程序、所有权、债务权、宗教法等内容，虽然该法律本质依然是维护奴隶主贵族的利益，但也在一定程度上遏制了贵族随意解释法律的特权，属于罗马平民在法理解释方面的一次重大胜利。

斯巴达克斯起义

公元前 3 世纪，罗马开始了大规模的扩张，陆续控制了地中海地区，地中海成了罗马共和国的内湖。在军事胜利的同时，罗马开始奴役被占领地区的人民，大量的战俘沦为奴隶。罗马贵族们一方面让这些奴隶从事繁重的种植园劳动，一方面又让他们走进竞技场，去充当角斗士，让他们互相残杀或者与野兽搏斗，来供自己娱乐、欣赏。角斗士每天要忍受残酷的训练，而且吃不饱，穿不暖，随时都会丢掉自己的性命。然而，哪里有压迫哪里就有反抗，压迫越严，反抗越甚。

公元前 73 年，卡普亚城的一个竞技场传出了一阵阵的骚动声，一个叫斯巴达克斯的奴隶杀死了守卫，焚烧了竞技场。面对着冲天火光，斯巴达克斯站在高台上，气愤地高声疾呼：“宁为自由战死在沙场，不为贵族老爷们取乐而死于角斗场。”底下的角斗士们听到后，群情

激奋，都不愿意留在这里送死，于是他们冲进厨房，拿起菜刀和铁叉，冲出了牢笼。

在路上，他们正好遇上几辆运送武器的车子，于是他们又杀死士兵，夺取了这些武器。然后他们一口气跑到几十里以外的维苏威火山上聚义。斯巴达克斯率领起义者在这里安营扎寨，建立起一个巩固的阵地。

斯巴达克斯起义之后，附近的很多奴隶都杀死主人，前往投靠，很短的时间里，便聚集了十万人。罗马地方总督派兵几次围剿，都被起义军队伍打败，面对如火如荼的起义大军，元老院命有“战神”之称的克拉苏率领罗马军团前往镇压，起义军与罗马军在布鲁提亚爆发了大战，斯巴达克斯被打败，只好突围逃跑。

公元前 69 年，在阿普里亚省南部的激战中，起义军以少敌多，最终惨败，包括斯巴达克斯在内的六万名起义者战死，约五千人逃往北意大利，被罗马大将庞培消灭，六千名起义军俘虏被残忍地钉死在从罗马城到加普亚一路的十字架上，斯巴达克斯大起义失败了。

尽管斯巴达克斯起义失败了，但它震慑了罗马奴隶主贵族阶层。罗马统治后期，越来越多的奴隶效仿斯巴达克斯，以不停地起义来摧毁罗马的统治，这种情况一直持续到罗马灭亡，可以说斯巴达克斯的斗争精神，对后来的奴隶起义，起到了极大的鼓舞作用，而斯巴达克斯本人更成为一个时代的精神象征，永远值得后人膜拜。

一山岂容三虎？

公元前 1 世纪左右，罗马进入了疯狂的扩张时代，要扩张就要团结国内民众，调和国内的阶级矛盾，但是偏偏在这个时候，罗马却盛行债务奴隶制，奴隶主依靠雄厚的资金，从事高利贷剥削，将本国的大量平民沦为了债务奴隶，这一行为引起平民阶层的强烈不满，引发了社会的危机。

为了安定国内矛盾，罗马开始出现了寡头政治，所产生的寡头凌驾于国家各行政部门，寡头利用自己至高无上的权力，来平衡奴隶主、贵族、平民之间的矛盾，尽量地将矛头一致对外，于是出现了罗马史上的“前三头同盟”和“后三头同盟”。前三头同盟为：恺撒、庞培、克拉苏；后三头同盟为：马克·安东尼、屋大维、雷必达。

可是一山岂容二虎？更何况还三虎呢。前三头同盟中的恺撒，贵族出身，他性格沉稳内敛，做事又认真严谨，在罗马做过度支官、保民官、法官、地方总督、罗马执政官。而前三头同盟中的克拉苏，身为罗马首富，家里有数不清的钱，但他却喜欢四处征战，结果在讨伐安息帝国时，四万大军全军覆没，他本人也在卡莱战役中阵亡，因而退出了权力的角逐；前三头同盟中的庞培，他的势力很大，而且他自己也很会打仗，曾因率领军队占领了北非一些地区而名声大震，元老院也支持庞培，但庞培始终不是恺撒的对手。公元前 48 年，庞培和恺撒进行了一次大决战，庞培大败，逃到埃及后被杀，而恺撒成了前三头同盟唯一的胜利者，元老院任命他为“终身独裁官”，成为罗马的无冕之王。

恺撒的独裁权力，破坏了罗马的贵族共和制，引起了贵族们的不安。公元前 44 年，一群贵族议员身藏匕首，在剧院袭击了恺撒，恺撒躲闪不及，一脚踩空，跌倒在地。一群人冲了上去，匕首朝恺撒身上捅去，一代大帝最终倒在了血泊之中，这也标志着前三头同盟的彻底终结。

前三头同盟没了，然而江山代有人才出，长江后浪推前浪。不久，恺撒手下的三个部将，安东尼、屋大维、雷必达组成了后三头同盟。

后三头同盟中屋大维的势力最大，他是恺撒的养子，而安东尼手握重兵，实力也不容忽视，屋大维为了安抚安东尼，将自己的姐姐嫁给了安东尼，然而安东尼却迷恋“埃及艳后”克利奥帕特拉七世，与屋大维的姐姐离婚。“埃及艳后”野心很大，他鼓动安东尼对抗屋大维，于是后三头同盟公然决裂了。屋大维宣布安东尼为罗马的“叛国者”，举国之兵征讨，在阿克提姆海战中，安东尼战败，不久自杀。而后三头同盟之一的雷必达知道自己不是屋大维的对手，他信仰“明哲保身”，对获得最高权力没有丝毫的野心，主动选择被屋大维架空，逐渐消失在权力的角逐之中。

公元前 27 年，屋大维称“元首”，罗马结束了共和国制度，开启了帝国时代。

罗马帝国的兴衰

罗马帝国建立后一二百年，虽然政局几次动荡，更换了几个王朝，但国家版图依然扩大，工商业依旧繁荣，可是繁荣的背后，也隐藏着巨大的危机。

帝国初期劳动工具有了很大的改进，出现了带轮的犁、割谷器、起重装置、排水机等先进工具。然而有了先进的生产工具，却找不到干活的人，因为罗马公民平时是不干活儿的，除了打仗之外，和平年代，他们热爱诗歌、文学、音乐和观看角斗士表演等活动，干活的主力是奴隶们，但奴隶们却纷纷选择“躺平”，因为奴隶地位低下，毫无人身自由，也没有学习的欲望，甚至随时被买卖，频繁地更换主人，这种情况，何谈劳动积极性呢？他们经常虐待牲畜、破坏工具，导致生产效率大为降低。

更为严峻的是，随着罗马版图的扩大，罗马帝国施行了万民法，给予被占领地的平民以公民的地位，这样奴隶的来源就更少了。没了干活的人，导致土地荒芜，生产减少，但罗马贵族们的生活品质却一点也没有下降，他们热衷举办大型的宴会，观看角斗士表演，修建大型的露天浴场等。

罗马帝国就这样，在糜烂中衰败着，危机更是大大加深了。古语说，内忧必然导致外患，在罗马贵族声色犬马的时候，边境的高卢人、日耳曼人、波斯人纷纷暴动，而此时的罗马帝国的公民早已沦为了中国晚清的“八旗子弟”，根本无人能打仗，罗马只好雇佣异族人当兵，来维持自己的统治，大量的异族人成了罗马的雇佣军，进而掌控了罗马的军队。

395 年，罗马皇帝狄奥多西在临死前，将帝国一分为二，分别赐给了自己的两个儿子，西部领土为西罗马帝国，东部领土为东罗马帝国，分治之后的罗马帝国，更加虚弱了。5 世纪上半期，西罗马皇帝被废黜或者被杀害，国家已经控制在异族人手中。476 年 9 月 4 日，异族将领奥多亚克废黜了西罗马末代皇帝罗慕路斯二世，西罗马帝国灭亡。而东罗马帝国又维持了将近一千年的时间，1453 年，东罗马帝国被奥斯曼土耳其帝国消灭，至此罗马帝国彻底退出了历史舞台。

历史小课堂

一、根据提示，填写历史人物

（1）把雅典奴隶主民主政治发展到顶峰：__________

（2）征战十年建立起地跨亚非欧三洲的帝国：__________

（3）首创“元首制”建立罗马帝国：__________

（4）公元前73年率领奴隶起义，沉重打击了罗马奴隶主阶级的统治：__________

二、选择题

下列事件①罗马帝国建立②斯巴达克斯起义③恺撒成为独裁执政官罗马帝国分裂

按照时间先后排序正确的一组是（　）。

A. ②①③　　B. ③①②　　C. ②③①　　D. ①②③

3. 古希腊与古罗马的文化

《荷马史诗》与《掷铁饼者》

由于古希腊和古罗马实行公民政治，希腊公民和罗马公民都不用从事繁重的体力劳动，所以他们有更多的时间从事文学、历史、科学、哲学、艺术等领域的研究，并取得了丰硕的成果。例如，史学巨著《荷马史诗》、雕塑《掷铁饼者》，都是当时杰出的代表作。

《荷马史诗》的作者是荷马，他双目失明，但却酷爱思考和写作。《荷马史诗》包括两个故事，一个故事叫《伊利亚特》，一个故事叫《奥德赛》。

《伊利亚特》的故事，讲述了在小亚细亚西部沿海有一座特洛伊人的王都，名叫伊利昂，特洛伊人是东方许多部族的霸主。当时在希腊地方的强大部族总称为阿开亚人，有时在史诗中也称为阿尔戈斯人或达那亚人；阿开亚人以迈锡尼王阿伽门农为首。伊利昂的二王子帕里斯乘船到希腊，受到斯巴达王墨涅拉奥斯的款待。帕里斯长得很帅，可谓风度翩翩，而东道主墨涅拉奥斯的妻子海伦，是希腊第一美女，俊男靓女在宴会上一相遇，便迅速摩擦出了爱情的火花，两人决定私奔逃回伊利昂。阿开亚人得知后非常气愤，墨涅拉奥斯之兄——迈锡尼王阿伽门农倡议：召集各部族的首领，组成希腊联军，共同讨伐特

洛伊人。他们调集一千多艘船只，渡过爱琴海去攻打伊利昂城，历时9年都没有把这座王都攻下来。到了第10年，希腊联军制作了一只大木马，放在特洛伊城门口，然后悄悄地撤走了，特洛伊人以为城外的大木马是上天赐给的一个圣物，费了很大的力气将大木马抬进了城。没想到当天晚上，大木马里跳出几十个士兵，他们打开城门，然后发射信号，希腊联军顺势冲了进来，坚不可摧的伊利昂城堡终于沦陷了。

《奥德赛》的故事，则延续了《伊利亚特》的剧情。希腊联军围攻特洛伊期间，奥德修斯是希腊联军围攻特洛伊的功臣，他英勇善战，足智多谋，屡建奇功。成功打下特洛伊之后，他与同伴们返航回希腊，因他刺瞎独目巨人波吕斐摩斯，得罪了海神波塞冬，从而屡遭阻挠，历尽各种艰辛、危难。他战胜魔女喀耳刻，克服海妖塞壬美妙歌声的诱惑，穿过海怪斯库拉和卡吕布狄斯的居地，摆脱神女卡吕普索的7年挽留，最后于第10年侥幸一人回到故土伊塔卡，同儿子特勒马科斯一起，杀死纠缠他妻子、挥霍他家财的求婚者，合家团圆。

《荷马史诗》故事剧情丰富，富有极大的想象力，具有浪漫主义、英雄主义的情怀，被称为希腊最伟大的作品。

约公元前450年，希腊雕刻家米隆制作了《掷铁饼者》。该作品充分展示了人的运动美，展示了男性肌肉的力量，掷铁饼者的动作一气呵成，极为连贯，成为后世的艺术典范，也从侧面反映出古希腊奥运会的体育精神。

古希腊的建筑艺术

古希腊的建筑都属于艺术品，并且具有以下的特点：

第一，平面构成为1 ：1.618或1 ：2的矩形，中央是厅堂、大殿，周围是柱子，可统称为环柱式建筑。

第二，柱式定型。柱式的发展对古希腊建筑的结构起了重大的作用，并且对后来的古罗马、欧洲的建筑风格都产生了重大的影响。

第三，建筑与雕刻相结合。古希腊建筑中有圆雕、高浮雕、浅浮雕等装饰手法，创造了独特的装饰艺术。

希腊最典型的建筑物是帕特农神庙，这座神庙是为了歌颂雅典战胜波斯侵略者的胜利而建，里面供奉着雅典娜女神像。帕特农神庙的设计代表了希腊地区建筑艺术的最高水平。从外貌看，它气宇非凡，光彩照人，细部加工也精细无比。它采取了八柱的多立克式，东西两面是8根柱子，南北两侧则是17根，东西宽31米，南北长70米。东西两立面（全庙的门面）山墙顶部距离地面19米，也就是说，其立面高与宽的比例为19 ：31，接近希腊人喜爱的“黄金分割比”，难怪它让人觉得优美无比。帕特农神庙柱身秀长，体现了多立克柱式建筑艺术的美观。

罗马建筑吸收了希腊建筑的特点，而且加以改进。例如，出现了石拱门、穹顶等，华丽大气、雄伟壮观，典型代表为罗马竞技场、凯旋门、万神庙等。

罗马竞技场也称罗马斗兽场，是古罗马帝国专供奴隶主、贵族和罗马平民观看斗兽或奴隶厮杀的地方。从外观看，罗马竞技场呈正圆形；俯瞰时，它是椭圆形的。它的占地面积约2万平方米，长轴长约为188米，短轴长约为156米，圆周长527米，围墙高57米，这座大型建筑可以容纳九万多名观众。可以想象，这么多人坐在竞技场观看奴隶厮杀，呼喊声、叫好声、拍掌声汇成一片，是多么的壮观。

315年，为了庆祝罗马皇帝君士坦丁战胜他的强敌马克森提，而专门在罗马城修建了凯旋门。凯旋门上方的浮雕板是当时从罗马其他建筑上直接取来的，主要内容为历代皇帝的生平业绩，如安东尼、哈德连等，下面浮雕是君士坦丁大帝的战斗场景。

古罗马时代共有21座凯旋门，现今罗马城中仅存3座，君士坦丁凯旋门就是其中的一个，君士坦丁凯旋门上的雕塑，精美绝伦、恢宏大气，千年逝去，已是残迹斑斑，却仍在风雨中，似乎见证了罗马帝国昔日的辉煌。

万神庙是供奉众神的寺庙，修建于屋大维称帝前后，以庆祝屋大维打败政敌安东尼。万神庙整个建筑由水泥浇铸成圆形，上覆半球形穹隆顶，直径43米，柱廊宽34米，深15.5米；有科林斯式石柱16根。罗马皇帝经常在万神庙举行政治性活动。万神庙是罗马最古老的建筑之一，也是古罗马建筑的代表作。

善于思考的希腊哲学家们

古希腊哲学是古代西方社会留给近代的文化遗产，那为什么古希腊哲学会如此发达呢？

希腊是群岛国家，农耕经济不发达，但工商业经济发达。商品经济发达的希腊，便要面对人与人、人与社会、人与金钱、人与自然等诸多关系，为了妥善解决这些问题，净化人的心灵空间，思考问题便成了人们的家常便饭，那么善于思考的人便成了哲学家。古希腊有很多著名的哲学家，其中德谟克利特、苏格拉底、亚里士多德是他们中间的佼佼者。

德谟克利特出生在阿布德拉一个富商家庭，但他不喜欢做生意，却喜欢学习，他学习数学、哲学、解剖学、天文学、伦理学等学科，他用自己分得的遗产，作为游学经费，学到了大量的知识。但在当时，这些知识是不能用来直接换钱的，所以家族亲戚以“挥霍财产罪”将他告上了法庭。庆幸的是，德谟克利特生活的阿布德拉是一个开明的城市，法官允许他在法庭辩论，德谟克利特用精彩的演讲赢得了法官和陪审团的青睐，最终德谟克利特不仅无罪，而且获得了巨额的奖金，大家支持他将自己平生所学，汇编成一本书，供后人学习。不得不说，德谟克利特比苏格拉底要幸运得多。

德谟克利特的哲学思想是，宇宙万物都由微小的“原子”组成，对于它们的认识是从事物中流射出来的原子形成的“影像”作用于人们的感官与心灵而产生的。在伦理观上，他强调幸福论，主张道德的标准就是快乐和幸福。

苏格拉底是雅典著名的哲学家，他的母亲是一位产科大夫，因此他提倡老师要作为一个合格的“助产士”，引导着学生面对问题，就像妇女生孩子一样，自然分娩，而不是老师大包大揽，破坏学生的思考。所以他主张在教学过程中，实行“问答法”，即不要把问题答案直接告诉学生，而是老师先向学生提出问题，让学生回答，如果学生回答错了，老师也不要立即纠正，而是提出另外一个问题引导学生思考，进而按图索骥，一步步地得出正确答案，这也就是现代教学中的启发式教学，而苏格拉底正是这套教学模式的创始人。

苏格拉底提出知识即美德，反对不读书、不思考的人也可以通过抽签的方式担任城邦官吏，他认为这是对国家不负责的表现。他还提出人应该“认识自己”，要敢于面对自己的内心世界。

亚里士多德是一位百科全书式的学者，他研究内容广泛，包括：伦理学、哲学、心理学、经济学、神学、政治学、修辞学、自然科学、

铁血武力与高尚文艺并存的古希腊时代。

教育学、诗歌、风俗，以及雅典法律等，马克思称他为古希腊哲学家中最博学的人物。

罗马法律

罗马法律是罗马人最伟大的成就，现代法系的很多法学原理，都来源于罗马法。那罗马法律发达的原因是什么呢？

罗马原来只是个城邦国家，到了共和国中晚期，罗马开始疯狂扩张领土，到了帝国时代，罗马已经地跨亚欧非三大洲，国土面积500多万平方公里，如何才能治理这样一个庞大的帝国呢？当年成吉思汗建立的蒙古帝国，鼎盛时期国土面积3000多万平方公里，但蒙古人采取了军事压迫的方式治理国家，结果很快土崩瓦解。而罗马人则深思远虑，除了军事强权之外，他们还完善法律，利用法治来维护庞大的帝国秩序，所以罗马自从扩张开始一直到灭亡的那一刻，大约维持了500多年的统治。对此，罗马法功不可没。

罗马法经历了习惯法、公民法、万民法三个时期。在王政时代，罗马采用习惯法，即约定俗成的东西，解释权归地位比较高的贵族所有，所以经常出现贵族侵害平民的事情。到了共和国时代，罗马采用公民法，即面对罗马公民的法律，公民法的实施，使平民的政治、经济和社会地位空前提高。但到了帝国时代，随着国土面积的扩大，公民法只保障罗马城邦公民的利益，而不保护被征服地区的人民的利益，以至于出现了司法混乱、违法犯罪横行等情况，对此罗马紧急用万民法取代了公民法。万民法保护罗马帝国范围内的一切自由民，而且极为详细，规定了人身权、商品交易权、财产权、债权等诸多内容。万民法的实施，深受自由民的欢迎，缓和了阶级矛盾，维护了罗马帝国的统治。

此外罗马法还包括自然法，自然法不具备强制性，而只是一种法律道德，重视人的基本权利。例如，罗马法无论怎样完善，都没有惠及奴隶的身上，奴隶被随意杀戮、侵害、买卖，这在当时属于“合法”行为，但它不合理。而自然法则超越了法律，属于“讲理”的行为，它认为奴隶也是人，也应该受到保护，这就是自然法。

罗马法的实施、完善，巩固了罗马帝国的统治。罗马法中的保护私有财产，注重契约、追求理性等内容，被近代资本主义国家的法制建设所借鉴，为资产阶级推翻封建制度，建立资产阶级共和国打下了坚实的法理基础。

一、根据提示填写内容

（1）了解早期希腊社会的主要文献：__________

（2）希腊人物雕刻艺术的两项杰出作品：__________、__________

（3）古希腊建筑艺术的典型代表：__________

（4）罗马代表性建筑的成果两项：__________、__________

二、读文思考

通过阅读该小节，请简述罗马法的演变过程。

本章思维导图

王老师划重点

第二章 征服与民主并存的时代——古代的欧洲文明

希腊城邦和亚历山大帝国
- 政治体制：城邦制度
- 公民概念：① 本邦居民 ② 成年男性
- 雅典民主政治的评价
  - 优点：体现了民主
  - 缺点：不能选出德才兼备的管理者
- 亚历山大帝国
  - 时间：公元前4世纪
  - 人物：亚历山大
  - 成就：占领波斯等地，建立横跨亚欧非三大洲的帝国

罗马城邦和罗马帝国
- 重大事件：《十二铜表法》的颁布
- 《十二铜表法》的特点：遏制权贵对法律的解释，保护平民利益
- 人民反抗：斯巴达克斯起义
- 罗马帝国
  - 建立：公元前27年，屋大维建立"元首制"
  - 灭亡：公元476年，西罗马帝国被日耳曼人灭亡

希腊罗马文化
- 文化古国：文学和雕塑，建筑艺术，哲学和法学
- 法治建设：罗马法的完善
- 发明公历

第三章

封建时代的欧洲

1. 基督教的兴起和法兰克王国

基督教的兴起

3世纪以前，罗马人信仰的神并不是一个，而是多神宗教体系，例如，屋大维修建的万神庙之中，就供奉着众多的神灵。可以说罗马人的宗教信仰并不是一元化，而是多元化的，与宗教信仰相比，他们更关注世俗社会的力量，例如，权力、军事、法律、经济等。

然而随着战争的普及，贫富差距的拉大，民族矛盾冲突等现实原因的出现，底层人民无法在罗马统治下的世俗社会得到满足感和存在感，而罗马的诸神信仰体系又无法帮助他们解决现实的苦难，在此环境下，基督教应运而生。

与罗马诸神相比，基督教只信仰一个神，那就是耶稣，即信仰一元化。根据《圣经·新约》解释，耶稣到民间来解救人世间的苦难。耶稣在传教的时候，被罗马帝国逮捕，犹太行省的罗马总督本丢·彼拉多审判耶稣有罪，将他钉死在十字架上。但耶稣三天后复活，然后升天。基督徒相信耶稣还要再来，使信徒得到永生。

基督教创立之初，之所以受到统治者的打压，是因为统治者认为一元化宗教会威胁自己的利益，因为罗马皇帝被人称为“奥古斯都”，就带有强烈的神话色彩，如果基督教的一神论泛滥，必然冲击罗马现有阶级的利益，所以罗马帝国称基督徒为异教徒，对他们进行残酷的迫害。

罗马皇帝尼禄是一个偏执狂，有一种说法，他观看戏剧特洛伊之战后，感叹特洛伊燃起了熊熊大火，为了再现昔日的惨剧，以触动自己的灵魂，他下令在罗马城放火，然后栽赃陷害基督徒们。可怜的基督徒们或者被迫穿上兽皮，任由野狗撕咬成碎片；或者被绑在十字架上焚烧，在天黑的时候当灯来用，他甚至把自己的花园当作行刑的场地。在尼禄以后，图密善、马可·奥勒留、德基乌斯和瓦勒良等皇帝执政时期，基督徒也遭到不同程度的迫害。

直到君士坦丁一世做皇帝时，基督教和基督徒的处境才得到了根本的好转。有一个故事详细讲明了这个事儿的前因后果。那是君士坦丁即位前，他还只是一个将军，有一年他准备南下攻打意大利，夺取帝位，在行军途中，天上突然掉下了一颗大陨石，这番景象使得军心骚动，大家都以为是不祥之兆。就在这时，一个基督教士突然出现，他告诉君士坦丁，这不但不是凶兆，反而是吉兆，这是上帝已经钦定他为罗马皇帝的征兆。教士让君士坦丁在士兵们的盾牌上画上一些符号，教士声称，这样可以百战百胜。君士坦丁听了将信将疑，但依然照做了。结果，君士坦丁真的打赢了战争，那场战役中，大桥奇迹般地断裂坍塌，敌军统帅直接落水身亡。君士坦丁顺利进入了罗马城，成了新任的罗马皇帝。

313 年，君士坦丁一世颁布了米兰诏书，公开承认基督教的合法地位，得到了统治阶级支持的基督教迅速地发展起来。393 年，罗马皇帝狄奥多西将基督教定为国教，从此基督教在欧洲占据了主导地位。

基督教迅速发展的原因，无外乎下层百姓需要一种精神寄托，而上层统治者则转变了对基督教的态度和认识，他们由排斥基督教变为

利用基督教，于是在罗马帝国出现了贫民奴隶命运越悲惨，罗马帝国统治者越宣扬基督教的情境，让贫民和奴隶们相信来世。

近代革命导师马克思宣称：“宗教是人民的精神鸦片。”这个形象的比喻，可谓一语中的。

西欧的“分封制”

西罗马帝国灭亡之前，日耳曼人的一支法兰克人迁入高卢（今法国南部）东北，在莱茵河下游地区定居，处于原始氏族部落社会阶段。西罗马帝国灭亡之后，法兰克人乘机扩展地盘。481 年，法兰克人的首领克洛维当上部落酋长后，便开始全力扩张，不久他凭借自己的智慧和勇气，战胜了周围的其他部落，建立了法兰克王国，历史称他建立的王朝为墨洛温王朝，以巴黎为首都。

克洛维即位后，将国有土地和无主荒地分赐给基督教会及其部下，得到了他们的支持和拥护，但因为这些分封都是无偿的，所以被分封的人世袭了土地和权力之后，便纷纷架空了国王，以至于墨洛温王朝出现了诸多的“懒王”。懒王不是因为他们真的懒，而是他们没有权力，只能选择吃喝玩乐，国家大权渐渐地被宫相和贵族们把持。

宫相的权力很大，可以操纵一切国家大事。8 世纪中期，“矮子丕平”成为法兰克王国的宫相，丕平很矮，不到一米六的个子，却有很大的野心，他想取代墨洛温王朝的懒王。751 年，丕平勾结基督教会的教皇，教皇册封丕平为法兰克的国王，丕平取代了墨洛温王朝，建立了自己的加洛林王朝，为了感谢教皇的支持，丕平将罗马大片的领土划给了教皇，教皇依靠这些土地，成立了自己的国家，史称“教皇国”。

加洛林王朝统治以后，为了避免国王成为懒王，便不再无偿地赏赐贵族土地，而是实行了一种封君封臣制度。赐地的人成为封君，接受封地的人成为封臣，封臣必须效忠于封君，封君必须保护封臣。封君和封臣形成了严密的等级制度和政治契约。

然而，欧洲的封君封臣制度与西周的分封制还有一定的不同。

第一，血缘关系不同。西周的分封制是以宗法制的血缘关系为纽带，但欧洲的封君封臣不以血缘关系为纽带，而与是否册封土地为纽带。

第二，继承权不同。西周是嫡长子继承制，但欧洲的封建制度下，儿子、女儿、亲戚都有继承权，以至于因王位继承问题，爆发了多次战争。

第三，从属关系不同。西周的分封制实行层层效忠，从礼制上讲，诸侯效忠于天子，大夫效忠于诸侯，如此大夫也效忠于天子，即效忠于上级的上级，直至天子。而欧洲的封建制度则是“我的附庸的附庸不是我的附庸”，大概意思是说，我手下的手下，不是我的手下，我指挥不动。

第四，赋税问题不同。西周的分封制下，天子和诸侯实际各有各的地盘，诸侯向天子缴纳贡物，但不是缴纳赋税，所谓的贡物也就是当地比较新奇、珍贵的东西，例如，楚国向周天子呈贡“包茅草”，也就是一种叫作菁茅的南方植物，主要用途就是过滤祭祀的酒水。而欧洲封建制度下，封臣要定期向封君缴纳赋税，否则封君就要饿肚子。

总之，西周的分封制在政治上比较严密，但在经济上比较松散，而欧洲的封君封臣制在政治上比较松散，但在经济上比较严密。但他们也有共同点，那就是强调分封者与被分封者的权利和义务，并且形成了约定成俗的契约。

查理曼帝国

768年9月24日，加洛林王朝的创始人“矮子丕平”在圣德尼驾崩，临死前，他将国家分给了自己的两个儿子——查理曼和卡洛曼。最初兄弟两个很和睦，因为彼此都没什么事儿发生。但不久后查理曼领土内发生了暴乱，查理曼请求弟弟卡洛曼帮忙，却遭到了卡洛曼的拒绝，这个时候，查理曼内心开始仇恨弟弟，兄弟两个的矛盾也开始多了起来。

就在查理曼想对弟弟动武之时，卡洛曼却突然得了疾病，很快便去世了。从天上掉下一个大馅饼直接砸到了查理曼的头上，因为他依靠合法继承的方式，取得了弟弟卡洛曼的全部领土，法兰克王国重新合二为一，查理曼的力量再次强大起来。

774年，查理曼攻占了意大利北部的伦巴第；从772年到804年间，查理曼又打败了莱茵河下游的萨克森人；787年，他又出兵，打败了多瑙河上游南岸的巴伐利亚；778年，查理曼发动了伊比利亚战争，795年在征服地区建立了西班牙马克，并在地中海打败摩尔人，占领了科西嘉岛和撒丁岛。

查理曼的多次扩张，使法兰克王国盛极一时，恢复了昔日罗马帝国全盛时的景况。国家领土包括今天的大部分法国、德国、瑞士、奥地利和低地地区，以及意大利的一个地区和许多的边界地区，总面积达400多万平方公里。

法兰克王国国土面积的扩大，靠的都是侵略的方式，因此一旦取得了胜利果实，他便要寻找一种合法的程序，使自己的利益变得合法、合理。于是查理曼又想到了父亲丕平的伎俩，去找基督教会的教皇帮忙，恰好教廷内部出现了混乱，795年，利奥三世以阴谋手段登上教皇宝座，遭到罗马一些大贵族的反对。利奥派使者向查理曼求救，二人一拍即合。

799 年，利奥三世因生活作风放荡，被一部分贵族囚禁。查理曼带兵逼迫罗马贵族，并将利奥三世放了出来。对此，利奥三世激动地号啕大哭，该年 12 月，利奥三世亲自为查理曼举行了隆重的册封大典，他亲手将皇帝的王冠戴到了查理曼的头上，并宣布他为“罗马人的皇帝”，从此法兰克王国升级为法兰克帝国，查理曼国王被称为查理曼大帝。

为了表达对教会和教皇的感激之情，查理曼下令将帝国分为几个教区，每个教区的人民必须将每年收入的十分之一，拿出来进献给教

表面的册封礼，私下里却是王权和教权的一场交易。

皇，当时人称“什一税”。教皇本来就垄断了人的精神世界，如今有了地盘，又有了钱，他的势力越来越大。二百年后，德意志国王亨利四世因对教皇格列高利七世不敬，结果被开除了教籍，亨利四世只好妥协，他冒着大雪前往教皇居住的城堡卡诺莎，教皇拒绝接见他，以至于他在大雪里站了三天三夜，最后才得到了宽恕。

814 年，查理曼大帝去世，他的帝国很快走向了分裂。843 年，查理曼大帝的三个孙子分割了法兰克帝国，形成了以后德意志、法兰西和意大利三个国家的雏形，法兰克帝国也正式走向了终结。

一、选择题

宗教是对社会现实虚幻的反映，也是一种信仰和文化。恩格斯在论述某种宗教时说，它“最初是奴隶和被释放的奴隶、穷人和无权者、被罗马征服或驱散的人们的宗教”。由此判断该宗教是（　）。

A. 基督教　　B. 佛教　　C. 犹太教　　D. 伊斯兰教

二、读文思考

通过阅读该小节，中国西周的分封制度与西欧的封君封臣制度有哪些区别？

2. 西欧庄园

领主与佃户

西欧的封君封臣制度下，大小封建主都拥有了自己的土地和人口，如何运作这些资源为自己更好地服务呢？封建主采取了庄园制度。

西欧的庄园里有一个领主，领主住在城堡里，周围有几个属于他的村落，村落里住着很少的自由民和大部分的农奴。自由民拥有一定的人身自由权、财产权，而农奴则没有，一切行为都要受到领主的支配，但农奴和奴隶不同，领主不能迫害农奴的肉体，因为这属于违法行为。然而，无论自由民还是农奴，他们都属于领主的佃户，给领主干活儿、服役，都处于庄园的最底层。

庄园内的土地分为两部分，一部分归领主所有，称为“自留地”，收入全部归领主所有；剩下的土地被称为“份地”，领主将“份地”租给佃户耕种，收入归佃户所有，但有两个附加条件，第一，佃户必须一周到领主的“自留地”工作三天；第二，佃户必须缴纳捐税。为了生活，佃户们过着日出而作，日落而息的生活，年复一年，日复一日，十分地辛苦，而他们吃的只是黑面包、一点咸菜，偶尔会吃一个鸡蛋，还有自酿的劣质啤酒。

没有人身自由，没有休息日，却管吃、管住，是西欧庄园的一大特点。

领主的庄园，即一个小型的国家。一般建有住宅、教堂、磨坊、仓库、马厩等设施，有各式各样的生产工具，有的大庄园内还有一定数量的手工业者，如木匠、铁匠、首饰匠、皮革匠等，生产手工业品。

大的领主有十几个庄园，小的领主只有一个庄园，这些大大小小的庄园构成了西欧封建社会的经济基础，成为维护西欧封建制度的经济命脉。

庄园法庭

一个大的庄园，有几个村子组成，上万人的规模，万一发生矛盾

或者纠纷怎么办呢？对此领主们设置了庄园法庭。

庄园法庭的法官自然是领主，领主既当裁判员，又当运动员，专门对付消极怠工或者不能完成劳动任务的佃农。庄园法庭没有专门的工作人员和办公场所，遇到纠纷，就去领主家里。领主在家里设立公堂，旁边站着膀大腰圆的家奴，农奴跪在地上聆听领主的训示。

虽然庄园法庭设置的初衷是维护领主的利益，但法庭的设置毕竟起到了维护公共秩序的作用，也使佃户之间的纠纷有了一个好的解决渠道。

庄园法庭通常是以罚金的方式处理各样违法行为，罚金归领主所有。所以佃户之间不敢有什么矛盾，因为他们打不起官司。闹事儿的人、打官司的人，需要摸摸自己的口袋，看看有没有钱。而大多数人会选择忍气吞声，反而有利于庄园内部的稳定秩序。

庄园法庭的设置，使领主的利益和庄园内的秩序得到了维护，也在一定程度上限制了领主的特权，毕竟审理案件需要一个至少表面正义的程序，这是从罗马法遗留下来的法治精神，所以领主也不敢明目张胆地欺压农奴，间接地维护了农奴的权益。

一、选择题

“庄园规定庄园中的男子不能娶庄园外的女子，同样庄园中的女子不能嫁到庄园之外，除非得到庄园主的特别恩准。”材料表明（　）。

A. 庄园主具有一定的权威　B. 庄园主完全决定农奴的婚姻

C. 庄园是西欧社会的基础　D. 庄园法庭限制庄园主的特权

二、读材料，回答问题

中世纪早期农奴制度促进了西欧主要农业组织形式——采邑的发展。采邑是大型庄园，包括土地、草场等，以及束缚在土地上的农奴。由于地区性国家建立了越来越有效的政治组织，地方上的封君和封臣管理着政治和军事事务，这一体系一般被历史学家称为封建制度。

——[美]杰里·本特利等《简明新全球史》

问题：概括西欧封建社会的主要特征。

3. 中世纪城市和大学的兴起

自由和自治的城市

中世纪是西方历史的一个分期，大约是从5世纪后期（西罗马帝国灭亡）到15世纪中期（文艺复兴、新航路开辟）。中世纪的社会形态为封建社会，15世纪后期的意大利人文主义者比昂多开始使用“中世纪”这一概念，意为介于“古典时代”和“近现代”中间的时代。

中世纪的农村以庄园为组织形式，那么中世纪的城市呢？他们都由哪些人组成？城市有没有封建领主呢？

西罗马帝国灭亡后，很多城市毁于战火，经过几百年的恢复和发展，到了10世纪，农业、手工业、商业又呈现出欣欣向荣的繁荣景象。但此时农业、手工业等行业出现了大量的剩余产品，因此领主、自由民急需寻找商业交易地点，于是欧洲的城市应运而生。可以说，商品经济是中世纪城市诞生和发展的根本推动力。

新型城市产生之后，急需一批年富力强的劳动力，而大量的劳动力都被固定在农村的土地上，忍受着年复一年的土地剥削。因此城市用给予户口、住房、子女上学等优惠政策来鼓励农村自由民来城市就业，很多封建农奴也大嚷着要去城市发财。他们在半夜悄悄地逃离了庄园，偷渡到城市，城市对此大开绿灯，并规定：只要进入城市满一年零一天，农奴就可以获得城市户口，从此获得人身自由，农奴主不得前来抓人，不得将他们重新变为农奴。城市的宽松政策，使得农奴们欢欣雀跃，他们以为找到了一条迅速致富的捷径。

可是大量的农奴涌入城市，他们在政治上获得了自由，但不少人却在经济上陷入了窘境。在农村，领主会为他们提供维持生活的最低保障，但想在城市生活，不仅要辛勤地劳动，还要有聪明的大脑，要有一技之长和一定的学习能力。很多进入城市的农奴，一无钱，二无技术，很快就沦为了底层贫民，没有固定的居所与收入，生死也不在政府的管辖范围以内，一旦失去工作，便很难再生存下去，甚至要沿路乞讨。而这个时候再想回农村也为时已晚，真可谓“留不下的城市，回不去的农村”。

当然，城市确实是一个可以展现个人才能的大舞台，也有很多进入城市的人，依靠辛勤的劳动，攫取了人生的第一桶金。后来经过几代人的积累，一部分人成长为银行家、大商人、手工作坊主，成为早期的资产阶级，终于实现了发财致富的美梦。

在封建制度的社会背景下，尽管城市宣称“空气使人自由”，但是城市的土地依然归封建主所有，所有的市民都需要向封建主缴纳赋税，听从其号令。随着商品经济的进一步发展，广大富裕的市民和早期资产阶级迫切希望得到自由权，他们凭借金钱赎买和武力斗争的方式，进行了坚决的抗争，到了13世纪，很多城市取得了自由权或者自治权，封建领主不能随意征税。

随着商品经济的发展，国王对于封君封臣制度也有了新的认识，因为他看到城市经济高度发达，通过商业能获得大量的税收，远比农村的封臣缴纳的贡税要多得多，所以国王也开始支持新兴城市，以争

取市民的支持和拥护。

11 世纪诞生了欧洲中世纪城市和农村，二者无论是在生活状况、衣食住行、休闲娱乐等各个方面都呈现出很大的差异：城市居民的生活自由度相对较高，娱乐也更为丰富；乡村生活辛苦枯燥，但农民的生活具有最低的保障，在自己狭小的生活空间中维持着和领主的关系。

同时，城市和农村又不能完全对立起来，城市的繁荣有赖于乡村提供的用以交换的农产品，二者就在这样对立统一的关系中，共同构成了中世纪欧洲社会生活的全貌。

大学的兴起

中世纪的欧洲，随着城市的发展，商品经济的发达，各行各业对实际应用人才的需求不断加大。此外国王、教会等掌握实际权力的“上层建筑”也希望培养更多的人才来为自己服务。因此政治层面、经济层面都体现了对人才的渴望，中世纪的大学就这样应运而生。

12 世纪，出现了最早的大学，没有固定的学校场所，通常由一个（或几个）有信誉的教师及其提供办学经费的赞助商，组成一个类似于教学和知识交易公会的团体。大学所用的房舍大多是向市民租赁，学生宿舍也不例外，学生要到校外租房子居住。有了教师和场地，还需要到教会去办理“办学许可证”。教会一般会下发“办学许可证”，但要学校法人承诺，不许他们发表与基督教相左的观点。

13 世纪，封建国家的国王和教皇给予大学更大的自主权，允许他们自治办学，比如大学可以免纳赋税，可以司法独立，可以教育自主。在国家和教会的推动下，欧洲各国的大学迅速发展起来，当时具有代表性且影响较大的有意大利的萨莱诺大学、博洛尼亚大学，法国的巴黎大学，英国的剑桥大学，德国的海德堡大学，捷克的布拉格大学，波兰的克拉科夫大学等。这其中的很多大学一直存续到今天，为世界各国培养了大量的人才。

中世纪下的封君封臣制度，实际属于贵族世袭，贵族们牢牢地把持着从中央到地方的各级行政权力。而民间的各行各业也基本上都是子承父业，例如，铁匠的儿子，从小跟着父亲学打铁；木匠的儿子，从小跟着父亲学做木匠，所有的手艺都属于家门传承，外人没有机会学习。所以一个人的命运基本上在他出生之前已经被决定了。但是大学的诞生改变了这一状况，大学的学位和丰富的知识，使得任何阶层的人都有了社会晋升的希望。这一社会功能吸引了来自欧洲各地的学生，权贵学生为了增加阅历，富裕学生为了学习技能，穷人学生为了出人头地，不管什么阶级出身，不管抱着什么样的目的，年轻的学子们都千里迢迢来到巴黎、博洛尼亚、牛津等城市求学，甘愿忍受短则四年长则十多年的枯燥求学历程。

中世纪大学的学位含金量很高，所以它代表着一份崇高的荣誉，硕士和博士的头衔更是意味着一种权威和地位，是竞争政府机构和教会职位的重要筹码，有了学位就有了获得高贵地位的机会，从而实现了一定的阶级流动，促进了社会公平的实现。

大学教育，唤醒了沉睡中的中世纪。

一、选择题

11—12世纪，西欧城市市民争取城市自治和反对封建贵族的意识强烈，琅城、威尼斯、佛罗伦萨、巴黎、伦敦等争取城市自治和反对封建贵族的故事在西欧民间广泛流传，并为市民称颂。这反映出当时（　）。

A. 市民浮躁落后的社会心态　　B. 资本主义经济快速发展

C. 市民文化和观念日益消极世俗　D. 市民阶层的价值取向

二、读材料，回答问题

“学者们免受地方法官的司法审判；在特殊的案件中，任何被传唤出庭的学生都可选择是由自己的教师审理还是由主教审理。”

问题：中世纪的大学除了享有材料中反映的特权外，还有哪些特权？大学课程设置的特点是？

4. 拜占庭帝国和《查士丁尼法典》

逆袭帝王——查士丁尼

395 年，罗马帝国分治为东、西罗马帝国之后不久，西罗马帝国便日暮西山，并在几十年之后灭亡，但东罗马帝国却稳如泰山，一直存续了一千多年，才被奥斯曼帝国灭亡。

330 年，罗马皇帝君士坦丁迁都帝国东部大城市——拜占庭，后来改称君士坦丁堡。罗马分治以后，拜占庭归东罗马帝国所有，所以后代史学家也称东罗马帝国为拜占庭帝国。

拜占庭帝国的版图涵盖了希腊以及亚洲西部和非洲东部地区，这些地区有农业发达的埃及、叙利亚，也有很多大都市和国际海港。它的农业、工商业都非常繁荣，所以帝国秩序非常稳定，尽管他经历了 12 个王朝，但从来没有被外族人统治。

527 年，拜占庭帝国诞生了一位伟大的皇帝——查士丁尼。查士丁尼被后代史学家称为罗马帝国最杰出的帝王之一，几乎与伟大的君士坦丁大帝并驾齐驱。那么查士丁尼到底是个怎样的人？又为何会让后代史学家如此推崇？

查士丁尼生长在一个普通的农民家庭，他之所以能够发迹，完全靠他的叔父查士丁。据说查士丁目不识丁，但头脑机智且勇敢，他很小便投入军伍，并获得了皇帝阿纳斯塔修斯一世的信任，担任了皇家卫队长。阿纳斯塔修斯一世去世时，没有制定继承人，在其侄子查士丁尼的怂恿下查士丁当了皇帝，因其战功卓著，所以元老院认可了这个结果。

查士丁做皇帝时，已将近七十岁的高龄，他当上皇帝后便培养侄子查士丁尼，在叔父的帮助下，查士丁尼受到了良好的教育。525年，查士丁尼获得恺撒称号，527年4月，查士丁尼称奥古斯都，与查士丁共执朝政。8月，查士丁去世，查士丁尼一世在元老院及军队的支持下，顺利地登上了皇帝的宝座，开始独掌朝政。

查士丁尼做皇帝以后，精力极其旺盛，组织能力超强，人称“永不睡觉的帝王”。他的妻子狄奥多拉是个美丽、聪明且有野心的女人，她鼓励丈夫四处杀伐，以此建功立业，做一个伟大的帝王。在妻子的鼓励下，查士丁尼的战斗力被空前地激发了出来，国内的反对派和四周的邻国迎来一场前所未有的腥风血雨。

查士丁尼刚当皇帝不久，国内爆发了著名的“尼卡起义”，尼卡在罗马语里是胜利的意思。尼卡起义很有戏剧性。它源于一场马车竞赛。每年君士坦丁堡都会举行马车竞赛，观众和选手们分为蓝党和绿党，这两个党派不仅是马车竞赛组织，他们背后有着复杂的政治、宗教关系。在一次大赛中，两党又因为比赛结果产生了分歧，开始了大规模的冲突，在争吵无果之后，他们来到了皇宫，找皇帝查士丁尼做判决。查士丁尼躲闪不及，卷入了这场复杂的争斗当中，后来两党由对彼此的不满演变成对查士丁尼的不满，大家一边喊着“尼卡，尼卡”，一边冲向皇宫，查士丁尼恼羞成怒，残酷镇压起义。

平息了国内叛乱之后，查士丁尼便开启了疯狂的对外扩张，他率领军队打败了东部的萨珊波斯，在西部征服北非汪达尔王国，踏平了

西罗马帝国灭亡了，东罗马帝国（拜占庭）却混得风生水起。

意大利东哥特王国，并占领西哥特王国南部，国土面积再现昔日罗马帝国的辉煌，地中海再次成为拜占庭帝国的内湖，常规军队达60万人。所以查士丁尼“罗马大帝之一”的称号是当之无愧的。然而让后世铭记他、尊重他的原因，并不是他的赫赫武功，而是他给后世留下了流传千古的《查士丁尼法典》。

《查士丁尼法典》

讲罗马法时，我们提到罗马法大致经历了习惯法、公民法、万民法三个时期，到了查士丁尼时期，他雄心勃勃地审视这些法典，认为这些旧有法典具有无法掩蔽的缺陷，需要进一步系统地整理、完善。查士丁尼要为他的帝国留下一套系统的、完备的法典，要为后世提供一种可以永久恪守的行为规范。为此他专门成立了一个法律研究委员会，系统地编纂罗马帝国的法律。

经过几年的编纂，529年《查士丁尼法典》横空出世，法典共12卷，按年代顺序排列罗马皇帝敕令的摘录，上面标出颁布敕令的皇帝的名字和接受人的姓名，末尾注明日期。《查士丁尼法典》颁布后，又陆续颁布了《查士丁尼法学总论》《查士丁尼学说汇编》和《查士丁尼新律》3部分，来作为《查士丁尼法典》的续编。

此外，法律研究委员会还颁布了有关法律问题的论文和著作汇编的《法学汇纂》，指导学习法律文献的《法理概要》，查士丁尼还命人将自己执政时期的法令编辑为《新法典》，以上法律统称为《罗马民法大全》。

《罗马民法大全》依然承认奴隶制，例如，该法律规定奴隶与隶农必须无条件地服从他的主人，对不服从者处以重罚甚至死刑。该法典承认皇帝的权力至高无上，不受法律的约束。毫无疑问，《罗马民法大全》维护的是奴隶主贵族的利益。

然而，该法典也给予奴隶一定的自由，例如，规定奴隶主不能随意处死奴隶，如果要处死奴隶，需要走法律程序，奴隶的权益终于在查士丁尼的法典中，迈出了可怜的一小步。该法典继承了之前罗马法的“私有财产不可侵犯”，对财产、买卖、债权、契约做出了明确的规定，为近代西方资本主义民法奠定了基础。例如，近代的英国、法国、德国在修订法律的时候，他们剔除了《查士丁尼法典》中的“皇帝万能论”和时过境迁的维护奴隶制的条文，其余有关民法的部分，基本以《查士丁尼法典》为蓝本，进行适当地修订。可以说《查士丁

尼法典》是罗马法的完备时期。

拜占庭帝国的灭亡

拜占庭帝国在查士丁尼统治时，曾强盛一时，但盛世的背后，也隐藏着种种危机。被查士丁尼打败的萨珊波斯、拜占庭帝国南部的黎凡特、北非地区叛乱频发，而查士丁尼的连年征战，又耗空了国库，使国家出现了严重的财政危机。此时上天似乎也没有了怜悯之情，降下了空前的大瘟疫。查士丁尼本人比较幸运，虽然他也被传染了瘟疫，但因为年幼时有过瘟疫被治好的经历，他身体里有抗体，所以并无大碍，但其他国民就没有这样的好运气了，约有六百万人在这场瘟疫中丧命。

查士丁尼活了 83 岁，寿终正寝，而他的帝国也随着他的离世，大踏步地迈向深渊。查士丁尼去世后 5 年，570 年，一个叫作穆罕默德的阿拉伯人在阿拉伯半岛的麦加出生，610 年他创立了伊斯兰教，并且迅速在阿拉伯地区传播，不久他的继任者便陆续建立了阿拉伯帝国、奥斯曼帝国。在此后的几百年，伊斯兰国家都以攻占拜占庭帝国为己任，拜占庭帝国的国土逐渐被蚕食，整个地中海的世界也随之改变。

拜占庭帝国面对强敌，走投无路，曾寄希望于欧洲的“白兄弟们”，看在都信仰上帝的分上，大家都是同宗同族，总不能见死不救吧？而西欧封建国家收到拜占庭帝国的紧急求救后，也确实整军备战，他们脖子上戴着“十字架”，人称“十字军”，一路急匆匆地杀了过来，但他们不是来救援的，而是来趁火打劫的。1204 年，十字军凭借强大的军力攻陷了君士坦丁堡，拜占庭帝国一度灭亡。从欧洲远道而来的“白兄弟们”在君士坦丁堡一阵狂掠，然后建立了一个短暂的拉丁帝国，但拉丁帝国是欧洲各国拼凑的一个傀儡国家，无兵无钱，基本靠向欧洲各国化缘来维持生存，成了当时欧洲著名的“乞丐帝国”。

1261 年，拜占庭帝国皇帝击溃了拉丁帝国的残余军队，收复了君士坦丁堡，国家主权得到恢复。可是此时拜占庭帝国的国土，仅保留了君士坦丁堡周围的几个孤零零的城市，其余周边地区都被强大的奥斯曼帝国所占据，拜占庭帝国不得已，向奥斯曼帝国称臣纳贡，但奥斯曼还是决定要彻底消灭拜占庭，夺取千年古都——君士坦丁堡。

1453 年，奥斯曼帝国皇帝穆罕默德二世征集军队 15 万，战船千艘，浩浩荡荡杀向君士坦丁堡，而中国的四大发明之一 ——火器的传入，无意之中帮了奥斯曼帝国的大忙。匈牙利籍火炮设计师乌尔班根据中国的火器原理，掌握制造巨炮的技术。他曾前往拜占庭帝国售卖技术专利，但拜占庭帝国无钱研究，甚至不能按时给乌尔班发放工资，结果乌尔班无情地离开了君士坦丁堡，转而投靠了财大气粗的奥斯曼帝国。乌尔班为穆罕默德二世研制出了超级大炮，大炮重 1500 磅（约 680 公斤），射程 1 英里（1609.344 米），威力巨大。历经千年沧桑的千年古都——君士坦丁堡，在这座超级巨炮的面前，瑟瑟发抖。

1453 年 4 月，穆罕默德二世的大军包围了君士坦丁堡，拜占庭帝国的守军只有不到一万人，却坚持抵抗，拜占庭帝国的勇士利用各种战法，他们破坏敌人的暗道，不怕牺牲，在城楼上拼死反击，利用微弱的兵力，阻击了十几万敌军一个月的疯狂进攻。

然而，敌众我寡，最终奥斯曼大军乘船攻入防守薄弱的金角湾，拜占庭帝国末代皇帝君士坦丁十一世见城池将破，心急如焚，他脱下身上的紫袍，持剑冲上前去，最终战死沙场，这也意味着拜占庭帝国

的彻底覆灭。

拜占庭帝国是一个千年帝国，它继承了希腊、罗马的文明，又因地处西亚、北非地区，是亚洲、欧洲、非洲三大洲文明的融合体。有的学者认为，拜占庭帝国的陨落，是中世纪时代结束及文艺复兴时代开始的重要标志，由此可见，拜占庭帝国有着极其重要的历史地位。

一、读文思考

通过阅读该小节，我们可以得出查士丁尼是一个伟大的皇帝，请列举出“伟大”的具体事例。

二、学历史，提建议

通过学习《查士丁尼法典》，谈谈你对我国法治建设的认识和建议。

本章思维导图

王老师划重点

第三章 封建时代的欧洲

- 基督教兴起
  - 时间：1世纪
  - 人物：耶稣
  - 地点：巴勒斯坦
- 法兰克王国
  - 改革：对土地分封进行改革
  - 影响：形成封建制度，封君封臣制度
  - 发展：查理曼帝国，843年分裂为三个国家
- 西欧庄园经济
  - 土地：领主的"直领地"和佃户的"公用地"
  - 庄园法庭：维护庄园秩序
- 城市与大学兴起
  - 城市兴起：10世纪左右，城市兴起，并诞生市民阶级和早期资产阶级
  - 大学兴起：被称为欧洲中世纪教育"最美好的花朵"
- 拜占庭帝国
  - 重大事件：《查士丁尼法典》颁布；1453年，拜占庭帝国灭亡

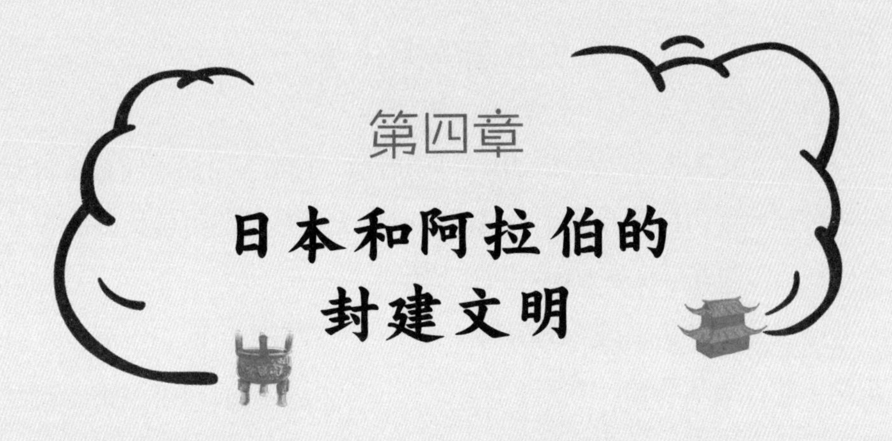

第四章 日本和阿拉伯的封建文明

1. 古代日本文明

高仿中国的大化革新

1 世纪至 2 世纪，也就是中国汉朝时期，日本当时还不叫日本，而是叫倭国。倭国的称呼源于中国东汉时期光武帝赏赐给倭奴国一颗大金印，金印刻着“汉委奴国王”五个大字。

倭国并不是一个统一的国家，而是由一百多个小国家组成，它们杀伐不断，战乱频繁。直到 5 世纪，一个叫大和国的国家，凭借武力统一了日本诸国，大和国的国王被称为大王，但国家是由贵族治理，贵族们都有自己的部落、领地、士兵、奴隶，因此大和国的大王，几乎没有任何权力，类似东周时代的周天子和墨洛温王朝的那些“懒王”，大和国的历代大王因没有权力，而非常地苦恼。

到了隋唐时期，中国国力空前强大，政治制度和教育制度都有重大的创新，如三省六部制、科举制等。日本大和国仰慕中国的先进文化和先进制度，特派遣隋使、遣唐使前往中国虚心学习。

按照文献记载，大和国一共派遣了六批遣隋使。607 年，大和国特使给隋炀帝递交国书时，声称日本君主为“日出处天子”，而称隋朝皇帝为“日没处天子”。隋炀帝看到后不高兴，对鸿胪卿说：“蛮夷的书信如果有无礼的，就不要拿来给我看了。”大和国的外交称呼行为，惹恼了隋炀帝，致使两国外交关系陷入冰点。对其而言幸运的是，没过几年隋朝便因为暴政而灭亡了。

在唐朝时，日本加大了向中国派遣遣唐使的次数，日本遣唐使在中国学习了很多东西，而且他们认为“倭国”这个国名不雅，因此改名为日本。唐高宗李治称自己天皇，其含义是：与“天”齐平，功绩超越“皇帝”的帝王。日本遣唐使觉得天皇这个名称很是高大上，因此盗用了唐高宗的专利，将这一称呼带到了日本，从此日本的大王正式改名为天皇，这个称呼一直沿用到了今天。

为了改变贵族专政，加强天皇的权力，646 年，日本孝德天皇进行了改革，因为他的年号为大化，所以史称“大化改新”。说到孝德

万水千山，隔不断日本的访华之路。

天皇，我们便不得不说一说“乙巳之变”。在一次宴会中，日本皇族中大兄皇子突然拔剑，刺杀了大贵族苏我入鹿，在场的许多贵族大惊失色。苏我入鹿的父亲苏我虾夷见皇族发威，顿时感到恐惧，第二天在家里自焚而死，众皇族和大多数贵族拥立轻皇子即位，史称“孝德天皇”。

大化改新在政治、经济两个方面进行了深层次的改革。在政治上，实行以天皇为核心的中央集权制度，地方官员由中央任命。在经济上，将贵族的私地、私田收归国有，由国家分配给农民耕种，并且向他们收取赋税。

大化改新稳定了日本的社会环境，使社会经济得到了发展，为以后的繁荣奠定了基础，是日本由奴隶社会向封建社会过渡的标志。

幕府统治与武士阶层

大化改新之后，日本政通人和，天皇掌握实际权力，各地官吏唯天皇马首是瞻。然而随着岁月的变迁，日本出现了很多的豪强地主，他们属于大名阶层，即各地的藩主，藩主们兼并土地，建立庄园，并且拥有私人卫兵，这些卫兵被称为武士，他们非常忠诚于他们的主人。武士的理念为“毫不留念的死，毫不顾忌的死，毫不犹豫的死”。

武士道精神最典型的行为是切腹，即打了败仗之后，无颜面对主人，而选择用短刀豁开自己的肚子，由于这种方式疼痛难忍，急需速死减轻痛苦，所以旁边还站着一个“介错人”，介错人在自杀者剖开肚子的一刹那，立即抽出砍刀，用闪电般的速度将对方的脑袋给切下来，减少自杀人的肉体痛苦。第二次世界大战，日本战败，很多战犯为了逃避战争惩罚，以忠于天皇的名义，用这种极端的、变态的方式结束了自己的生命。

在藩主和武士的上面还有一个征夷大将军，他们居住和办公的地方被称为幕府，所以征夷大将军又被称为幕府将军。虽然幕府将军上面还有天皇，但此时的天皇仅仅是国家的精神象征，实际掌握权力的是幕府将军。日本的第一个幕府将军叫源赖朝，因为他结束了长时期各地领主的战乱，而被朝廷委以重任，但他和曹操一样，功成名就之日，就是他“挟天皇以令诸侯”之时，由于源赖朝的幕府设在镰仓，所以史称镰仓幕府。

此后幕府又经历了两次改朝，1336 年，镰仓幕府反叛后醍醐天皇，藩主足利尊氏以“清君侧”的名义，率军攻入京都，推翻了统治近二百年的镰仓幕府，由于足利尊氏的领地在京都的室町，所以史称室町幕府。足利尊氏执政后，依然选择架空天皇，维持幕府的统治，我们儿时看的动画片《聪明的一休》里的将军，就是足利尊氏的孙子足利义满。动画片里的足利义满憨厚可爱，经常耍一些小聪明难为一休。而现实中的足利义满却是很有雄才大略的，在他爷爷足利尊氏担任大将军的时候，还有很多不服从的各地藩主，足利义满利用自己的铁腕手段，震慑了他们，完成国家统一，成为室町幕府鼎盛期的缔造者。

1573 年，室町幕府终结。日本再次陷入军阀混战时期，到了 1603 年，江户藩主德川家康统一了各地，结束了叛乱，建立了德川幕府，因为封地在江户，所以又称为江户幕府，天皇依然被幕府架空。

在幕府统治的七百多年，日本形成了天皇作为精神象征，幕府将军把持中央政权，各地大名藩主控制地方政权，武士阶层作为日本的

军事力量的统治局面和等级制度，这属于统治阶级。而农民、手工业者、商人都属于被统治的劳动阶级。

1868 年，日本明治天皇开启了明治维新，结束了封建等级制度以及幕府的统治，但最恶劣的武士道精神，却被日本当作民族瑰宝给保留下来，成为日本在世界发动疯狂战争的精神源泉。

一、辨析题

从646年开始，日本仿效唐朝的典章制度进行了一系列改革，史称“大化改新”。（辨析对错并说明原因）

二、历史趣闻

一休和尚

《聪明的一休》是一部非常火热的动画片。动画片里的一休很小就离开了妈妈，幕府将军足利义满将他送到安国寺出家。真实的一休真的是这样吗?

一休原名为一休宗纯，他的父亲是后小松天皇，母亲为藤原氏。据说一休是父母的私生子，所以一休不具备皇族的身份，当时的幕府将军足利义满送一休出家。

一休和尚非常聪明，这引起足利义满的高度警惕。但当时一休年龄尚小，所以足利义满也没有过多的难为一休。1409年，足利义满去世，他的儿子足利义持继承了幕府将军的职位，而一休和尚此时成长为一个聪明伶俐的少年。面对长大的一休，足利义持非常担忧，便想到一个谋害一休的办法。他在家里做好布置之后，便派人请一休到府邸。一休到达后，发现屏风上的大老虎，从竹林中正凝视着自己。此时，足利义持对他说：“这只老虎凶暴无比，真伤脑筋，你用绳子把它绑起来！”周围的人听了，都暗自为一休捏了一把汗，一休再怎样

机智，这次肯定也完了。孰料，一休一点也不害怕，只见他卷起袖子，头上绑上头巾，手拿着绳子说：“将军，我已经准备好了，请你把老虎赶出来。”足利义持听了，顿时语塞。

后小松天皇非常想念一休，觉得愧对儿子，他经常宣一休觐见，但父子只能相互寒暄，却不能相认，手中无实权，任你是天皇也无可奈何。若干年后，一休长大成人，经过不断地学习，他成了一代高僧，到处宣讲佛法。1481 年，一休病逝，享年 88 岁。

2. 阿拉伯帝国

穆罕默德和伊斯兰教

6 世纪末 7 世纪初，阿拉伯半岛并没有统一，整个半岛地区居住着若干个大大小小的部落，他们过着游民生活，为了争夺草原和牧场，他们相互厮杀，这段时期被称为“黑暗时代”。然而时势造英雄，570 年，一个男孩在阿拉伯半岛麦加城古莱氏部落哈希姆家族降生，他就是伊斯兰教的创始人穆罕默德。

传说，610 年的某一天，40 岁的穆罕默德在希拉山洞潜修冥想时，睡意蒙眬的他看见真主安拉（伊斯兰教的神）派遣天使吉卜利勒向他传达旨意，“启示”《古兰经》文，并且授命他作为安拉的使者，穆罕默德便背负起安拉的神圣使命，劝导人们信奉伊斯兰教。而穆罕默德被阿拉伯人奉为先知，即最早领会安拉意志的人。

622 年，穆罕默德在穆斯林教徒的簇拥下，向阿拉伯半岛的神圣城市麦加进军，并且以少胜多，打败了麦加贵族的军队。麦加贵族被迫接受伊斯兰教，承认穆罕默德为“先知”，从此伊斯兰教在整个阿拉伯半岛有了独尊的地位，而穆罕默德以先知的身份，成为整个伊斯兰世界的精神领袖。

632 年 6 月 8 日，穆罕默德与世长辞，享年 63 岁。他去世后，

希拉山洞里诞生的伊斯兰教，影响
了阿拉伯地区一千多年的历史。

穆斯林追随者将他安葬于麦地那“先知清真寺”内。穆罕默德的言行录——圣训，成为信仰、行教、立法和社会生活及行为的准则。

阿拉伯帝国的盛与衰

穆罕默德去世之后，追随他的穆斯林建立了阿拉伯帝国。阿拉伯帝国经历了三个时期，即四大哈里发时期（632—661 年）、倭马亚王朝（661—750 年）、阿拔斯王朝（750—1258 年）。

盛极时代的阿拉伯帝国，疆域东起印度河及葱岭，西抵大西洋沿岸，北达高加索山脉、里海以及法国南部，南至阿拉伯海与撒哈拉沙漠，国土面积达1340万平方公里。

阿拉伯帝国疆域如此广大，自然离不开战争的助力，而在诸多战争中，阿拉伯帝国与中国大唐王朝的边境战争，则是永远绕不开的一个趣味话题。

两国之间最著名的一场战役是发生在怛（dá）逻斯城（今哈萨克斯坦的塔拉兹市），所以史称怛逻斯之战。这次战役的起因是阿拉伯与唐朝在中亚的利益冲突，双方剑拔弩张，谁都不肯让步，而中亚诸国也分为两派，一部分支持阿拉伯，一部分支持唐朝，所以擦枪走火，属于很正常的事情。750年，因为中亚的一个叫石国的小国家对唐朝不敬，所以安西将军高仙芝率领大军攻克石国，石国王子向阿拉伯紧急求援，阿拉伯帝国的呼罗珊总督艾布·穆斯林投入了五万兵力，而大唐投入了三万兵力，顿时两大帝国上空乌云密布，大战一触即发。

唐朝的安西军长途奔袭，高仙芝从安西出发，骑马狂奔了七百里，中间穿过大漠、高山，历时三个月，安西大军才抵达战场怛逻斯城，与阿拉伯帝国的军队在大戈壁的荒滩上，刀来枪往，马颈相交，展开了殊死的战斗。由于两支军队的战斗力极强，杀了五天五夜，竟然难分胜负。高仙芝为了争取战争的胜利，紧急争取了中亚一个叫葛逻禄部落的支持，他们答应出兵两万支持大唐帝国，高仙芝很高兴，以为稳操胜券。孰料，葛逻禄部落在战争关键时刻，怯战逃散，战争形势顿时急转直下，安西军败退下来，阿拉伯帝国取得了战争的胜利。

恒逻斯之战后，阿拉伯帝国与唐朝选择握手言和，但世界其他国家可就没那么幸运了。阿拉伯的军队最远打到了今天的西班牙，消灭了当时的西哥特王国。阿拉伯还远征并且占领了埃及。

然而阿拉伯帝国维持了几百年之后，也走向了衰落。西班牙、埃

及等地陆续独立，阿拉伯帝国又恢复到扩张之前的区域。通常通过军事占领建立起的大帝国，后续如果没有经济和新的生产力作为支撑，只单纯依靠暴力维持，一旦遇到更强悍的对手，便会在顷刻之间瓦解。很不幸的是，阿拉伯帝国便是如此。在他衰落的时候，碰巧遇到了一代天骄成吉思汗的子孙。

1252 年，成吉思汗之孙旭烈兀奉其兄蒙哥可汗之命西征。他率领蒙古军队洗劫了波斯、小亚细亚、美索不达米亚和叙利亚等地区。1258 年，蒙古大军包围了阿拉伯帝国首都巴格达，末代哈里发（阿拉伯政教合一的领袖）穆斯台绥木喜欢财宝，城破之后，蒙古统帅旭烈兀将穆斯台绥木和他的宝藏囚禁在一起，告诉他饿了可以吃自己的财宝充饥。最后蒙古人用地毯将穆斯台绥木包裹后，让战马踩踏地毯，穆斯台绥木最终悲惨地死去，阿拉伯帝国也随之灭亡了。

包容的阿拉伯文化

虽然阿拉伯是一个政教合一的帝国，但是阿拉伯人却很重视文化建设，历代统治者都十分重视教育，他们修建图书馆、建立科学院，并且大肆吸收被占领区的文化，例如，将希腊、波斯、埃及、印度等地的文化都融进了阿拉伯文化。所以说阿拉伯文化是在一个不断交融的过程中形成的，它源源不断地吸收各地文化的精华，建立起了一个庞大的伊斯兰世界，也建立起了一个包容世界各地的阿拉伯文化。

我们所熟知的阿拉伯数字，本是印度人发明的，但阿拉伯人将这项发明传到了欧洲，所以我们称其为阿拉伯数字。阿拉伯数字的闯入促进了西方数学的发展。而阿拉伯帝国在数学、医学方面也有很大的进步。

但最让人津津乐道的还是阿拉伯的故事《一千零一夜》，别名《天方夜谭》。之所以叫《一千零一夜》，那源于一个有趣的故事。故事说，古代阿拉伯地区有一位国王叫山鲁亚尔，他生性残暴，竟然杀死了自己的王后，此后他每天都要娶一个女孩，第二天早上再杀掉她。一个名叫山鲁佐德的女孩，为拯救无辜的女子，自愿嫁给残暴的国王。聪明的山鲁佐德用讲述故事的方法吸引国王，由于她的故事讲得很好，国王不忍心杀她，便让她继续讲下去，她的故事一直讲了一千零一夜，国王终于被感动，与她白首偕老。我们大多读过《一千零一夜》，该书趣味无比，妙语连珠，大文学家高尔基称这本书为世界民间文学史上“最壮丽的一座纪念碑”。而这也是阿拉伯文化带给人类文明的重要贡献。

此外，阿拉伯帝国地处欧洲与亚洲的交界处，沟通了中国和西方的交往，中国的造纸术、火药、指南针等先进科学技术都是经由阿拉伯传入欧洲。虽然西方史学家一再强调，阿拉伯帝国施加重税，阻断了中西交往的通道，迫使他们开辟新航路。但事实证明中西交往并没有因为阿拉伯的存在而断绝，阿拉伯帝国很好地扮演了东西方文化沟通的角色。

一、辨析题

622年，穆斯林公社在麦加建立，阿拉伯国家的雏形由此诞生。（辨析对错并说明原因）

二、选择题

美国科学家迈克尔·哈特著有《人类史上最有影响的百位人物排名》一书，穆罕默德排名居百位人物之首。你认为他能位居榜首的主要原因是（　）。

A. 他是伊斯兰教的创始人

B. 他建立了历史上第一个伊斯兰教国家

C. 他建立起地跨欧、亚、非三大洲的阿拉伯帝国

D. 他完成了创立宗教和建立统一国家的双重历史使命

本章思维导图

王老师划重点

第四章　日本和阿拉伯的封建文明

古代日本
- 建国：1-2世纪，日本有100多个小国家
- 统一：5世纪，大和国统一日本
- 改革：646年大化改新，日本由奴隶社会发展为封建社会
- 统治
  - 阶级结构：士农工商
  - 统治模式：幕藩体制

阿拉伯帝国
- 伊斯兰教：穆罕默德在麦加传教
- 扩张：以伊斯兰为纽带，建起地跨亚非欧的阿拉伯帝国
- 文学代表作：《天方夜谭》

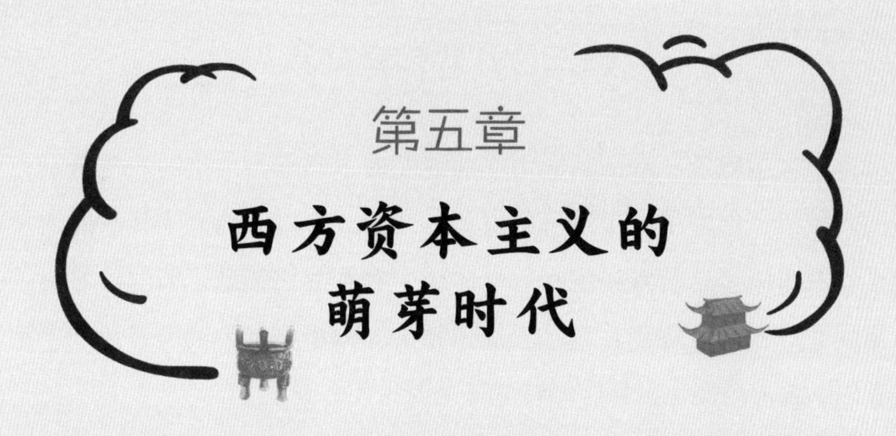

第五章

西方资本主义的萌芽时代

1. 转型欧洲——西欧经济和社会的发展

新的生产方式和经营方式

中世纪晚期，欧洲的城市空前地发展了起来，大量的农村劳动力涌入城市，促进了城市经济的发展。然而，农村劳动力为什么能大量进入城市呢？这与农村生产关系的转变有着密切关系，旧的封君封臣制度和庄园制度逐步瓦解，农奴和领主的关系与自由民的择业观念都发生了很大的变化，那这一转变又是因为什么呢？

11 世纪以后，欧洲各地开展起了开垦运动，大量的林地、荒地、沼泽地被开发，这些土地有一些是农民自发开垦的，所以一部分农民成了新的农场主，拥有了土地这一宝贵的生产资料。新开垦的地区，吸引了各地的农民、商人、手工业者，久而久之，这里就形成了一座座城市。城市享有自治权、行政独立权、完全司法权，很少受到世袭贵族的袭扰。

随着人口渐渐地向新兴城市流入，封建领主的庄园经济就渐渐地没落了。庄园内田地荒芜，人口稀少，一片残垣断壁的破败景象。面对萧条的庄园，封建主索性大度了一次，允许农奴缴纳一笔钱之后，自由择业，解除人身依附关系，交钱来换取人身自由，农奴们很高兴，卖力赚钱以求“赎身”。还有一些封建主将土地全部出租，不再参与生产管理，按月收取固定的地租，对此农民的生产积极性空前提高，部分富裕农民将土地集中，开办了一些小型农场，经过辛勤劳动，慢慢积累起不少资产。这部分人则被称为“租地农场主”，意思是没有土地的人，通过大量的包租土地，雇用工人干活，成了早期的农业资本家。

土地集中使用，有了资本的运作，生产效率得到了空前的提高，出现了大量的农产品，用以供给城市，农民赚到了钱，生产积极性暴涨，而城市也因此减轻了吃粮压力，城市市民更好地投入手工业、商业的运营当中，经济进一步活跃了起来。

以前的手工业主要是农业的补充，自给自足，很少供应市场。而13世纪以后，手工业者主要为了市场而生产，部分地区还出现了当地特产经营。如佛兰德斯的呢绒，米兰的甲胄，托莱多的刀剑，尼德兰的船只和英国的羊毛纺织品。

随着手工业的扩大，手工业的经营方式发生了变化，以前一家一户的小作坊发展为手工业工场。其特点如下：第一，工场主提供原料、设备、场地，这也就是我们今天的老板；第二，雇佣关系的出现，即工场主雇用工人干活儿，向工人支付工资，而工人依靠出卖劳动力而获得劳动报酬；第三，工人在集中地点、集中劳动。

手工业工场的出现，分工明确，生产效率提高，标志着资本主义生产关系正式产生。尽管它的成长过程还很缓慢，尚属于萌芽状态，但这也确实是一个时代的飞跃和巨大的进步。

资本主义萌芽的诞生，揭开了人类文明的曙光。

新兴阶级的产生

上一节我们讲到农村和城市分别出现了新的生产方式，即新型农场和工场手工业。相应地，富裕农民和市民阶级也应运而生。

富裕农民原来是给封建领主打工的庄头，如果说封建领主是土地产权所有者，那庄头便是土地实际管理者，他们具有很好的管理能力和运营能力。随着商品经济的发展、新兴城市的兴起，庄头们承包了封建领主的土地，经过几代人的经营，他们不仅用金钱赎买了主人的土地，又扩展了其他土地，种植经济作物，成了一个具有影响力的新阶层。

而城市市民大多从事商业和手工业，他们是城市发展的核心力量，为国王、城市封建主、教会等上层阶级缴纳大量的赋税，因此换取了特殊法律地位、教会许可状等优惠条件。他们经商致富后，又拿出一部分金钱到农村购买土地，成为新兴农场主，进而获得了农业生产资料。

可以说，富裕农民阶级和市民阶级拥有大笔金钱，可谓富比王侯，虽然他们没有实际的政治权力，但稳定、坚实的经济支撑成为日后他们索取政治权力的基础。13 世纪，英国、法国召开议会，市民作为第三等级出席会议并发表政治见解。几百年以后，第一等级的教会、第二等级的国王、城市封建主或者退出历史舞台或者统而不治，而城市市民阶层中的佼佼者，占据议会多数席位，成了管理城市的真正主人。

一、选择题

马克思说："租地农场主成了这种农业工人的实际支配者，成了他们的剩余劳动的实际剥削者，而土地所有者现在只和这种资本主义租地农场主发生直接关系，而且是单纯的货币关系和契约关系。"这种土地关系带来的变化是（　）。

A. 促进了农业发展　　B. 推动了资本主义化

C. 确立了资本主义制度　　D. 巩固了资产阶级统治

二、读文思考

通过阅读本小节，中世纪的市民阶层是如何形成的？

2. 思想文化的变革时代——文艺复兴

人与神的权力之争

14世纪中叶，意大利的佛罗伦萨、威尼斯等地成为文艺复兴的源头城市。那何为文艺复兴呢？文艺即文学艺术，复兴是将古希腊、古罗马的文学艺术再次复兴起来。那为什么要复兴古希腊、古罗马的文学艺术呢？其实刚刚登上政治舞台的资产阶级是醉翁之意不在酒，这个时候的资产阶级还没有自己的意识形态，为了反抗中世纪的教会，他们要借用恢复古希腊、古罗马的文化来达到思想解放的目的，以挣脱罗马教廷的精神控制。

中世纪的封建神学提倡虚伪的禁欲主义，号称“富人进入天堂，比骆驼穿过针眼还要艰难”。这对以发财致富为座右铭的新兴资产阶级来说，无疑是当头一棒，他们提倡解放人性、赚钱无罪、及时行乐等世俗观念。而古希腊、古罗马的早期人文主义恰恰有符合这些观念的思想理论。

然而，为什么要说教会的禁欲主义是虚伪的呢？这里必须提一下中国儒家祖师孔子的一句名言“己所不欲，勿施于人”，自己都不愿意做的事情，不要强加给别人。而罗马教会表面提倡禁欲主义，其实它比谁都腐败。中世纪的罗马教会是当时欧洲最富有的一个单位，它

不仅向欧洲世俗国家征收什一税（即每个基督徒要将十分之一的收入交给教会或者教皇），而且广大封建领主为了得到教会的支持和庇护，给教会、教皇赠送了大量的土地、财物。富有的新兴资产阶级倒不在乎那点钱，但他们忍受不了这种严密的精神控制。教皇富可敌国，他们花天酒地，包养情妇，却教育别人禁欲，所以说他们的禁欲主义是虚伪的。这也让新兴资产阶级以“文艺”作为武器，对他们展开了猛烈地抨击。例如，教会主张禁欲，而他们就以宣扬人体美的名义，画一些裸体模特；教会认可的神的形象，一个个都很肃穆、威严，但资产阶级认可的神，一个个表情随性，姿态杂乱，总之在文艺领域，资产阶级处处和教会作对。

从以神为本到以人为本，文艺复兴告别了中世纪时代。

文艺复兴的实质是资产阶级反对封建制度的文化运动。它抨击了教会“神权至上”的理念，提倡以人为核心，促进了人们思想的解放，这场运动持续了三百多年，为此后的宗教改革、启蒙运动等思想解放运动打下了坚实的基础。

文艺复兴的产物

文艺复兴的成就主要集中在文学、绘画、戏剧三大领域。文学领域的早期代表人物有但丁、彼特拉克、薄伽丘，他们三人并称为“文学三杰”。但丁的代表作是《神曲》，这部文学作品讲述了一个离奇的故事：一天，但丁在森林中迷路，危急之际，罗马诗人维吉尔受贝雅特丽齐之托付，带领但丁穿过地狱、净界、天堂。

这段旅程中，但丁看到了活在地狱之中的有罪人的惨状，他们或者受到了魔鬼的撕咬；或者双眼被铁丝缝合；或者身体上背负重石，艰难地前行。而天堂是善良灵魂居住的场所，充满了光辉、欢乐和博爱。经过漫长的旅程，但丁最后终于见到了上帝。

《神曲》共分 3 篇：地狱、净界（炼狱）、天堂，每一部分由 33 章组成，加上最前面的序章，全书共 100 章。《神曲》的反封建神学体现在，按照罗马教会的解释，教皇是上帝在人间的代表，凡人是无法见到上帝的，凡人必须通过教会和教皇间接地与上帝接触，而在但丁的笔下，自己不仅见到了上帝，还见到了天堂和地狱的一些具体的情景，这也就间接地反击了封建神学的一些宗教原理，具备了反封建的性质。

彼特拉克被后世称为“人文主义之父”，因为他在教会做过教士，后来还做过教皇的秘书，所以他近距离接触了教会的腐败和黑暗。彼

特拉克辞去了教职，因为他喜欢自由写诗，所以他投入到文学创作之中，代表作有叙事史诗《阿非利加》，该作品歌颂了古罗马时代的大英雄西庇阿。他宣扬古罗马时代是有原因的，因为在古罗马时代，基督教还是异教，被国家禁止。

薄伽丘比彼特拉克小 9 岁，是他忠实的“粉丝”，薄伽丘的代表作《十日谈》讲述了 1348 年，意大利佛罗伦萨瘟疫横行，7 个美女和 3 个帅哥相约去乡村一所别墅躲避瘟疫。为了打发百无聊赖的时间，他们约定，每人每天讲一个故事，共住了 10 天讲了 100 个故事，这些故事都是批判天主教会的，讲述了从教皇、大主教、主教、再到普通教士的丑恶嘴脸。如今，《十日谈》成为欧洲文学史上第一部现实主义巨著，具有十分重要的历史作用。

《蒙娜丽莎》和《最后的晚餐》

达·芬奇是中世纪著名的大画家，小时候我们都听说过达·芬奇画鸡蛋的故事，故事主要讲述了最初学画画的达·芬奇在老师的悉心教导下，从讨厌画鸡蛋到认真画了成千上万个鸡蛋，为自己的绘画打下了坚实的基础。

长大成人之后的达·芬奇主攻油画，他的代表作有两部——《最后的晚餐》和《蒙娜丽莎》。

《蒙娜丽莎》画的是一位有五个孩子的少妇，这名少妇是达·芬奇父亲朋友的第二任妻子，父亲朋友很爱他的妻子，也知道达·芬奇是一个远近闻名的画家，便托达·芬奇父亲请求达·芬奇给自己的妻子画像，于是才有了这幅举世闻名的不朽巨作。画中的人物栩栩如生，神态自若，嘴角含着一丝柔和的微笑，将女人贤妻良母的形象表现得淋漓尽致。

《蒙娜丽莎》一传十，十传百，百传千，最终成了一幅价值连城的艺术珍品。达·芬奇去世之后，这幅作品传给了他的一个弟子，法国国王弗朗索瓦一世从达·芬奇的弟子手中花费重金购得，将这部伟大的作品落户在了法国，成为几代法国君王的珍爱之物。“太阳王”路易十四将它珍藏在凡尔赛宫，法兰西第一帝国皇帝拿破仑将它置于卧室之中。最后，《蒙娜丽莎》几经辗转，最终收藏在了法国卢浮宫，长达 4 个世纪。然而这幅伟大的作品在 1911 年 8 月 19 日下午离奇地失踪了。原来卢浮宫的一名油漆工在下班的时候，顺手牵羊，摘下了《蒙娜丽莎》，从大厅的侧门离开，消失得无影无踪。后来这名油漆工将《蒙娜丽莎》卖给了一个制作假画的骗子，该骗子将真迹藏了起来，以假当真，四处售卖，并且成功卖给了六个富豪。然而天网恢恢，疏而不漏，最终警察成功抓捕了盗画的油漆工，而制作假画的骗子却忽然人间蒸发，再也找不到了。

达·芬奇另外一幅巨著是《最后的晚餐》，该画是以《圣经·新约》中耶稣之死为根据，进行了细致的创作。故事讲述上帝的儿子耶稣在死前吃最后一餐时，对同席的门徒说“出卖我的人就在你们之中”，此时门徒的反应各异，神情不一。达·芬奇根据自己的想象，将耶稣之死这个故事形象地画在了米兰圣玛利亚感恩教堂的墙壁上。据说达·芬奇在构思人物形象的时候，只有犹大的急促和贪婪的神情无法设计，恰巧教堂的院长催促达·芬奇抓紧完工，达·芬奇非常讨厌他，第一天催，第二天催，第三天又催，一天天过去了，达·芬奇终于烦了，将他画成了犹大，最终完成了这部巨著。

莎士比亚与他的戏剧

莎士比亚，英国文艺复兴时期剧作家、诗人。他年轻时曾当过演员，并尝试创作剧本。他的一生总共创作了30多部优秀的诗篇，并被改编为话剧。这些珍贵的作品，直到今天，仍然活跃在舞台上，被演技精湛的艺术家们奉若瑰宝。以至于英国人大声疾呼："宁失英伦三岛，不失莎士比亚！"莎士比亚在戏剧领域做出了突出的贡献。莎士比亚戏剧的代表作有《哈姆雷特》《罗密欧与朱丽叶》。

《哈姆雷特》讲述了丹麦王子哈姆雷特给父亲报仇的故事。哈姆雷特在留学德国期间，父王为其弟克劳狄斯杀害，凶手掩盖真相，篡夺王位，迎娶嫂子；哈姆雷特费尽周折，弄清事情真相。他发誓要杀死叔叔克劳狄斯，为父亲报仇。一天，终于有了一个难得的机遇，克劳狄斯闭着眼睛在虔诚地祷告，正是下手的好机会，可在他拔出宝剑的一刹那，忽然想起如果一个人在祷告时被杀，他便会进入天堂的说法，于是他放弃了这次报仇的机会，去了英国。但狡猾的克劳狄斯却想杀死哈姆雷特，以绝后患。哈姆雷特在英国得知了克劳狄斯的阴谋，毅然返回丹麦，准备与叔叔决斗。最终结果：哈姆雷特被毒剑所伤，在濒死的一刻，他用尽最后一丝力气将宝剑刺向了克劳狄斯的心脏，完成了复仇。

《罗密欧与朱丽叶》讲述的是一个悲痛的爱情故事。主人公罗密欧和朱丽叶生长在两个充满世仇的家族中。可想而知，他们的相爱遭到彼此家族的强烈反对。女主人公朱丽叶在被迫嫁给另一个贵族时喝药假死，骗过了家人的同时，也让深爱她的罗密欧信以为真。罗密欧伤心欲绝，服毒自尽。醒来的朱丽叶后悔不已，拔剑自刎。最终，两人用生命维护爱情的举动终于感动了身边的人，就此换来了两个家族的和解。

一、读材料，回答问题

14—17世纪，欧洲出现了意义深远的思想解放运动。这场运动冲破了天主教教会一千多年来对欧洲社会生活和人们精神世界的统治，淡化了神的主宰地位，强调人性的解放，重视人的价值和作用。

问题：这场“思想解放运动”指什么？这场运动起源于哪一国家？

二、选择题

“封建的中世纪的终结和现代资本主义纪元的开端，是以一位伟大人物为标志的。”材料中的这位伟大人物就是意大利人但丁，他的代表作品是（　）。

A.《哈姆雷特》　　B.《神曲》

C.《威尼斯商人》　D.《查士丁尼法典》

3. 冒险家的乐园——大航海时代

探寻新航路的热潮

13世纪初，意大利威尼斯城里出现了一个著名的旅行家，他的名字叫马可·波罗。在17岁那一年，他跟随父亲尼科洛和叔叔马泰奥历尽艰辛，来到了中国。当时正值元朝统治，元世祖忽必烈很欣赏马可·波罗，让他在元朝做了官儿，然后又命他游历中国各地。马可·波罗在中国居住了17年后又回到了自己的国家威尼斯城，他闭门不出，将自己在中国的见闻写了出来，给书起名为《马可·波罗游记》。我们今天所知道的马可·波罗的一切履历，都来自他写的这本游记。但中国历史资料并没有记载马可·波罗这样一个人。在中国，一个普通人见皇帝，那是多大的事啊！史官能不记载吗？马可·波罗被元朝皇帝任命为大官，吏部衙门能没有人事档案吗？还有一种说法，说他在参与威尼斯和热那亚之间的海战中被俘，在监狱里百无聊赖的时候，从一个去过中国的俘虏嘴里，听到了一些关于中国的故事，他在监狱里无事可做，于是进行了有滋有味的改编，写成了《马可·波罗游记》。当然从中西文明交流的高度，我们更愿意相信马可·波罗真的来过中国。

《马可·波罗游记》中说中国非常富有，富得都有一些离谱，他说中国皇宫的宫殿都是用金子做的，连地板砖都是黄金做的，除了金子之外，东方还有数不尽的丝绸、香料、宝石、瓷器等。马可·波罗对中国的一顿吹嘘，说得一些西方冒险家异常兴奋，因为随着欧洲资本主义的发展，资产阶级迫切需要获得大量的金币、银币以及东方精美的手工业品。

然而阿拉伯帝国灭亡后，奥斯曼帝国控制了中西丝绸之路的中转站，向欧洲商人收取货物价值达 80% 的重税，这样一来，欧洲商人无利可图，丝绸之路便慢慢地荒废了。为了进一步打通通往东方的市场，欧洲各国的国王、新兴资产阶级、一些敢于冒险的航海家及一些传教士，结成了同盟，准备开辟新航路。

当然以上只是分析了新航路开辟的主观因素，要做成这件大事儿还需要技术的支撑，随着地理学的发展，人们逐渐相信地球是圆的，绘制出了大致的世界地图。中国指南针的传入，造船技术的改进，都成为新航路开辟的客观条件。

“欧洲四大航海家之首”——迪亚士

为什么称迪亚士为“欧洲四大航海家之首”呢？按照四大航海家探险时间的先后顺序排列，应该是迪亚士→哥伦布→达伽马→麦哲伦。按照时间顺序，迪亚士排列第一，说他是“欧洲四大航海家之首”，也是当之无愧的嘛！

1487 年，葡萄牙王室出资支持航海家迪亚士开辟新航路，迪亚士自封船长，他组织了三艘小帆船，带着几十个水手，携带着一些水和食物，他们手里拿着最新的欧洲火枪，用以防范民间海盗，迪亚士一行人，就这样踏上了未知的探访东方之旅。从欧洲到亚洲，首先要绕过广阔的非洲，从大西洋找到印度洋的入口，所以迪亚士只能沿着非

洲西部的轮廓线艰难地航行。

一开始的航行还算顺利，可大海总是善变的，他们的船队还是遇上了一场大风暴，咆哮的海浪铺天盖地地扑打着迪亚士的小木船，把落了帆的船只推向南方。迪亚士等人在绝望中坚持了10天，风暴才平息了下来。根据以往的航海经验，迪亚士知道，沿非洲大陆南行时，只要向东航行就必然会找到住在岸边的土著人，在那里可以补充食物和水，于是他下令调转方向，向东航行！

然而，船队往东航行并没有找到非洲大陆，但迪亚士却惊喜地发现，他们已经绕过了非洲，到达了非洲的最南端，只要继续往东就可以到达东方，可是水手们却被风暴吓破了胆，船上的食物和水也已经不多了，于是迪亚士只好下令返航，临走之前，迪亚士给非洲最南的一些海岛起名叫“风暴角”。船虽然没有带来需要的金银，但毕竟有了地域交通的新发现，所以葡萄牙国王还是很高兴，重赏了迪亚士等人，并将迪亚士起名的风暴角改名为好望角。

达·伽马访印度

迪亚士发现好望角之后，葡萄牙王室决定再次派遣一名航海家，沿着迪亚士的步伐，进一步拓展通往东方的道路。经过反复挑选，他们选中了青年航海家达·伽马，因为他的父亲就是一名出色的航海家，子承父业，无可厚非。而达·伽马也想实现他伟大的航海梦，便欣然接受了这次任务。

1497年，达·伽马带着三艘小帆船从里斯本出发，他们这一次航行经历了比迪亚士更多的风险。在船队即将到达好望角时，被大浪吹了三天三夜，所幸船队损失不大。后来经过地理学家研究，好望角的巨浪生成与大气环流有关，好望角也因此得名“海上鬼门关”。

达·伽马越过“海上鬼门关”之后，穿过莫桑比克海峡，在一个叫班图的非洲部落短暂停留，补充了足够的水和食物，达·伽马给这个部落取名为“好人国”，并赠送他们大衣、短刀。

1498 年 4 月，达·伽马等人来到了东非港口城市蒙巴萨，但迎接他们的却是一双双敌视的眼睛，因为他们到了信仰伊斯兰教的国家，穆斯林兄弟们并不喜欢这些远道而来的基督徒。宗教的差异，让他们关系紧张。达·伽马年轻气盛，与蒙巴萨产生了小规模的军事摩擦，但看着自己那三艘航行都费劲的破帆船，也实在是不能打仗了，便带着船队悻悻地离开了蒙巴萨。

经过长途跋涉，1498 年 5 月 20 日，他们终于到达了印度西南海岸最大的港口城市卡利卡特。他们在当地逗留了几天，发现这里云集着世界各地的商人，他们认为这是一个可以发财致富的地方。临行前，当地的首领给他们写了一封信，欢迎他们随时来卡利卡特贸易，对此达·伽马等人倍受鼓舞。

在返航的途中，很多水手染病去世。1499 年 9 月，他们终于返回了里斯本。葡萄牙国王、贵族、大商人纷纷向他发出邀请，听他讲述航海途中的见闻，当他们听到沿途各国有他们需要的宝石、香料、丝绸的时候，他们贪婪的眼神鼓舞着达·伽马进行第二次航行。

1502 年，达·伽马第二次航行印度，这一次远航，达·伽马携带了 23 艘战船，近千名水手、士兵，他们以做生意的名义，杀气腾腾地出发了。沿途他们囚禁了基尔瓦的埃米尔（国王的一种称谓）；击沉了阿拉伯人的海船，致使 300 多人丧生；在卡利卡特，达·伽马下令城主驱逐他国商人，独霸了市场，以极低价购买了大量的香料、宝石等稀缺物品。

1503年，达·伽马返回了葡萄牙，这次收获很大，很多投资者成了富翁。而达·伽马本人更是富可敌国，此后他再也没有出海，安静地生活了20年后寿终正寝。

哥伦布“发现”美洲新大陆

葡萄牙在新航路开辟上取得了领先的成就，作为他们的邻国，西班牙自然也不甘落后。经过筛选，西班牙女王伊莎贝拉发现航海家哥伦布很有胆识和天赋，于是她拿出私房钱支持哥伦布航海，并且要求获得黄金之后，二八分成，女王收八成，哥伦布等海员收两成，所以与迪亚士、达·伽马相比，哥伦布感到“压力山大”。

1492年，哥伦布率领三艘小帆船，携带着女王给中国皇帝的国书，从西班牙巴罗斯港扬帆起航，出了大西洋，直向正西航去。经过七十天的艰辛航行，哥伦布终于看到了远处的小海岛，他兴奋地跳了起来，以为自己到了印度（因为达·伽马是1498年才抵达印度），并且给这些海岛取名为西印度群岛。但哥伦布登陆后发现，眼前的大陆并不是印度，而是一个未知的新大陆。后人将其称为“北美洲大陆”。

哥伦布在北美洲大陆住了一段时间，不久便回到了西班牙给女王复旨。女王见哥伦布没带回一两金子，自己支持船队的投资全打了水漂，顿时非常地气愤。哥伦布非常羞愧，为了挽回自己的荣誉，他又前后三次前往美洲，其中一次到达了南美洲。但无论哪一次，哥伦布都没找到金子。1506年，哥伦布在失望中离开了人世。

虽然哥伦布没有直接找到金子，但却为后来的欧洲殖民者探清了道路，大批殖民者涌入美洲，终于发现了金子，他们完成了哥伦布一生的遗憾。

拥抱地球的麦哲伦

哥伦布去世之后，西班牙王室决定再次筛选新的航海家，去亚洲寻找黄金、香料，此时航海经验丰富的麦哲伦映入了西班牙王室的眼帘。

除了经济因素之外，麦哲伦还想用实际行动来证实一下地圆说理论，虽然地圆说已经普遍成为欧洲人的共识，但尚没有人能够证实这一点，而麦哲伦想证实这一理论，以此来超越迪亚士、达·伽马和哥伦布，成为最伟大的航海家。

1519 年 9 月，麦哲伦的船队驶离了西班牙，他们第一站便横渡大西洋，到达南美洲巴西海岸。1520 年，麦哲伦船队通过了一条狭窄、弯曲的海峡，从大西洋穿到了太平洋，后来这条海峡被命名为“麦哲伦海峡”。

麦哲伦和他的水手们航行了将近一年的时间，终于到达了菲律宾群岛，麦哲伦不顾长途跋涉的辛苦，想占领菲律宾群岛，送给西班牙国王当礼物。麦哲伦心想：地盘到手了，金子可以慢慢找。不得不说，与其他航海家相比，麦哲伦想得更加长远。于是他带领船员，手持火枪、利剑，强行登陆，他们认为征服当地土著居民，根本就是小菜一碟。但是麦哲伦的设想落空了，长时间的航行让船员们身心俱疲，根本形不成有效的战斗力。就在麦哲伦叫嚷着指挥进攻时，一支毒箭射了过来，伴随着一声惨叫，他倒在地上，毒发身亡。

其余船员见船长死了，都慌了手脚，急急忙忙地跑到船上，升起了帆，仓皇地逃离了菲律宾群岛，一群当地土著人追到海边，望

着他们的背影不停地大骂。麦哲伦船队不敢继续探险，只想早日回家，他们横穿印度洋，绕过好望角，终于在 1522 年 9 月，回到了西班牙。

麦哲伦船队航行路程 60 440 公里，麦哲伦用实际行动证明了地球是圆球形的，世界各地的海洋都是连成一体的。后人为了纪念麦哲伦，称他是“第一个拥抱地球的人”。

麦哲伦环球之旅的根本目的是获取殖民地和黄金，但却证实了地球是圆的。

一、读文思考

通过阅读本小节，马可·波罗是否来过中国？请阐述理由。

二、读材料，回答问题

哥伦布说：“黄金是一切商品中最宝贵的，黄金是财富，谁占有了它，谁就能获得他在世上所需要的一切。”

问题：依据相关知识回答，在新航路开辟的过程中，哥伦布做出了什么贡献？材料表明，哥伦布航海的动机是什么？

4. 野蛮暴力的开端——殖民秩序的确立

早期殖民国家——葡萄牙和西班牙

葡萄牙、西班牙是新航路开辟的先行者，所以他们也成为新航路开辟的第一批受益者。葡萄牙占领了南美洲的巴西、印度的果阿、马六甲及中国澳门。西班牙占领了大部分加勒比海岛屿即西印度群岛、墨西哥、南美大部、中美洲地区、北美西部太平洋沿岸（直达阿拉斯加）和北美中部内陆。

葡萄牙的殖民扩张以建立商路为主，所以它侵占的大多是海上要道和沿海的据点。与西班牙相比，葡萄牙的侵略方式比较柔和。当然葡萄牙在殖民扩张的过程中，没有展现出强势的一面，并不是它良心发现，而是它力不从心。当时的葡萄牙国力弱小，不能一口吃成一个大胖子，所以它通常只侵略交通要道上的沿海城市，将它占领后，变为贸易的中转站，以实现更大的经济利益，却很少向内地纵深处扩展。葡萄牙的军事力量很薄弱，它侵略澳门是通过行贿广东官员的方式，而它的军事进攻则被大明朝水师给干净利索地歼灭了，屯门海战、西草湾之战就是典型的战例。

相比葡萄牙温和的扩张手段，西班牙的殖民扩张就显得血腥味十足了。总结起来，无外乎三件事情：掠夺金银、种族灭绝、贩卖黑奴。

西班牙之所以如此嚣张与它强大的国力有密切的关系。16 世纪晚期，西班牙拥有人称“无敌舰队”的世界最强海军舰队。舰队约有 150 艘以上的大战舰，3000 余门大炮及数以万计的士兵，最强大时，大小舰船达 1000 多艘。西班牙舰队在地中海、大西洋一代横冲直撞，如入无人之境！

所以西班牙抢占的殖民地都是大块的，南美洲、北美洲两块大陆几乎都是西班牙的地盘。先说掠夺白银，葡萄牙到了美洲后，利用印第安人、黑人不清楚商品价格，用自己手中廉价的工业品来交换黑人手中的宝石、象牙、珍珠、香料，虽然葡萄牙这事儿干的也不地道，但尚且属于诈骗的范畴。而西班牙到了美洲以后，直接开抢。据樊亢、宋则行《外国经济史》记载，在西班牙 400 多年的殖民扩张期间，仅从南美洲就弄走了 250 万公斤的黄金和 1 亿公斤的白银。

再说西班牙人对印第安人的种族灭绝政策。印第安人是美洲的土著居民，在美洲大陆生活了几千年。西班牙对他们的种族灭绝政策，并不是将他们集中起来屠杀，而是在不经意之间灭绝的。起初他们强迫印第安人做廉价劳动力，但后来他们发现印第安人在整批整批地病死，原来欧洲人将天花、霍乱、鼠疫等病菌带来了美洲大陆，印第安人因为身上没有抗体便出现这样大规模死亡的现象。仅仅几十年的时间，印第安人减员一千多万，可谓死伤惨重。

最后要说的是西班牙的黑奴贸易。印第安人的大量死亡，致使劳动力严重缺失。如何解决这一难题？此时西班牙人的目光便落到了老实听话且吃苦耐劳的非洲黑人身上。他们手持火枪冲到非洲，企图抓一些黑人回来，不想，却被对方反杀了很多人。后来西班牙人转换思路，开始鼓动非洲各部落战争，以低廉的货物交换战俘，从非洲掠走了大批黑人。黑人们被抓到美洲以后，从事繁重的种植园和金矿开采

工作，过着牛马不如的生活。

虽然新航路开辟伴随着战争、杀戮以及对金钱的渴望，但客观上仍然有重大的进步意义。例如，新航路开辟以后，亚、非、美、欧几大洲之间建立起了广泛的商业联系，世界开始由一个封闭的、孤立的环境，变为一个整体的、相互联系的环境，人类文明有了重大进步，从而进入了一个崭新的时代。

英国的殖民扩张

英国与法国在1337—1453年期间，爆发历史上著名的“百年战争”，因为忙于战争，无暇顾及航路的开辟，从而落后于葡萄牙、西班牙。

百年战争结束后，英法和解，英国开始将注意力集中在殖民扩张领域。但很快他们便发现新开辟的美洲大陆、非洲大陆大多已成为西班牙的殖民地，而且西班牙的“无敌舰队”正在大西洋各交通要道上横冲直撞，俨然一副海上霸主的模样。英国人明白要想占据新的殖民地，必须打败西班牙，而要想打败西班牙，就必须要击垮“无敌舰队”。

现如今的英国皇家海军叱咤风云，他们的潜艇、核潜艇、航空母舰、驱逐舰、巡逻舰等高端武器，常年巡游世界各地，以此彰显大英帝国的赫赫武功！但谁又能想到，当年的英国皇家海军是由一群游弋在海面上，以打家劫舍为生的职业海盗们建立的，其中的杰出代表就是德雷克爵士。

爵士是英国皇室的一个爵位等级，一般不随意分封平民，那么出身农民家庭的德雷克又是凭借什么获此殊荣的呢？我想看过《加勒比海盗》的小伙伴一定对里面的海盗形象印象深刻，而德雷克就是这些海盗的鼻祖。而且他这个海盗具有官方背景，他手里有英国女王伊丽莎白的“私掠许可证”，即公开劫掠英国之外的船只，史称“海盗贸易”。劫掠所得，一部分归国家，一部分归女王，一部分归海盗们，三家分成。

1572 年，德雷克得知西班牙在南美洲秘鲁、墨西哥等地掠得一笔金银，正准备将其运往老巢。德雷克紧急布置了抢劫任务，但因情报失误，他们赶到时，西班牙人早已将金银运走。德雷克恼羞成怒，弟兄们既已倾巢出动，哪有空手而回的道理？最终，他们成功抢劫了西班牙的骡马队，得到了大量金银，这次行动仅德雷克本人就分得了两万英镑，使他瞬间变成了英国屈指可数的大富翁。

英国女王见海盗们勇猛无比，便册封他们的头子德雷克为海军司令，德雷克手下的一群小海盗们，摇身一变，成了国家水手，这也是英国皇家海军的雏形。德雷克被招安以后，为了感激女王伊丽莎白的提拔之恩，他萌生了打败西班牙“无敌舰队”的念头，并付诸行动抓紧训练，准备与“无敌舰队”决一死战。

1588 年，英国皇家海军与西班牙“无敌舰队”在英吉利海峡遭遇了。西班牙出动了 130 艘船、8000 名士兵，18000 名水手，西班牙国王腓力二世扬言：要踏平英国！英国女王伊丽莎白一世紧急命令德雷克组成的新式皇家海军迎战，双方在海面上展开了激烈的炮战，历史记载这场炮战持续了十天，双方杀得难解难分，但就在战争胶着的关键时刻，西班牙的几位船长终于精神崩溃，他们向英军投降，西班牙“无敌舰队”最高指挥官梅迪纳西多尼亚公爵为了避免全军覆没，只好下令撤退，可是撤退途中又遇到了台风，退路被阻断，他们只好在苏格兰西部登陆，但不久便被赶来的英国人缴械，

他们之中只有少部分人逃回西班牙，其余人都沦为了英国人的俘虏，西班牙自此一蹶不振。

战胜西班牙后，英国便向西班牙控制的美洲进军。他们大肆开辟殖民地，并建立了很多的种植园，用以种植棉花、橡胶、蔗糖等昂贵的经济作物。为了掠夺劳动力，英国人也紧跟西班牙的步伐，到非洲去掠夺奴隶，只不过与西班牙相比，英国的“贩奴贸易”的规模更为庞大。据说大西洋的鲨鱼一直跟随着英国的“黑奴船”，因为一旦有病死的黑奴，黑了心的黑奴贩子便将尸体扔到海里，以至于海水充斥着一股浓重的血腥味。英国人从欧洲出发，携带廉价工业品来到非洲，蛊惑没有文化的非洲酋长发动战争，然后用廉价工业品交换战俘，将黑人战俘当作奴隶运载装船；又从非洲出发，航行到美洲，然后将掠夺来的黑奴卖到当地的种植园、金矿，充当廉价劳动力；再从美洲购买英国工业生产所需要的原材料，然后装载上船，运往欧洲。这个循环，从地图上看，类似三角，所以史称“三角贸易”，而三角贸易的制造者便是英国。

英国著名小说《鲁滨孙漂流记》中的主人公鲁滨孙，便是在前去非洲抓捕奴隶的途中，因他乘坐的船只被风浪打翻，他被海水冲到一个荒岛上，然后开始了独立的、励志的生活。其实说到底，鲁滨孙也是想成为奴隶主，但他没想到的是，他的发财梦竟然被海浪无情地拍死在沙滩上。但该书的作者丹尼尔·笛福仍然让鲁滨孙做了一回奴隶主，他在岛上住了十几年，收养了一个野人，起名星期五，而鲁滨孙也成了只有一个奴隶的奴隶主。

英国在黑奴贸易中发了大财，但也导致非洲失去了一亿多的精壮人口，给非洲带来了空前的灾难。

三国争霸

英国打败西班牙之后，并没有立即取得殖民霸权，因为荷兰和法国紧跟英国的步伐，也加入了这场“殖民盛宴”。拥有“海上马车夫”之称的荷兰，造船业十分发达，他们建立了强大的海军。荷兰的船是二层甲板，每艘船装备着50~80门火炮，而且他们还有三层甲板的船，装90多门火炮。同时，还有大量的快速帆船，该种船排水量达400吨，装有30~40门炮。这种船机动灵活、威力很大，一旦战时，能起到极好的巡逻和侦察作用。此外荷兰还有很多装备了大炮的商船，周围有战船护卫。1628年，荷兰将“前东家”西班牙的舰队击败，船上的金银财宝沉入海底，以至于西班牙一蹶不振。有人问：为什么显赫一时的西班牙会陆续败给英国、荷兰呢？历史课本的答案是，因为政治体制的不同，封建专制下的西班牙贵族将抢来的财宝大多用在了挥霍享乐之上。而资本主义共和制下的荷兰则将掠夺来的财富转化为商业资本，所以西班牙才会被荷兰打败。

荷兰为了更方便地侵略，成立了“东印度公司”，该公司和今天的公司大不一样，它有雇佣兵、舰队、殖民地，只不过运作方式采用了公司制，总部设在阿姆斯特丹，董事会总计17个大佬，因此又被称为“十七人董事会”。

荷兰凭借强大的商业资本和军事力量，驱逐了葡萄牙在马六甲、锡兰的势力，占领了印度尼西亚的爪哇岛，还一度侵占了我国宝岛台湾。1661年，郑成功率领25 000名将士，乘坐400艘战舰从金门出发，横渡台湾海峡，抵达台湾岛南部，登陆后受到当地居民的热烈欢迎。1662年2月，经过8个月的围攻，郑成功发动总攻，荷兰殖民长官投降。至此，被荷兰侵略者占据了38年的台湾，重新回到祖国的

怀抱。

法国是欧洲大陆的传统霸主，法国崛起后，先后在北美洲、非洲、亚洲建立了法属殖民地。

作为打败了西班牙“无敌舰队”的英国，打掉了一个对手，却又冒出了两个强悍的新对手，这让英国有些措手不及，但为了抢占世界殖民霸主的地位，英国还是积极整装备战，准备大干一场。

1651年，英国颁布了《航海条例》，这个条例实际是一个维护英国国家利益的贸易保护政策，它规定：一切输入英国的货物，必须由英国船只运送，或由实际产地的船只运载到英国。《航海条例》的颁布，引起荷兰的强烈不满，荷兰要求英国废除该条例，但遭到了英国的拒绝，于是一场不可避免的大战爆发了。

1652年5月，英国主动攻击荷兰的商船，荷兰大怒，派遣了皇家海军前来与英国海军决一死战，在厄尔巴岛海战和里窝那海战中，虽然两国互有胜负，且都损失惨重，可是英国的国土面积是荷兰的六倍，即便荷兰有着强大的海军舰队，但它的国力着实无法支撑它进行长期战争，不久荷兰就同意了英国的《航海条例》，英国取得了这场战役事实上的胜利。

1756年，英国、法国为了争夺殖民地，爆发了长达七年的战争，史称“七年战争”。法国是一个大国，国土面积达55万平方公里，常备军、预备队达四五十万人，而且这次大战牵扯到欧洲以及英法两国在亚非拉的殖民地，不仅如此，萨克森、奥地利、普鲁士、俄罗斯帝国等国也卷入了这场战争，最后以死伤百万人为代价而悲惨落幕。

在这次战争中，英国艰难地打败了法国，法国被迫将加拿大割让给英国，并且同意从印度撤兵。从此以后，英国成了真正的海上霸主，人称“日不落帝国”。

欧洲殖民者从美洲掠夺了大量的金银，为资本的原始积累打下了基础，其中英国获益最大，资本主义的原始积累为以后的工业资本的扩张提供了资金支持；各个殖民国家的战争，给世界人民带来了苦难，但也有利于世界市场的形成。欧洲殖民者将从美洲掠夺的金银运到中国，购买中国的丝绸、茶叶、瓷器等奢侈品，使大量白银流入中国，促使了中国商品经济的发展。

英国的旗帜飘扬在全球许多角落，因此它又叫“日不落帝国”。

一、读文思考

西班牙、葡萄牙属于新航路开辟的发起者，并且掠夺了大量的金银，为什么会败给英国、荷兰呢？

二、黑暗一角

黑奴贸易

由于美洲劳动力不足，从16世纪到19世纪的300多年时间里奴隶贩子疯狂贩卖黑奴，共有2000多万黑奴被贩卖到美洲，其中大多数是青壮年。如果按照从捕获到运抵美洲的过程中死亡者和幸存者的比例是5∶1计算的话，非洲在奴隶贸易过程中共丧失1亿人口。

17世纪到19世纪，美洲大陆黑人奴隶的价格从400美元上涨到2000美元，奴隶贩子从中获得巨额利润；同时，他们又从美洲将大量的黄金、白银以及糖、烟草、棉花源源不断地运回欧洲。这些不义之财成为奴隶贩子创办企业的重要资本来源。

本章思维导图

王老师划重点

第五章 西方资本主义的萌芽时代

- 西欧经济与社会变化
  - 农业：庄园制度的瓦解，出现租地农场
  - 手工业：出现了为市场服务的手工工场
  - 商业：雇佣关系的产生，生产效率提高
- 文艺复兴
  - 时间：14世纪中叶
  - 地点：意大利佛罗伦萨、威尼斯等地
  - 人物及代表作
    - 文学：但丁《神曲》
    - 美术：达·芬奇《蒙娜丽莎》《最后的晚餐》
    - 戏剧：莎士比亚《哈姆雷特》《罗密欧与朱丽叶》
  - 实质：反对教会"神权至上"，提倡人文主义的新文化运动
- 新航路开辟
  - 原因
    - 商业发达，对拓展市场的需要
    - 对"东方淘金热"的追求
    - 奥斯曼中断商路
    - 指南针应用，造船业发达
    - 欧洲各国王室支持
  - 过程
    - 迪亚士"发现"好望角
    - 达·伽马到达印度
    - 哥伦布"发现"美洲
    - 麦哲伦船队环球航行
  - 影响
    - 世界开始连为一体
    - 欧洲资本主义经济得到发展

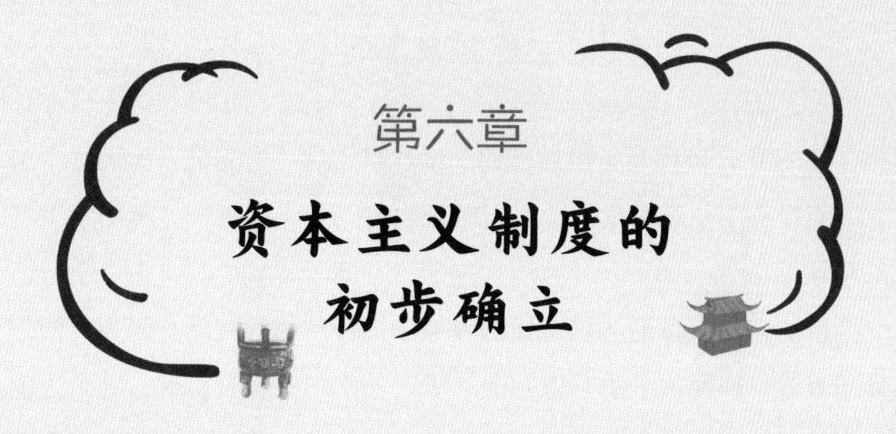

第六章 资本主义制度的初步确立

1.君主立宪制的英国

权力之争

1603年，英国女王伊丽莎白一世在里士满王宫病逝，她因终身未嫁，而被称为“童贞女王”，同时她也有“荣光女王”“英明女王”的称号。

伊丽莎白一世的去世，标志着英国都铎王朝的终结，因为英国信仰基督教，即便国王也只能一夫一妻，如果国王没有后代，这个王朝便终结了。现如今的英国包括英格兰、苏格兰、威尔士、北爱尔兰四部分，属于一个国家，一个国王，一个首相。但18世纪之前，英国是分裂的，四部分各有各的国王，但他们互相通婚，皇室之间有很深的血缘关系，可以相互继承王位。都铎王朝的最后一任国王伊丽莎白一世去世后，她的远房亲戚——苏格兰国王詹姆士六世，风尘仆仆地赶到英格兰继承了王位，即位后，他又改称詹姆士一世，开启了斯图亚特王朝的统治。

英国在斯图亚特王朝统治时，进入了君权神授时期，也即国王的权力来自上帝，国王是上帝在人间的代表。斯图亚特王朝搞的这一套神权理论，即皇帝和上天之间，似乎心有灵犀，上天将自己的旨意通过人间的皇帝传导给世俗世界的每一个人。然而，随着资本主义经济的发展，英国资产阶级力量的强大，以及科学的普及，除了国王本人、旧贵族以及一些没有受过教育的底层农民相信君权神授，中间的新贵族、市民阶层和资产阶级阶层，他们更相信命运可以依靠自己而改变，而不相信国王和旧贵族，所以他们想限制王权，于是资产阶级和英国国王之间有了很深的矛盾。

有矛盾不打紧，大家找个僻静的屋子，愉快地坐在一起，总能找到解决的办法，而这个办法就是议会政治。早在 13 世纪，英国便诞生了议会，议会分上议院和下议院，上议院由贵族组成，下议院由资产阶级和骑士组成，国王要做重大决策，需要召开议会决定，这就是议会政治。

议会政治起源于《大宪章》，当时的国王叫约翰，他想打仗，急需征税，但贵族们不想征税，因为封君封臣制度下，国王想征税，不仅老百姓要交，贵族也要交。老百姓忍气吞声没办法，但贵族们还算有一点话语权，他们不满意国王的征税政策，因此几十个贵族相互串联在一起，然后呼啦啦跑到王宫去逼迫国王。国王见众怒难犯，心里顿时瑟瑟发抖，只好签署了《大宪章》，《大宪章》规定国王不得随便征税，国王不得侵害市民的自由权等。《大宪章》签订以后不久，便召开了议会，开始限制王权，例如，征税权收归议会，但又有所妥协，例如，国王有权解散议会，贵族们必须效忠国王。

动荡不安的大英帝国

都铎王朝统治时，国王和议会还能和谐共处，但到了斯图亚特王朝统治时，国王和议会之间便矛盾频发。1625 年，宣扬君权神授思想的詹姆士一世病逝，他的儿子查理一世登上了英国国王的宝座。查理一世登基之后，由于不善于理财，导致政府财政年年赤字，因此他只

好频繁地征税，这引起资产阶级和新贵族的强烈不满。1628 年，议会向查理一世递交《权利请愿书》，再次重申《大宪章》的基本原则，国王不能随便征税，不能随意逮捕人，实际是要求再次限制王权。狡猾的查理一世假装同意，议会也爽快地给了国王一笔钱，得到钱之后的查理一世，依然我行我素，议会大呼上当，和国王之间的矛盾愈加激烈。

查理一世不仅是英格兰国王，也是苏格兰国王。1639 年，因为宗教方面的矛盾，苏格兰人民发动了起义。查理一世闻讯后，决定派兵镇压。但是他拿不出军费，因此他只好宣布再次征税，议会听到国王又要征税的消息，顿时头都要炸裂了，很多伦敦市民上街游行，表示坚决反对这一决定。

1642 年，查理一世和议会之间的矛盾，变得更加尖锐。国王下令卫队逮捕议会的议员，但议员从地道逃走了，这让搜捕行动落空；而议会也动员市民包围了王宫，国王见情形不妙，便悄悄逃回了苏格兰老家。从此国王和议会的矛盾公开化，他们都在组织军队，准备在战场上一决胜负。

英国内战包括两个阶段，在第一个阶段 1642—1644 年的战争中，议会军司令埃塞克斯伯爵性格软弱，他不敢与国王的军队正面交锋，每次都主动退让，这让国王军队的气焰变得异常嚣张，一度打到了伦敦郊外。伦敦市民害怕国王进城后实行残酷的报复，便加入了伦敦保卫战之中，经过各方的努力，才艰难地击溃了国王的军队。

在第二个阶段 1644—1649 年的战争中，议会军派遣了一位悍将，他的名字叫克伦威尔。克伦威尔组织了精锐的骑兵，在马斯顿荒原之战中，他率领骑兵击败国王军队，他的部队被人称为“铁骑军”。1645 年，克伦威尔又在内兹比战役中，彻底击溃了国王军队，不久查理一世被俘虏，议会军宣告战争胜利。

战争胜利了，但议会却陷入了如何处置查理一世的焦虑和苦恼之中。起初议会打算让查理一世接受君主立宪政体，让他做一个逍遥国王，将统治权交出来。但身陷囹圄、命不保夕的查理一世却意外地拒绝了议会的建议，因为他倔强地认为自己没有错，错的是议会，是他们发动的战争，所以他选择绝不低头！

1647 年，查理一世成功越狱，逃往南部城市。议会公开宣布国王为叛国者、人民的公敌。彻底失败的查理一世紧急逃往法国，想要投奔法国国王路易十三。但面对失去王位的狼狈妹夫，路易十三根本没用正眼看他，没过多久，法国收了英国议会的钱，便将查理一世引渡回国。

1649 年，议会判处查理一世死刑，行刑前，查理一世微笑地走上了断头台。有趣的是，行刑的那一天出奇的冷，为了保暖，他还特意穿了两件衬衣。

查理一世被处死后，英国实行了“护国公政体”，而革命的大功臣克伦威尔理所应当地担任了护国公。当上护国公后的克伦威尔立即解散了议会，建立了军事独裁体制，而议会只能听之任之，因为克伦威尔在军队中有极大的威信，这是查理一世所不能比拟的。

1658 年，克伦威尔去世，他的儿子小克伦威尔接任护国公，但由于小克伦威尔不会治理国家，很快就被英国人民赶下台。英国又陷入了无人领导的困境中。

《权利法案》

克伦威尔家族下台后，议会经过艰难的考虑，决定复辟斯图亚特

王朝。于是议会四处打听查理一世的儿子——查理二世的消息。而此时的查理二世极度窘迫，父亲被处死后，他四处流浪，居无定所，曾一度落魄到没有钱住旅馆，欧洲各国君主都像躲瘟神一样躲着他。正在他走投无路的时候，英国议会找到了他，表示要扶持他坐上国王的宝座，闻此消息的查理二世激动得号啕大哭，对于议会提出的不能大肆报复的要求也是完全同意，并且与议会签订了《布雷达宣言》，承诺不追究资产阶级、新贵族发动的资产阶级革命。

1660 年，查理二世返回伦敦。1661 年，查理二世在伦敦加冕，正式登基。就任国王之后，查理二世没有大规模复仇，但仍然杀死了当年审判自己父亲的九个法官，至于已经死去的克伦威尔，他下令将他开棺戮尸，又命人将已经腐烂的克伦威尔的尸体重新抬上绞刑架，将一个死人又重新处死一次，以泄私愤！

查理二世替父亲报仇之后，为了避免重蹈覆辙，他将权力交给了议会，而自己则沉迷于享乐，人们称他为“快活王”。纵观他的一生，情妇无数，孩子也有十几个，但却没有一个孩子是他和王后凯瑟琳所生。中西古代政治体制不同，中国皇帝如果没有嫡子（皇后所生的儿子），其他儿子也有继承权，而英国只有王后生的孩子才是合法的继承人，私生子没有继承权。所以查理二世去世后，只能由弟弟詹姆士二世继承了王位。

1685 年，詹姆士二世登上了英国国王的宝座，詹姆士二世是个疯狂的天主教徒，而新兴资产阶级和新贵族普遍信仰宗教改革后的新教，二者产生了激烈的矛盾冲突。1688 年，詹姆士二世的嫡子降生，对于王室来说，这是个天大的喜讯，但这一消息却引起了资产阶级和新贵族的极大惊恐。詹姆士二世快 60 岁了，再等几年他或许自然升天，但如今他有了儿子，恐怖统治有了合法的继承人，这怎能不引起他们的恐慌呢？于是在英国也上演了一次“狸猫换太子”的戏码，有人谎称詹姆士二世的儿子并非他亲生。议会邀请詹姆士二世的女儿玛丽二世和她的丈夫荷兰执政威廉三世入主英国，詹姆士二世派遣军队前往阻止，但派去的军队却倒戈了。无奈之下，詹姆士二世只好逃亡法国，放弃了王位。

为了进一步防止国王专制，1689 年，英国议会颁布了《权利法案》。法案规定：国王不经议会许可，不得随意废除法律，征税权收归议会。因为威廉和玛丽是被议会邀请来担任国王的，所以他们同意了《权利法案》的颁布。

起初国王依然掌握行政权，但玛丽和威廉没有子女，他们去世

君主立宪制，议会与王权之间的平衡木。

后王位再次悬空。议会找到玛丽的妹妹安妮公主继承了王位，但几年后，没有后代的安妮女王也去世了，这可愁坏了议员们，他们找到了詹姆斯二世的祖父詹姆斯一世的外孙女索菲公主的儿子汉诺威选帝侯路德维格继位，是为乔治一世。乔治一世一直生活在德国，他当英国国王的时候，已经 54 岁了，又不会说英语，所以他经常让首相代替他主持政府会议。乔治一世死后，他的儿子乔治二世酷爱军事，经常带兵打仗，无暇管理政府事务，等乔治二世死后，他的儿子乔治三世即位，乔治三世当了 60 年国王，活了 82 岁，但 1811 年后精神错乱，没有处理政事的能力。

国王家族连续三代不具备管理国家的能力，反而成就了英国的虚君政治，久而久之，国王统而不治成了国家的象征。内阁名义上对国王负责，实际上是对议会负责，这推动了君主立宪制的成立。而英国也是世界历史上第一个君主立宪制的国家，并且一直维系到今天。

一、选择题

2019 年 3 月 29 日，英国议会第三次否决了英国政府与欧盟达成的“脱欧”协议。追溯历史，英国议会拥有国家最高权力的依据是（　）。

A.《权利法案》　　B.《独立宣言》

C.《1987 年联邦宪法》　　D.《人权宣言》

二、读文思考

斯图亚特王朝被英国资产阶级推翻，国王查理一世被杀，为什么英国资产阶级还要邀请他的儿子查理二世继承王位呢?

2. 美国的独立

独立战争的序幕

1620 年，英国的一艘名为“五月花号”的商船，运载了 102 名英国乘客，他们受到天主教的迫害，只好背井离乡，远赴北美洲开拓新的生活。这其中的 41 人联合签署了《五月花号公约》，该公约成立了美国历史上第一个民众自治团体，并且制定了简单的法律、法规。他们航行了将近两个月的时间，最终船停靠在了弗吉尼亚，他们跳下船，兴奋地奔向北美大陆，亲吻脚下这片陌生的土地，并在这儿建立了美国历史上第一块殖民地。

从 17 世纪开始，英国陆续打败了西班牙、荷兰、法国，开发了臭名昭著的“三角贸易”，建立了所谓的“日不落帝国”，几乎垄断了全球的海上贸易。随着英国国际地位的提高，它更加重视对北美大陆的开发，此后一二百年，英国陆续在北美大陆的东部海岸线建立了大大小小共 13 块殖民地。

北美洲殖民地的开发为英国的发展提供了巨大的物质条件，但在发展的同时，矛盾也无处不在。当年乘坐“五月花号”商船离境的那群人，本身就是受到迫害，才抛家舍业，来到了遥远的美洲，他们是英国人，但他们对英国的感情并没有那么深刻。更何况他们的后代都没有去过英国，可以说他们对国籍地英国是没有太多感情。此外，北美殖民地的白人，是由法国、西班牙、葡萄牙等欧洲国家的人共同组成的，并不全是英国人，他们和英国的感情更是无从说起。但是英国对待北美殖民地的管理却越来越严格，它只掠夺，不发展，还形成了约定俗成的等级制度：英国官员、英国商人代表英国政府行使政治权益和经济权益，具有优越的地位；其次是土生白人，也即在北美殖民地出生的白人，但已不具备英国国籍。最底层的是混血人、印第安人和黑人。底层对于谁治理国家并不在意，但广大的土生白人，他们更渴望摆脱英国的控制和奴役，建立起自己的国家和政权。

1773 年，英国议会通过了《茶税法》。该法规定英国东印度公司可以将茶叶直接出口北美，每磅茶叶只征收 3 便士的茶叶税，东印度公司的茶叶不通过英国或北美批发商，而是通过其指定的代理商出售。东印度公司作为跨国垄断的国际公司，他们的这一行为，引起北美殖民地商人的强烈不满，于是在一个风高月黑的夜晚，一群波士顿的青年冲上 3 艘英国的茶船，将船上的 342 箱茶叶，全部倒入大海之中，这个事件也被称作“波士顿倾茶事件”。

莱克星顿的枪声

波士顿倾茶事件爆发后，英国殖民当局进行了血腥的镇压，不仅如此，他们还加大了征税的范围，例如，印花税，即一切公文、契约合同、执照、报纸、杂志、广告、单据、遗嘱等，都必须贴上政府印制的印花税票。英国殖民当局的贪婪，引起北美大陆土生白人的强烈不满，各州都组织了民兵，他们手持武器，捍卫自己的利益。所以独立战争后，持枪权载入了美国宪法，后来治安事件频发，美国的部分

有识之士提出禁枪，但收效甚微，毕竟美国人曾经用枪捍卫了自己的独立和自由，所以美国人持枪合法的局面，一直持续到了今天。

1775年，一个反英秘密组织，在马萨诸塞州的一个小镇莱克星顿建立了一个军火仓库。殖民当局闻讯后，大惊失色，急忙派司令盖奇带了八百多人前去镇压，英国士兵穿着崭新的红色战服，厚厚的皮靴踩在地上，声音能传出老远，盖奇带着这一支显眼的队伍，急匆匆地向莱克星顿杀去。

孰料，莱克星顿的当地民兵早已得到了情报，他们埋伏在草丛里、公路边，静候英军的到来。英军没想到的是，他们的脚刚踏入莱克星顿的地界，就见一枚信号弹直冲云霄。紧接着就被一轮猛烈的攻击打得四下逃窜，最终他们丢下了几百具尸体，狼狈地逃回了波士顿。这就是美国著名的“莱克星顿的枪声”事件，它是美国反抗英国殖民当局的第一枪，同时也拉开了美国独立战争的序幕。

美国的独立之战

莱克星顿之战后不久，美国各州都发起反抗英国殖民当局的武装斗争，为了增强力量，各州联合起来，成立了大陆军，由乔治·华盛顿担任大陆军总司令。

华盛顿出身种植园主家庭，从小过着优越的生活，年轻时他曾在英国军队任职，他最初并不主张北美脱离英国而独立，但英国殖民当局倒行逆施的做法，逐渐让他放弃了幻想，走上了带领美国独立之路。

莱克星顿枪声打响后，他出席了第二届大陆会议，会议代表推荐他担任总司令，因为他身材高大，又是当地的富商，有足够的号召力，资产阶级革命需要德高望重的人，挑头去干造反的事儿，它不像古代农民起义，是在一群穷人中找能打仗的人来当首领，资产阶级革命的领导人，出身和履历更重要。

华盛顿表示自己可能不适合做领导人，但大家一致推荐，他也就勉为其难地接受了。1776 年，第二届大陆会议不仅确定了华盛顿为大陆军总司令，还发表了著名的《独立宣言》。宣言阐述人生来是平等的，应该有追求自由和幸福生活的权利，并且列举了英国殖民当局种种罪恶，正式宣告北美殖民地脱离英国的统治，所以《独立宣言》也相当于是美国的建国宣言了。

《独立宣言》发表后，英国殖民当局不甘心失去已有的殖民地，它决定与大陆军决一死战。1777 年，双方在萨拉托加展开大战，最终大陆军大获全胜。究其胜利原因，大致有三点。其一，法国的介入。法国与英国殖民当局一直有很深的矛盾，大陆军抓住了这一点，派遣团队漂洋过海去游说，经过不懈努力他们不仅得到了法国精神上的支持，还得到大量的武器，为萨拉托加大捷提供了物质保障。其二，英国军队自身的原因。英国有一支由印第安人组成的部队，该部队作战勇猛，但常会有野蛮行为，竟打死了一名亲英派军官的妻子。这使北美大陆居民群情激奋，很多白人开始反感为了打胜仗而滥用人的英国军队，一些原本支持英国殖民当局的人纷纷倒戈，英军被进一步孤立。其三，当然就是大陆军的勇敢和总司令华盛顿高超的指挥才能了。

1783 年，英国军队彻底向大陆军投降，并承认了美国的独立。1787 年，美国各州代表齐集费城，华盛顿主持了会议，该次会议制定了美国的宪法，规定美国的政体为联邦共和制；权力运行原则为行政、司法、立法相互独立，也称三权分立，互相制衡；宪法规定总统和议

员都由选举产生。1787 年宪法是世界历史上第一部资产阶级成文宪法，具有重大的历史意义。

自由女神照耀下的“灯塔国家”——美利坚合众国。

一、选择题

《中华民国临时约法》规定：参议院行使立法权，国务员辅佐临时大总统行使行政权并负其责任，司法独立等。与这一规定体现的原则相同的是（　）。

A. 英国《权利法案》　　B. 美国 1787 年宪法

C. 法国《人权宣言》　　D. 法国《拿破仑法典》

二、填图

“美国法治建设”的结构示意图（局部），请你帮助它补充完整

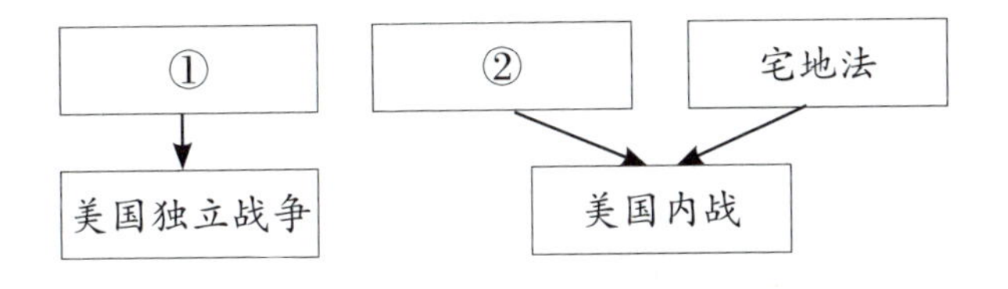

3. 法国大革命和拿破仑帝国

旧制度的危机

在世界殖民争霸战争中，法国败给了英国，证实了法国的资本主义发展尚不充分。18 世纪，法国依然是一个落后的农业国家，持续了上千年之久的、日趋没落的封建小农经济，仍然充斥在法国各地，即便在城市，资本主义工商业发展也不均衡。法国工业落后，但奢侈品业和高利贷为主的金融经济却很发达，例如，香水、皮包、葡萄酒等，至今仍然是各国土豪们所钟爱的。法国老百姓很穷，但法国的国王贵族、金融土豪却富可敌国。

很多有识之士将法国这种“对外战争失败、对内发展落后”的情况都归结于封建制度，并称其为“旧制度”。他们提倡民主、平等、自由，反对专制和愚昧，后来的史学家将这场运动称之为“启蒙运动”。伏尔泰、孟德斯鸠、卢梭等人都是启蒙运动时期的杰出代表。

法国大革命

18 世纪的法国被波旁王朝的路易家族统治，到路易十五时，法国已经衰败不堪，在七年战争中，法国因被英国打败，而丧失了很多海外殖民地，国内财政连年赤字，但路易十五却将注意力集中到包养情妇上。天花病通常在10岁到30岁属于高发期，而路易十五却在64岁那年因为染了天花而去世。他死后，他的孙子路易十六登上了国王的宝座，而此时革命的洪水已经开始暗流涌动了。

路易十六喜欢修钟表和研制各种锁具，王宫里摆满了各式各样名贵钟表以及零件；他的妻子玛丽·安托瓦内特喜欢花钱，比如化妆、买衣服、买首饰、开舞会、装修别墅、布置花园等，仅国王夫妇的开销，便使王室财政入不敷出了。而国家财政比王室财政还要糟糕。美国独立战争时向法国借贷的钱是法国政府从民间借来的，而建国后的美国也很穷，只能分期还款，贷款几乎成了死账。老百姓催着政府还款，可纵观法国财政情况：每年收入四五个亿，赤字却高达40多亿，哪里还有钱还给百姓。在此情况下，路易十六只好召开三级会议，想尽快找到解决“钱荒”的办法。

法国中世纪的等级代表会议又称三级会议，第一等级是教士，第二等级是贵族，第三等级是市民，富裕的新兴资产阶级则是市民阶级的代表。1614—1789年，法国已经有175年没有开过三级会议了，众人推开尘封已久的三级会议大门，险些被厚厚的灰尘迷了眼。国王路易十六穿着华丽的衣服，坐在崭新的王座上，赤裸裸地问第三等级的市民阶层要钱，而市民阶层却压根没接国王的话茬，他们提出要制定宪法，限制王权，并组织了“制宪议会”。国王路易十六见第三等级人多势众，且团结一心，顿时胆怯起来，他假装同意了他们的要求，随后却发出密令，调遣军队进驻巴黎城，宣布巴黎戒严。

对于国王的军事行动，巴黎市民怒不可遏，开始酝酿暴动予以回应。1789年7月14日清晨，成千上万的巴黎市民愤怒地奔向巴士底狱。他们有的拿着火枪，有的握着长矛，有的手举斧头，人们呐喊着，

大有排山倒海之势。巴士底狱关押着反抗国王的政治犯，巴黎市民要攻下巴士底狱，震慑国王和贵族。经过一天的战斗，巴士底狱最终被攻下，监狱长的头也被割了下来，挂在巴黎的城头上。攻占巴士底狱成为法国大革命的开端，7 月 14 日，成为法国的国庆日。

1789 年，制宪会议通过了《人权宣言》，宣告人民有人权、法治、自由、分权、平等和保护私产不受侵犯等基本权利。1791 年，法国制宪议会通过决议，宣布法国改为君主立宪政体，仍然由路易十六出任国王。但路易十六却暗通国外反对势力，企图逃往外国借兵，正当他们一家行至国境线附近时，被当地老百姓认出，并绑送回巴黎。

1792 年，法国成立了第一个共和国，第二年，前国王路易十六和他的妻子玛丽·安托瓦内特被议会以“叛国罪”处死。行刑前的他仍然保留着国王的尊严，没有丝毫胆怯地登上他自己设计的断头台，说到这里，我们不得不说一下这个由路易十六亲自设计的断头台。据说他的设计初衷是因为直刀会延长犯人的痛苦，不够人道且用久了会卷刃，所以他将刀改为了三角形。只是他万万没想到的是，这个改造竟用在了自己身上。

如果路易十六没有生于王室，如果他仅仅是一个小有名气的工匠，那么他可能会活得久一些。只可惜，很少有人可以根据自己的喜好来选择自己的命运。

法国混乱的局面并没有因为路易十六的死而得到缓解，相反，群龙无首的状态导致资产阶级派别内斗和互相残杀的情况爆发，国外反法联盟趁机入侵法国，好在被法国打败。就在法国人极度迷茫的时候，一个身材矮小的男人登上了宏伟的历史舞台，他就是拿破仑·波拿巴。

拿破仑与他的帝国

拿破仑出生在科西嘉岛，严格来说，拿破仑不是法国人，但他的中学和军校都是在法国读的，读书时，因为他身材矮小，还是个“外来户”，所以总是受到同学的欺负，但他从不会任人宰割，每次都会奋起反抗，即便是寡不敌众，他也从不服输。

庆幸的是，拿破仑在军校的学习成绩很好，16 岁毕业后，他便是炮兵少尉。1789 年，法国大革命爆发，欧洲各君主国因为彼此之间都是姻亲关系，所以准备武力干涉法国大革命。1793 年，英国、西班牙两国派遣的 14000 多名士兵抵达了法国土伦，国内保皇党人引狼入室，充当外国侵略者的马前卒。前方吃紧，前线士兵却十分松散，很多炮兵连大炮的使用方法都不知道，炮兵将军更是连大炮的性能和使用流程都搞不清楚，面对敌人的重炮军队，法军毫无招架之力。值此危急存亡之秋，那个来自科西嘉岛、名叫拿破仑的小伙子登台亮相了，他凭借出色的军事能力和炮兵知识，装备了法国前线的炮兵部队，并且在土伦战役中，击溃了英西联军，法国临时政府授予他准将的军衔，那一年的拿破仑 24 岁，真可谓年少得志。

然而好景不长，击退外敌的法国，迎来的却是国内的党派之争。1794 年，就是拿破仑被授准将军衔的第二年，罗伯斯庇尔兄弟倒台，拿破仑因为与其关系亲近而被牵连，被迫辞去了准将军衔。

拿破仑才当了一年将军，就退出了军政舞台，这让他非常心灰意冷，他整日郁郁寡欢，过着得过且过的日子。然而法国激烈的政治斗争犹如赌博一样，很快又发生了剧变。1795 年，法国保皇党司令梅努叫嚣着要攻下王宫，迎接在海外流浪的路易十八回国即位，以此来复辟波旁王朝。这与当时统治法国的督政府产生了强烈的冲

突，而法国老百姓早已厌倦了法国大革命以来的混乱，所以选择了中立。

督政府的议员大多擅长高谈阔论，而不擅长用兵，所以面对荷枪实弹冲杀过来的保皇党一时间毫无办法，正当他们准备投降的时候，拿破仑再一次出现了。原来督政府任命的巴黎司令巴拉斯，根本不会打仗，在他焦头烂额的时候，突然想到了正值落魄的拿破仑，并紧急起用了他，拿破仑见机会来了，便接受了任务，重整出山。当5000多名叛军向王宫冲杀过来的时候，拿破仑的炮兵及时出现，并且狠狠地向叛军开炮，仅一个小时，便炸死对方几百人，叛军吓得屁滚尿流，而拿破仑再次一战成名，成了巴拉斯的助手，挤入高官序列，升为陆军准将兼巴黎卫戍司令。这一年他26岁。

1799年，拿破仑发动了雾月政变，推翻了督政府的统治，担任法兰西第一共和国的执政官。1804年，拿破仑又请来罗马教皇为自己加冕，自此拿破仑建立了法兰西第一帝国。加冕那一天，教皇高举着皇冠，拿破仑忽然从教皇手里夺过了王冠，自己戴在了头上，然后他将一顶小王冠戴在了跪在地上的妻子约瑟芬的头上，这让远道而来的教皇颇有一些尴尬。

拿破仑称帝后，陆续打了很多的经典战役，大多数战役取得了胜利，几次击退反法联军的进攻，拿破仑也因此获得了“战神”称号，几乎可以与罗马的恺撒、马其顿的亚历山大、法兰克的查理大帝等伟人并驾齐驱。

如果拿破仑就此止步，他的人生或许会有所不同，只是历史没有如果，他的野心远不止于建国称帝，他还有宏图大业要完成，他要进攻西班牙，要征服遥远的沙俄。也正是这两次战争，彻底地扭转了他命运的方向盘。攻打西班牙，牵制了他大量的兵力，而攻打沙俄，则让自己彻底陷入了绝境。1812 年，拿破仑率领 57 万大军远征沙俄，沙皇亚历山大自知不敌，将莫斯科全城百姓全部转移后，纵火焚城。拿破仑的军队在一个寒冷的冬天，以胜利者的姿态，进入了一座被敌人焚毁的空城。莫斯科的冬天，零下四五十度，没吃的、没柴火，连饿带冻，拿破仑只好下令撤军，等回到法国，只剩下不到 3 万人。

远征沙俄，致使拿破仑帝国元气大伤。1815 年，欧洲各国再次成立反法联盟，在滑铁卢战役中，拿破仑失败退位，被流放到大西洋一个小岛，惨淡地度过了自己的余生。

拿破仑是一个伟大的人物，他的一生战功无数，但最让他引以

骑在公鸡上的“战斗机”——
战无不胜的拿破仑大帝。

为傲的，并不是他的赫赫战功，而是他在位期间，颁布的《拿破仑法典》。该法典详细列数了物权法，具体包括继承、遗嘱、还债、赠予、夫妻共同财产等相关法律条文。该法典成为近代各国民法典的参考范本，而拿破仑本人也因为这本法典被称为“资产阶级的皇帝”。

一、选择题

法国大革命后初期，代表贵族身份的华丽衣着被凸显共和理念的服饰取代。这说明当时法国（　）。

A. 人人平等得以实现　　B. 封建等级制受到冲击

C. 贵族特权得到维护　　D. 拿破仑帝国日渐衰弱

二、名家评史

拿破仑在动乱之中，戏剧性地让法国大革命的理念——启蒙运动（Enlightenment）中所述的主权在民、法律平等、共和形式和行政改组——传遍了欧洲……在这样的背景下，我们要关注拿破仑时代最受争议的话题——拿破仑是否真正传播了法国大革命的理念，并在历史中扮演了革命性的力量；还是说，他的独裁政府实际上“背叛了革命”？

——［美］弗兰克·萨克雷　［美］约翰·芬德林主编《世界大历史》

本章思维导图

王老师划重点

第六章 资本主义制度的初步确立

- **英国资产阶级革命**
  - 原因：国王詹姆士一世、查理一世的专制统治
  - 过程
    - 1640—1649年，英国资产阶级与国王的斗争
    - 1649－1658年 克伦威尔时期
    - 1660－1688年 斯图亚特王朝复辟
  - 结果：颁布《权利法案》，逐步建立君主立宪制
- **美国独立**
  - 背景：英殖民者的残暴统治
  - 结果：《独立宣言》颁布，1787年宪法确立联邦制国家
  - 实质：既是一次民族解放战争，又是一次资产阶级革命
- **法国大革命和拿破仑时代**
  - 原因：法国封建制度的没落，启蒙运动的精神洗礼、
  - 过程
    - 1789年，攻占巴士底狱，颁布《人权宣言》
    - 1793年，处死国王路易十六
    - 1799年，拿破仑夺取政权，一方面对外战争，另一方面颁布《拿破仑法典》
  - 影响：为资本主义经济发展扫清了障碍

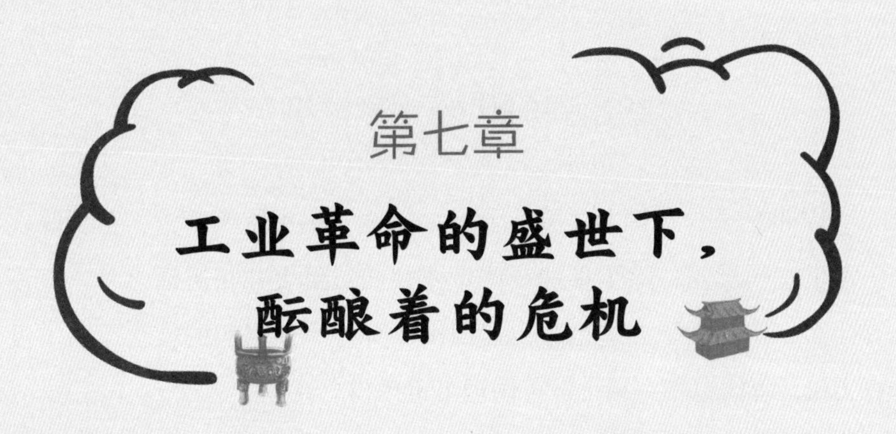

第七章

工业革命的盛世下，酝酿着的危机

1. 工业文明的先河——一场改变人类文明的动力革命

纺出新时代的“珍妮机”

17世纪末，英国君主立宪制政体确立，国王统而不治，整天躲在王宫里吃喝玩乐，除了参加一些重要仪式，发表几句讲话之外，就没有什么工作要做了，这也减少了因国王乱作为而引起的社会矛盾。没有实权，责任也相应减小，英国国王也乐得自在。

在政治上，议会和内阁取代了国王，议会和内阁都由人民选举产生，即便出现了问题，那只能人民自己负责，和国王就没有直接关系了，这也相应缓解了阶级矛盾，在一定程度上保证了政治的稳定。在经济上，英国依靠市场经济，调配各项资源的配置。而其世界殖民霸权主的地位，也为英国的市场经济取得了源源不断的发展动力。例如，英国在亚洲、非洲、美洲的殖民地，利用廉价的黑奴劳动力，大肆种植工业生产所需要的棉花、可可、蔗糖等轻工业原材料，再将这些原材料运回英国，由工场将其加工成呢子大衣、咖啡豆等商品，最后再销售到世界各地，赚取丰厚的利润。等利润回收之后，英国商人再进一步扩大生产，进入下一个生产循环。久而久之，英国获得了丰厚的资本，即拥有了足够多的金钱。而英国的资本家们为了赚取更多的钱，便开始鼓励生产技术的突破，还专门制定了保护技术专利的政策。在重金的诱惑下，英国的各类工匠，集思广益，这也加快了工业革命发生的步伐。

1733年，钟表匠凯伊发明了飞梭，飞梭是一种织布工具，安装在滑槽里带有小轮的梭子，滑槽两端装上弹簧，使梭子可以极快地来回穿行。飞梭的发明，使织布的效率大为提高。

1765年，工匠哈格里夫斯发明了一种纺纱机，他以女儿珍妮的名字为纺纱机命名“珍妮纺纱机”。珍妮纺纱机是普通纺纱机工作效率的八倍，说起它的发明，那还是一个很有趣的小故事。

一天，哈格里夫斯下班回家，当他开门时，不小心一脚踢翻了妻子正在使用的纺纱机，当时他的第一个反应就是赶快把纺纱机扶正。但是当他弯下腰来的时候，却突然愣住了，原来他看到已经倒地的纺纱机还在转，只是原先横着的纱锭变成直立的。他猛然想到：如果把几个纱锭都竖着排列，用一个纺轮带动，岂不是可以在同一时间内纺出更多的纱吗？哈格里夫斯靠着这个奇妙的构想，发明了珍妮纺纱机。也是依靠这项发明，使全家过上了富裕的生活，最终其他纺户因为无法和其竞争，将他暴打一顿后，赶出了居住的小镇。哈格里夫斯后来申请了专利，家人又恢复了往常的好日子。

人们把生产领域的技术变革，称为“工业革命”，工业革命的到来，使得人类文明进入了高速发展的新时期。

划时代意义的发明——蒸汽机

飞梭和珍妮纺纱机的发明，虽然极大地提高了劳动效率，但仍然没有摆脱人力的束缚。1698年托马斯·塞维利和1712年托马斯·纽科门两位科学家研制了早期的工业蒸汽机，但它的耗煤量大、效率低，

无法提高生产效率。

1765年到1790年，工匠瓦特对蒸汽机进行了改良，使其效率提高到了原来的3倍以上。蒸汽机大量地制造和应用，大大提高了生产效率，人类真正进入了“蒸汽时代”。瓦特也凭借天才般的聪明才智，开办了一个蒸汽机制造厂，成了身价千万的大富翁。

生产力的提高促使生产关系领域出现了新的经济组织——工厂制度。原来小型的手工工场因不足以承载大规模的机器生产，而纷纷被淘汰。工厂有严格的规章制度，包括高强度的工作时间，严厉的奖惩制度等。工厂为社会创造了极大的物质财富，但工业废弃物造成的环境污染，以及工人工资待遇低下的情况，也造就了一系列新的社会问题。

工匠史蒂芬孙以蒸汽机为动力，发明了蒸汽机车，也就是最早的火车，史蒂芬孙为最早的火车起名叫“布鲁克”。“布鲁克”跑得出奇地慢，它有两个汽缸，一只2.5米长的锅炉，有凸缘的车轮防止打滑，而铁轨是平缘的。它拉着8节矿车，载重30吨，以每小时6.4千米的时速缓慢前进。很多年轻的马仔，骑着骏马超越了“布鲁克”，然后对开火车的史蒂芬孙，报以耻笑和蔑视。面对种种嘲讽，史蒂芬孙却始终认为火车终究有一天会超越畜力载人。

经过后来的改良，史蒂芬孙加强了锅炉的火力，提高了车轮的运转速度。1825年9月，史蒂芬孙再次进行了试车表演，改良后的火车运载着450名乘客，而这一次，火车的时速提高到24千米。马仔们被远远地甩在了后面。

现如今最快的高铁时速达到了468千米，全世界各国、各地区的铁路网四通八达。铁路时代的到来，为社会提供了更快捷、更廉价、更便利的出行条件，也加快了世界市场的形成。而这一切的奠基者，便是“铁路之父”——史蒂芬孙。

工业革命推动了生产力的发展，人类摆脱了人力、畜力、风力等原始动力，开启了以蒸汽机为工具的新时代；工业革命促使了自由资本主义的发展，美国的《独立宣言》《国富论》等资本主义政治、经济学理论，横空出世；工业革命促使社会阶级出现了新变化，诞生了资产阶级和无产阶级；工业革命促使城市化速度加快，伦敦、巴黎等大城市可以容纳百万人口，并且提供了大量的就业岗位；工业革命使东方从属于西方，世界也由封建社会的农业文明逐渐被资本主义社会的工业文明所取代。

工业革命快不快，全靠火车车头带。

一、选择题

“市场总是在扩大，需求总是在增加。工场手工业也不再能满足这种需求了。于是蒸汽和机器就引起了工业中的革命。”由此看出，引发革命的直接原因是（　）。

A. 人口、资本的自由流动　　B. 资产阶级统治的确立

C. 大量自由劳动力的出现　　D. 市场需求的不断扩大

二、历史博览

万国工业博览会

1851 年，英国工业革命到了收尾期。为了向全世界展现英国的工业成果，维多利亚女王决定在著名的“水晶宫展览馆”举办一次世界性的博览会。此次博览会共计有 620 万人次参观，超过 1300 件的展出品，具体包括轨道蒸汽牵引机、高速汽轮船、起重机、厨具用品、铁制品，以及来自美国的收割机等。

这次博览会历时 5 个多月，引起了巨大的国际效应。世界舆论界普遍认为它是维多利亚中时期的象征，并确立了大英帝国世界工厂的主导地位。该博览会不是免费观看，而是收费的，万国工业博览会收入净赚 186 000 英镑。伟大的无产阶级革命家卡尔·马克思将这次博览会定义为一种对于商品资本主义式崇拜的象征，并不值得史学界对此大肆炫耀。

2. 马克思主义诞生与共产主义运动

思想先驱：马克思与恩格斯

工业革命与科学技术的迅猛发展，在给人类带来了巨大的物质成就的同时，也带来了一系列的负面影响。例如，过度地破坏自然环境，在伦敦的上空，工厂弥漫的浓烟好像大雾一样笼罩着整个伦敦，于是伦敦多了一个充满诗意的名字——“雾都”。德国的鲁尔区由于工业污染，河水变成黑色。而最主要的矛盾，还是人与人之间、阶级与阶级的矛盾。新诞生的无产阶级，即进城后出卖劳动力的工人，他们做着高强度、高负荷的工作，工作时间被压榨，身体健康被透支，而他们拿的薪水却极其微薄，慢慢地无产阶级和资产阶级的矛盾，变得异常尖锐起来。

面对资本主义社会的种种矛盾，谁也无法做出解释。工业革命时期，一个叫卢德的工人，因工作时间太长，为了抗议工厂主的压迫，他第一个捣毁了自己的劳动工具——织袜机，然后工人们纷纷效仿，破坏机器，史称“卢德运动”。但卢德运动并不能解释资本主义的矛盾，也难以找到具体的解决办法，就在全世界工人们困惑、无助的时候，一个叫马克思的人出现了。

马克思出生在德国的一个律师家庭，他从小接受了良好的教育，

主攻历史、哲学。青年时代，才高八斗的马克思担任了《莱茵报》的主编，拥有了一份人人羡慕的“白领”工作。但马克思生性爱打抱不平，他写了几篇抨击普鲁士政府的文章，结果《莱茵报》被取缔，马克思因此失业。

大约一年后，《莱茵报》重新运行，马克思终于又可以上班了，但他禀性难移，刚一上班就又开始“犯错”，这次他批评的对象是沙皇俄国，控诉沙皇俄国的统治多么黑暗。沙皇尼古拉一世看到此文章后暴跳如雷，虽然沙皇管不到德国，但可以凭借庞大的武力对德国施压，最终普鲁士政府为了平息友邦的愤怒，再次关闭了《莱茵报》，马克思二次失业。

在马克思濒临绝望之际，上天给他安排了人生的一个大贵人，这个贵人名字叫恩格斯。恩格斯出身工厂主家庭，家里很有钱，但恩格斯却跨越了阶级障碍，他喜欢探索社会真理。他读了马克思的文章，被文中的观点及作者的才华所折服。于是恩格斯每个月拿出 5 英镑资助马克思，让他专心搞学术研究。在恩格斯的资助下，马克思陆续完成了《资本论》《共产党宣言》《关于费尔巴哈的提纲》《德意志意识形态》等书的创作，分别从政治、经济、哲学等领域，对资本主义社会进行了系统的批判。

1848 年，马克思、恩格斯加入共产主义者同盟，并且发布了《共产党宣言》。《共产党宣言》宣告了资本主义必然灭亡的社会规律，并且号召工人阶级团结起来，成立无产阶级政党，推翻资产阶级政权，最终取得社会主义革命的胜利。

社会主义运动的灵魂导师——
马克思、恩格斯。

第一国际

19 世纪 50 年代，欧洲各国陆续完成了工业革命，但技术进步的同时，阶级间、民族间、国家间的矛盾此起彼伏。在诸多压力下，工人们的生活境遇变得愈加悲惨。马克思、恩格斯于 1864 年前往英国伦敦，在那里成立了国际工人协会，简称“第一国际”，想要以此来团结世界各国工人，增加革命力量。

第一国际不仅提出提高工资、缩短工时、改善劳动条件等经济纲领，也提出了建立共产主义社会、建立无产阶级政权的政治纲领。第一国际运动推动了欧美各国运动的发展，提高了他们的理论水平，为

各国建立无产阶级政党建立了基础。

悲壮战歌——巴黎公社运动

1870 年，法兰西第二帝国的皇帝、拿破仑大帝的亲侄子拿破仑三世为了争夺欧洲霸权，与普鲁士在法国边境色当城展开了激战，史称“色当战役”。然而，拿破仑三世却是一个地道草包，他没有继承叔叔卓越的军事才能，面对敌人的猛烈进攻，他亲率 10 万大军缴械投降。

普法战争的战败，致使法国的民族矛盾、阶级矛盾一起爆发，新成立的资产阶级临时政府无力控制局面，普鲁士致信法国临时政府，要求武装进入巴黎，并且要求巴黎人民夹道欢迎。对此，巴黎市民彻底愤怒了，成立了“国民自卫军”，强烈反对普鲁士军队进入巴黎，普鲁士军队向法国临时政府施加压力，但临时政府无能为力。普鲁士军队见法国已是一地鸡毛，也不敢贸然实行军事占领，它与法国资产阶级临时政府签署了各项协议，又勒索了一笔巨款，便仓皇撤走了。

1871 年 3 月，国民自卫军扩展到 30 万人，并拥有了 400 门大炮，不久巴黎人民又成立了国民大会。法国临时政府陷入恐慌，于是在 3 月 18 日，总统梯也尔命令法国军队夺取国民自卫军控制的蒙马特高地并控制其武装。附近的国民自卫军及居民包括许多妇女、儿童一起冲上蒙马特高地，一举击溃临时政府军。

临时政府总统梯也尔紧急召开会议，携带大小官员、警察、官方的各类专家、教授，逃亡到巴黎西南的凡尔赛城。巴黎市民宣布成立“公社委员会”，史称“巴黎公社”。巴黎公社成立后，规定了人民选举的代议制、对国家公职人员实行低薪制等一系列的法令，这些政策深受巴黎市民的拥护，远在德国的马克思听到巴黎公社运动的消息，顿时精神振奋起来，并将其定义为一场无产阶级革命。

逃到凡尔赛的临时政府极度仇视巴黎公社，他积极组织军队进行反扑。普鲁士政府也将在色当战役中俘虏的十万法国军队还给了临时政府，这也让梯也尔有了一种挺直腰杆的感觉。

1871 年 4 月，法国临时政府军队攻陷了巴黎，国民自卫军拼死抵抗，但敌众我寡，最终失败。参与巴黎公社运动的干部、工人、战士，都遭到了清算，2 万人被枪杀，5 万人被监禁，还有 7000 多人被流放到太平洋的一些孤岛，惨度余生。

虽然巴黎公社运动失败了，但它的革命精神却永远激励着后人。在巴黎公社运动中，一首动人心魄的革命歌曲——《国际歌》唱道：“起来，饥寒交迫的奴隶！起来，全世界受苦的人！满腔的热血已经沸腾，要为真理而斗争！旧世界打个落花流水，奴隶们起来，起来！不要说我们一无所有，我们要做天下的主人！”

一、选择题

《国际歌》传遍全球：“起来，饥寒交迫的奴隶！起来，全世界受苦的人！满腔的热血已经沸腾，要为真理而斗争……不要说我们一无所有，我们要做天下的主人！”与这首歌的思想主张最为相近的文件是（　）。

A.《独立宣言》　　B.《人权宣言》

C.《共产党宣言》　　D.《解放黑人奴隶宣言》

二、读材料，回答问题

德国电视台最近在黄金时段播出了一部名为《马克思和阶级斗争》的 10 集纪录片。马克思“以人为本”的理念，对社会不公正问题的深入分析仍有很强的现实意义。目前，很多城市里还有马克思阅读小组，“马克思”似乎回归德国人的生活了。

问题：马克思主义诞生的标志是什么？指出马克思“回归”德国人生活的理由。

本章思维导图

王老师划重点

第七章 工业革命的盛世下，酝酿着的危机

第一次工业革命

- 原因
  - 政权稳定　劳动力充足
  - 技术发达　资金雄厚
  - 市场广阔　原料充足
- 代表工匠及技术发明
  - 1733年，凯伊发明飞梭
  - 1765年，哈格里夫斯发明“珍妮机”
  - 1765—1790年，瓦特改良蒸汽机
  - 1825年，史蒂芬孙发明火车，铁路时代来临
- 影响：大工厂时代来临，人类进入“蒸汽时代”

- 背景：19世纪上半期，资本主义制度下产生了各种矛盾
- 代表人物：马克思、恩格斯
- 重大事件
  - 《共产党宣言》的发表
  - 第一国际的产生
  - 巴黎公社运动
- 意义：无产阶级开始登上国际政治舞台，并发挥重要作用

第八章

资本主义制度笼罩下的全球新形势

1.殖民地人民的反抗斗争

反殖民的第一枪

美洲分为北美洲和南美洲，北美洲包括今天美国、加拿大等地区，在几百年前，北美洲还被英国、法国、西班牙、沙俄所控制。1783年，北美东部沿海的十三块英属殖民地通过独立战争的方式，实现了民族独立，建立了今天的美国。此后几十年，美国又通过赎买、战争等方式，拓展了大片的西部领土，法国、西班牙、沙俄等势力陆续退出了北美大部分地区。

美国独立战争的胜利，极大鼓舞了南美洲人民的斗争信念。南美洲是巴拿马运河以南的地区，而美国以南的以葡萄牙语、西班牙语为母语的地区，则被人们称为“拉丁美洲”。

新航路开辟后，拉丁美洲基本被西班牙和葡萄牙所控制，西、葡两国从拉丁美洲掠夺了大量的金银、矿产，奴役屠杀了大量黑人和印第安人。然而，随着时间的推移，殖民地人民的民族独立意识越来越强烈，绝大多数土生白人、混血人、印第安人、黑人都对殖民当局的白人官员不满，这种不满情绪最终酿成了剧变。而拉丁美洲的北部前沿——海地，则打响了反抗西班牙、法国殖民统治的第一枪，他们的领导人叫杜桑·卢维杜尔。

杜桑·卢维杜尔是一个黑人奴隶，出生在海地北部海地角附近。虽然杜桑·卢维杜尔出身奴隶，但他聪明好学，很有胆识，青年时代的他便摆脱了奴隶的身份，并取得了种植园里的高级管家的身份。1791 年，50 多岁的杜桑·卢维杜尔参与了黑人奴隶大起义，他担任了起义队伍的指挥官。杜桑·卢维杜尔利用自己的聪明才智，实行了灵活的外交政策，他利用殖民国家之间的矛盾，先联合西班牙进攻法国，不久又联合法国打西班牙，并成功将西班牙侵略军赶出了海地。

1801 年，杜桑·卢维杜尔颁布了海地宪法和独立宣言，宣布海地独立。海地的独立引起法国执政拿破仑的不满，于是拿破仑派遣大军进攻刚刚诞生的海地政权。杜桑·卢维杜尔指挥军队沉着应战，多次击退了法军的进攻。拿破仑听到败报后，恼羞成怒，派遣自己的妹夫查尔斯·勒克莱尔征伐海地。杜桑·卢维杜尔知道法军武器先进，不想与之争锋，选择退避三舍，但他放火焚烧了法军要经过的村庄，导致法军找不到粮食，士兵们饿得前胸贴后背。最后查尔斯·勒克莱尔给杜桑·卢维杜尔写了一封信，他在信中亲切地说："我的朋友，我们真诚地邀请您，您来到之后，就会发现，没有谁是比我更诚实的朋友了。"

杜桑·卢维杜尔收到信件后，天真地认为法国是一个颁布了《人权宣言》的文明国家，应该会言而有信，于是欣然前往。但当他前脚刚踏进法军大营，后脚就被五花大绑起来。然后法军将他秘密运回法国，并关进了监狱。

虽然海地人民的革命领袖杜桑·卢维杜尔被捕，但革命的烈火仍然在熊熊地燃烧，海地人民军经过三年的努力，终于打败了法军。拿破仑的妹夫、法军征伐海地的总司令查尔斯·勒克莱尔病死在这场持

久的战役中，剩下的几千残余部队狼狈地逃回了法国。1804 年，海地正式宣布独立，并成为拉丁美洲第一个独立的国家。

拉美独立运动的领袖——玻利瓦尔、圣马丁

1783 年，在南美洲的北部地区，诞生了一位伟大的革命者，他的名字叫玻利瓦尔。

玻利瓦尔是土生白人，他的父亲经营着一个偌大的种植园，种植园里有大片的土地和上千名奴隶，而且他们家还有金矿、糖厂、房产以及呢绒商店等事业。一般这种富裕家庭的孩子，很难参与到革命这种危险系数极高的事业中去。但命运却跟玻利瓦尔开了一个天大的玩笑，他 3 岁时，便死了父亲，不久母亲也去世了，年幼的玻利瓦尔成了孤儿，他的两个舅舅抚养了他。家庭的变故导致玻利瓦尔性格非常的执拗，舅舅们拿他没有办法，只好将他送进了军校。

玻利瓦尔在军校里得到了锻炼，学到很多本领，那时的他十分崇拜法国皇帝拿破仑，认为作为男人就应该成就一番伟大的事业。

19 世纪的南美洲，西班牙和葡萄牙是这片土地的统治者，例如，玻利瓦尔这种脱离了宗主国国籍的土生白人，即便家财万贯，也很难在政治上出人头地，更何况玻利瓦尔等土生白人，生在美洲、长在美洲，与宗主国感情极其淡薄，而对美洲这片土地却有着天然的热爱。因此当年轻的玻利瓦尔站在萨克罗山之巅，远望着美丽的大千世界时，他庄严地宣誓：“要为美洲人民带来解放，只要祖国一天不从西班牙统治下获得解放，我誓不罢休！”

1808 年，西班牙遭受了法国皇帝拿破仑大军的进攻，西班牙国内哀鸿遍野，但南美洲人民却喜形于色，因为这正是实现南美独立的黄

金时间。1811 年，玻利瓦尔等热血青年聚在一起，宣布成立“委内瑞拉第一共和国”，玻利瓦尔倾尽家财，招募了一支军队，被执政委员会授予上校军衔。然而两相比较，西班牙的实力更胜一筹，不久玻利瓦尔便被打败，只好四处流亡。

1813 年，玻利瓦尔重新积蓄力量，宣布成立“委内瑞拉第二共和国”，并被南美人民称为“拉美的解放者”。在此后的十几年里，玻利瓦尔南征北战，陆续解放了委内瑞拉、哥伦比亚、厄瓜多尔、巴拿马、秘鲁和玻利维亚等广大地区。与此同时，南美洲南部也出现了一位青年英雄，他的名字叫圣马丁，他解放了阿根廷等广大地区，被人们称为“阿根廷国父”。

1822 年，玻利瓦尔和圣马丁在瓜亚基尔单独会面，会面现场只有他们两个人，门被反锁上，其他人都在门外等候。两位英雄谈了很久，会谈后，他们一起把酒言欢，互相祝福。然而，圣马丁返回秘鲁后，宣布隐退，对于隐退的原因，他至死都守口如瓶，只是客气地说，自己已经完成了使命。

无论内幕如何，玻利瓦尔、圣马丁都是拉美独立运动的解放者，他们二人在南美洲的地位，就犹如华盛顿在北美洲的地位一样。而圣马丁更被学者称为“西班牙美洲的华盛顿。”

印度民族大起义

19 世纪中期，印度沦为了英国的殖民地。印度有广阔的土地，丰富的原料，英国工业革命的发展，离不开对印度的掠夺，以至于英国人称印度是众多殖民地当中最灿烂的一颗明珠。

英国从印度掠夺廉价原材料，经过工业加工后的商品，又高价卖

回印度，垄断了印度市场。这导致印度手工业者遭受灭顶之灾，他们纷纷破产，沦为了流民。而英国人在压榨印度老百姓的同时，对于印度上层王公，他们也毫不客气。例如，英国人规定，如果王公没有子嗣，他的土地，在死后应该无条件归大英帝国女王所有，这一政策引起了印度王公的强烈不满。

1857 年，印度中部一个叫章西的国家，国王没有后代，其去世后英国人便开始觊觎章西国的土地。在这紧要关头，年仅 21 岁的章西王后站了出来，她勇敢地说自己已经有了一个养子，章西国后继有人，不能将国土送给英国人。对此英国殖民者恼羞成怒，宣布对章西国发动战争。

在英国殖民当局集结军队，准备前往镇压时，军队内部却突然出现了哗变。英国驻印军队的大部分士兵都是印度本地人，英国殖民当局新发的子弹用涂有牛脂和猪油的纸包装，使用时必须用牙咬开。所以使用这种新子弹伤害了信仰印度教和伊斯兰教士兵的宗教感情，激起了普遍的愤慨且拒绝使用。英国军事当局对士兵的反抗采取了镇压，这加速了印度民族大起义的爆发。

英国殖民当局的倒行逆施，引起印度各阶层的强烈不满，王公、士兵、手工业者、农民都行动了起来。章西王后宣布自己为章西女王，很多起义军都加入了她的阵营，作战时的章西女王跨着白马，一身戎装，永远冲在队伍的最前面，在她的带领下，起义军打了很多胜仗，重创了英国殖民者。

可是由于印度民族大起义中的很多力量缺乏统一的领导，最终被英国人各个击破，还有一些接受英国教育或者接受了英国利益的“印奸”精英，例如，被称为柴明达尔的包税地主，就死心塌地为英国人服务，残酷地镇压本国同胞的反抗。

虽然印度民族大起义失败了，但它沉重打击了英国的殖民统治，是一次印度民族意识的觉醒，成为19世纪亚洲民族解放运动的一个重要的组成部分。

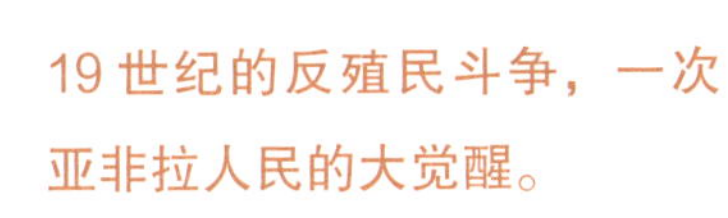

19世纪的反殖民斗争，一次
亚非拉人民的大觉醒。

一、选择题

拉丁美洲是指今美国以南的所有美洲地区，当地国家主要采用拉丁语作为国语。这一状况是由哪两个国家的殖民扩张造成的（　）。

①英国　②法国　③西班牙　④葡萄牙

A. ①②　B. ③④　C. ①③　D. ②④

二、读文思考

通过阅读本小节，请简要说出印度大起义的背景、过程、代表人物，以及历史意义。

2. 俄国改革

彼得一世改革

俄罗斯人属于东斯拉夫人的一支，13 世纪末期，莫斯科公国由弗拉基米尔大公国分封而成，它的周围还有一些小的公国。13 世纪上半叶，蒙古帝国开始大肆西征，成吉思汗的孙子拔都征服了钦察草原、克里木、高加索（到打耳班）、保加尔汗国（保加利亚）、伏尔加河和奥卡河地区，以及第聂伯河流域的罗斯各公国等广大地区，并建立了金帐汗国。而莫斯科公国作为一个小国家，只能俯首听命于拔都，充当金帐汗国的马仔，替他们收税并管理其他事务。

14 世纪末，金帐汗国开始衰落，莫斯科公国却开始崛起。16 世纪，莫斯科公国取代了金帐汗国，成为一个统治欧洲东部的中央集权国家。因为拜占庭帝国灭亡后，帝国的末代公主索菲娅·帕列奥罗格嫁给了莫斯科公国的国王伊凡三世，从此莫斯科公国国王改叫“沙皇”，意思为罗马皇帝的继承者。伊凡四世即位沙皇之后，莫斯科公国改为沙皇俄国，简称“沙俄”。

沙俄建立后，实力迅速强大，但与欧洲西部国家相比，依然有很大的差距。俄国采取落后的农奴制，大量的劳动力被禁锢在农村，致使工商业发展极为缓慢，而欧洲西部的国家已经经历了文艺复兴、新航路开

辟、殖民掠夺等阶段，正处于资本主义原始积累的高度发展阶段。

1682 年，俄国的第三任沙皇——费奥多尔三世去世后，由于没有子女，所以他同父异母的弟弟彼得即位。但不久，禁卫军不满彼得即位，发动了政变，他们推举费奥多尔三世的亲弟弟伊凡继承了沙皇，人称“伊凡五世”。为了平衡矛盾，彼得和伊凡五世都称为沙皇，由姐姐索菲娅摄政。

虽然年幼的彼得没有任何权力，但他并不甘心平庸。他曾在少年时，混入俄国出访欧洲的使团中，以一名普通水手的身份，随访了欧洲各国，他十分钦佩西欧的发达，尤其热爱它们的科学技术。这一次出访，让彼得大开眼界，并且也让他立志要让落后的俄国像西欧各国一样的发达。

1689 年，彼得清除了姐姐索菲娅的势力，并将姐姐送到修道院，而他的哥哥伊凡五世，病弱低能，名为沙皇，但不能和彼得竞争权力，所以在清除了索菲娅公主的势力后，彼得掌握了国家的全部权力。从此他开始了大刀阔斧的改革，即历史上著名的“彼得改革”。

在军事上，彼得建立了一支常备军，要求贵族也要到军队服役，并且派遣贵族子弟到西欧各国学习军事。从前的贵族老爷们只会吃喝玩乐，扛枪打仗是不可能的，那时只有农民、手工业者、商人才当兵，而战争结束后，他们还要自己讨生活，这引起了他们的强烈不满，打仗时，他们出工不出力，导致俄国在军事战争中屡战屡败。而彼得的军事改革则是直面此问题，他要让贵族们振作起来，并提示他们：要掌握权力，必须先提高能力。

在经济上，彼得鼓励发展手工业，准许大工场主到农村投资，并且允许他们购买一个村子的农奴，以满足劳动力的需要。

在文化教育上，彼得鼓励兴办科学院，开办学校，创办报纸等。

经过改革，俄国国力蒸蒸日上，经济实力增强，不久在对外战争中，一举击溃了瑞典，为了防范瑞典的反扑，彼得一世在北部边境修建了一座崭新的大城市——圣彼得堡，并且将都城迁到了这里。该城市融入了彼得的名字，彰显了彼得大帝的历史功绩。

彼得大帝的改革推动了俄国的近代化发展，但固化了俄国的农奴制。农奴在改革中没有得到任何利益，农奴制反而被进一步强化，这又成为制约俄国社会发展的障碍。

废除农奴制

19 世纪中叶，英国已经完成了第一次工业革命，英国的政治、经济、文化思想、科学技术都进入了发达资本主义阶段。而反观俄国，钢铁产量只有英国的八分之一，铁路长度只有英国的十分之一，俄国的工业发展速度落后的根本原因便是农奴制。

农奴制将广大农奴固定在土地上，从事着落后的农业生产，他们报酬微薄，没有任何人身自由。工业发展需要的劳动力也因此得不到补充，致使工业发展落后。随着资本主义的发展，农村的农业危机加剧，农奴反抗层出不穷，虽然都被沙俄政府血腥镇压，但沙皇俄国也在考虑，如何才能摆脱这样的时代危机。

1853 年，俄国与英、法两国为争夺小亚细亚的领导权，而爆发了举世瞩目的克里米亚战争。在战争初期，俄国的黑海舰队打败了追随英法的土耳其舰队。两支舰队都使用帆船，但俄国的帆船略胜一筹，一共击沉土耳其 7 艘护卫舰和 2 艘巡洋舰。

英法见土耳其海军不堪一击，便急忙从幕后窜到了前台。1854 年，英法海军出动了 25 艘舰船，他们的舰船都是由风帆和蒸汽混合驱动，

机动优势非常明显，而俄国的舰船主要借助风力，一旦没有风，就只能依靠人力了。而且英法联军使用的枪为米尼步枪，射程 500 码（一码约合 0.914 米），野战火炮射程 1000 码以上，反观俄国军队，竟还在使用落后的滑膛枪，射程仅 150 码左右。而造成双方武器差别巨大的根本原因，无非就是农奴制下的俄国，仍然是一个落后的农业国，而此时的英国，经历了工业革命的洗礼，早已成为先进的工业国。

英法联军出动了五六万人，在加里波利登陆，但不幸的是，英法联军刚一登陆便遭遇了瘟疫，死了大约两万多人。而且“坏事成双”，1854 年 8 月，英法联军的营地发生了一场火灾，150 吨饼干和 10000 多双军靴付之一炬。可即便如此，英法联军还是打败了以逸待劳的俄国军队，将俄国木制帆船组成的“黑海舰队”全部击沉，只在海上留下了一片片的碎木屑和破甲板。为什么会这样呢？因为除了常规武器差异太大之外，英法还有有线电报这样的高科技，用来传递军令，而俄国，则还需要传令兵在枪林弹雨中匍匐前进。

克里米亚战争的失败，俄国牺牲了 50 多万士兵，耗费军费 8 亿卢布，而且更为严重的是，战败激化了俄国的社会矛盾。对此俄国的新任沙皇亚历山大二世决定进行农奴制改革。

亚历山大二世与他父亲沙皇尼古拉一世相比，相对开明得多。他留过学，当过兵，下过基层，亲身接触过贫苦农奴，了解了一些上层阶级不曾了解的情况。所以他继位后的第一件事就是改革。

亚历山大二世改革的内容如下：废除农奴制，恢复农奴的人身自由，他们可以自由求职，但土地仍然归农奴主所有，农奴也可以以高出市价两三倍的价格进行赎买，没钱的话，可以申请政府资助，只是要支付极高的利息。

亚历山大二世毫不掩饰地说：“请你们相信，为了保护地主（农奴主）的利益，凡是能做的一切我都做到了。”其实他也是没办法，如果他不这样做，便很难得到农奴主的支持，改革就很难继续下去。

改革的最终结果是，农奴获得了解放，但也变得一贫如洗，他们仍然是社会的底层，阶级地位并没有多大的提升。尽管如此，亚历山大二世的农奴制改革仍然具有划时代的进步意义。俄国最终废除了农奴制，走上了资本主义道路，并在不久之后幸运地赶上西欧第一次工业革命结束和第二次工业革命开始的衔接点，俄国充分利用了西方的科技成果，资本主义经济也迅速发展起来。

彼得大帝改革，使俄国由“公国”变成了“帝国”。

一、选择题

俄国1861年农奴制改革后，农民的赎金为发展工业积累了资本；农民在法律上获得解放，为工厂提供了劳动力；自然经济的瓦解扩大了国内市场。以上说明农奴制改革（　）。

A. 是一场自上而下的改革　　B. 为资本主义发展提供了条件

C. 保留了大量的封建残余　　D. 使俄国走上了对外扩张道路

二、读材料，回答问题

19世纪中期，俄国的资本主义工业发展缓慢，落后于其他主要资本主义国家，农奴境况悲惨，暴动频繁。农民的“叛乱”每10年都要高涨一次，这使头号大地主亚历山大二世不得不承认，从上面解放比等待下面推翻要好些。

问题：俄国通过什么事件摆脱了这一困境？这一事件是俄国历史的重大转折点，我们的依据是什么？

3. 两条道路——战场上见

水火不容的南北方

美国独立后，南方与北方采取了不同的资本主义发展模式，南方采取的是种植园经济，利用从非洲掠夺来的黑奴，种植棉花等轻纺工业的原材料，以此来换取英国廉价的工业品；而北方则是发展资本主义工业，这就需要大量的劳动力，还要减少外国进口，增加本国出口，提高关税，尽可能保护本国工业的发展。因此南北方的资本主义发展模式，有着本质上的分歧。

19 世纪中期，南北双方利益冲突出现了扩大化，因为西部有大片的摇摆州，南北双方都想在西部各州推行自己的发展模式。当时的美国总统詹姆斯·布坎南无力调解局面，他既支持南方的蓄奴州屡次提出的废奴提案，又袒护北方的工业州，批评南方蓄奴州阴谋脱离联邦政府。总统詹姆斯·布坎南属于典型的骑墙派，可他做“政治老好人”的心理，无法调解矛盾日益尖锐的南北冲突，最终落得了个被两边人厌恶的境地。这位年已七旬的老总统，只好黯然神伤地向众人表示，自己不会参加下一任总统竞选，就这样伤心地退出了政坛。

1860 年，是美国的总统选举年。一个来自肯塔基州哈丁县贫穷家庭的穷小子——亚伯拉罕·林肯打败了大富翁道格拉斯，当选美

国第16任总统。道格拉斯富可敌国，每到一处，他便鸣放礼炮32响，引起众人围观。面对道格拉斯的喧闹竞选，林肯只是平静地对支持者说："我除了妻子和孩子，身无长物，我只有靠你们，才能赢得大选的胜利。"最终，朴实的话打败了震天响的礼炮，林肯当选为总统。

林肯当选总统后，旗帜鲜明地站在北方工业州这边，这引起南方蓄奴州的强烈不满。1861年3月林肯就职总统，4月南方蓄奴州就宣布脱离联邦，并在里士满成立了美利坚联盟国，政界元老杰弗逊·汉密尔顿·戴维斯担任联盟国的总统，沙场宿将、西点军校原校长罗伯特·李担任联盟国总司令。

林肯刚就任总统一个月，美国便出现了大规模的分裂、叛乱，不过林肯早有心理准备，他积极排兵布阵，决定武力维护联邦的统一，镇压南方的叛乱，于是一场旷日持久的"南北内战"正式拉开了帷幕。

五年内战

实力对比，北方拥有23个州，2000多万人口，年产值15亿美元，有22 000英里的铁路。而南方一共7个州，人口只有910万，还包括400多万黑人奴隶。然而战争初期，南方联盟军却屡战屡胜，这与南方联盟军总司令罗伯特·李有密切的关系。

罗伯特·李是美国独立战争英雄亨利·李的第四个儿子，他从小便接受了良好的军事教育，后来就读美国西点军校，并以第二名的优秀成绩毕业。毕业后，他投入军队，在美国与墨西哥的战争中，因军功卓著被晋升为中校，不久又晋升为将军。

比较戏剧性的是，南北双方都为了争夺罗伯特·李而绞尽脑汁。

林肯曾在华盛顿召见他，并反复恳请他担任北军司令，尽管罗伯特·李本人也反对南方脱离联邦，反对奴隶制，他还释放了自己的家庭奴隶，但他更热爱自己的家乡弗吉尼亚，而弗吉尼亚恰恰是南方各州的叛乱中心。南方联盟国总统杰弗逊·汉密尔顿·戴维斯重金聘请他担任南军司令。罗伯特·李这种优秀的军事人才加入南方军队，导致胜利的天平偏向了南方。

从1861年战争开始，南军陆续在萨姆特堡战役、马那萨斯会战、半岛战役等战役中取得胜利，北方政治中心华盛顿一度陷入了慌乱。但就在南方联盟扬扬得意的时候，联邦总统林肯展开了雷厉风行的“政治战”。

1862年，林肯签署了《宅地法》《解放黑人奴隶宣言》两项政令。这两项政令犹如一颗核导弹一样，在南方各州掀起了巨大的波澜。

《宅地法》规定农民可以到西部各州耕种，只要缴纳10美元，并连续开垦五年，就可以获得西部不超过160英亩的国有土地。广大底层白人听到这一政令，激动得奔走相告，他们装上行李，带上老婆孩子，开启了著名的“西进运动”。著名的“西部牛仔”之所以能在西部骑着白马，穿着牛仔裤，腰里别着左轮手枪，就是源于林肯签署的《宅地法》。

《解放黑人奴隶宣言》规定，从该宣言生效之日起，所有美利坚联邦叛乱下的领土之黑奴应享有自由，然而豁免的对象未包含未脱离联邦的边境州，以及联邦掌控下的诸州。并且鼓励黑奴加入北方军队，为了自己的自由而战。

不得不说，林肯的政治战堪比百万大军，底层白人担心联邦政府一旦倒台，《宅地法》会泡汤，所以他们积极支持联邦政府；广大黑

人正在前线为南方联盟出生入死，听到《解放黑人奴隶宣言》之后，激动地挥泪庆祝，直接倒戈。即便是百战百胜的“天才将军”罗伯特·李，面对林肯的政治战，也是一筹莫展。从此南方军队开始走向下坡路，战况急转直下。

1865年，南方军司令罗伯特·李宣布投降，持续了五年的美国内战彻底画上了一个句号。由于按照联邦宪法规定，各州有权利选择脱离联邦，所以南方各州的叛乱行为并非十恶不赦，而是一种合法行为。南方军司令罗伯特·李作为南方的头号战犯，并没有受到审判，只是关了几天便被假释了，不久还担任了华盛顿大学的校长。美国总统林肯也没有株连南方叛乱的诸将，还亲切喊他们为“同胞”。林肯认为，这场持续五年的内战，双方死伤一百多万士兵，付出的代价太大，没有必要继续牺牲了。南方军司令罗伯特·李在投降前夕，还断然拒绝了部将提出的“游击战”的建议。

就在取得军事胜利的第五天，林肯在一个戏院看戏，他想放松一下疲惫的心情，谁承想在戏剧高潮来临的时候，一声清脆的枪响，林肯应声倒地。原来是一个支持黑奴制度的演员，一直埋伏在舞台的角落里，伺机朝林肯开枪，并且成功击中了他的头部，林肯当场死亡。

1927年，美国人民为了纪念对美国做出突出贡献的四位总统，在拉什莫尔山国家纪念公园的峭壁上雕刻了他们的巨幅头像，他们是乔治·华盛顿、托马斯·杰斐逊、西奥多·罗斯福和亚伯拉罕·林肯。华盛顿总统是美国国父，杰斐逊总统完善了美国的法律体系，罗斯福使美国跻身世界霸权，而林肯则维护了联邦的完整，废除了黑人奴隶制。

南北内战是美国第二次资产阶级革命，它维护了国家统一，废除了奴隶制，清除了美国资本主义发展的障碍，为以后美国经济的迅速发展创造了有利的条件。

在美国四十六任总统中，出身最低微的人，却做了最伟大的事情——亚伯拉罕·林肯。

一、选择题

19世纪中期，在得克萨斯州，两个陌生人只有以枪相对，他们的见面礼是一个老问题——“拥护奴隶制还是反对奴隶制”，跟在答话后的往往是开枪。这说明（　）。

A. 当时社会的焦点问题是奴隶制的存废

B. 美国社会不稳定

C. 奴隶制变成美国人向往的制度

D. 种族歧视问题严重

二、读材料，回答问题

材料一　马克思指出：“当前南部与北部之间的斗争不是别的，而是两种社会制度……之间的斗争。”

材料二　列宁诊断这场战争具有“极伟大的、世界历史性的、进步的和革命的意义……为了推翻黑奴制度，为了推翻奴隶主的政权，就是使全国多年进行内战，遭到同任何战争分不开的无穷的破坏、摧残和恐怖，也是值得的”。

（1）材料一中的两种社会制度指的是什么？

（2）材料二中的“战争”指的是哪一次战争？这次战争的导火索是什么？

4. 近代日本崛起之路

倒幕运动

从 12 世纪开始，日本进入了幕府时代，天皇统而不治，历代幕府将军给天皇发工资，每年大约发放禄米五万石，但奈何家族人多啊！以至于天皇并不富裕，经常缺钱，连喝酒都要兑水，从来不敢畅饮。幕府将军操控政权，天皇成了彻底的“橡皮图章”，就像一个稻草人，为什么幕府将军不直接废黜他呢？

因为日本信仰神道教，神道教的神灵便是天照大神，天皇是天照大神的后裔，因此天皇具有神性，如果废黜天皇，那天照大神的宗教理论体系，又如何解释呢？

此外日本实行分封制，中央政府的幕府将军控制力度有限，全国大大小小一二百个藩国，每一个藩国都有军事力量，它们可以互相攻打，但却唯独不能大规模地吞并。日本天皇以神后裔自居，得以在藩国混战中，侥幸存在了一千多年。其实我们中国在春秋时代也是如此，全国大小诸侯几百个，相互攻打，甚至可以架空周天子，但却不能取代周天子，东周也得以维持了四五百年的统治。然而当时的周朝在精神信仰不似日本，没有天子为神的宗教体系，而是天子为大宗的宗法体系。春秋之后，随着宗法制度、礼乐制度的崩溃，中国便进入了大

混战的战国时代，而周天子也变得很多余了。前 256 年，秦国吞并了东周国，周天子彻底消失了。

日本的社会等级，士农工商，各阶层不得越级，只能世代传承，日本人就这样一代代地繁衍不息。直到有一天，一艘美国军舰的到来，打破了日本的“千年寂静”。

1853 年，美国海军佩里将军携四艘军舰闯入日本江户港，佩里将写给日本天皇的信，递交给日本幕府。幕府将军并没有将信转交天皇，而是自己阅读。在信里，美国人明确提出了建立外交关系和通商的要求。对此，幕府将军犹豫了。而广大日本人第一次见到冒着黑烟的美国铁甲舰，在好奇的同时，也令不少有识之士心里充满了恐惧，虽然他们闭关锁国，但他们也都知道近在咫尺的中国发生了鸦片战争，还被迫签订了一系列的屈辱条约。

最终在武力胁迫下，日本人答应了美国人的要求，但没想到美国人刚走，英国人、法国人、西班牙人就都涌入了日本，日本谁都不敢得罪，只好一一签订了对外贸易的条约。

随后，日本的市场被西方列强所垄断，广大农民和手工业者破产，下层老百姓没活路了，自然也冲击了中上层阶级。维持日本军事力量的武士阶层陷入了经济困难，有的武士不惜靠种地、卖佩刀来维持生活。武士阶层的不满，引起各地藩主的恐慌，他们将怒火发到了执政者幕府将军的身上，谁让他是实际的统治者呢？日本西南的一些藩国甚至打出了“奉还大政”的旗号，进行“倒幕”的军事运动，强迫幕府将军将统治大权归还天皇，对此幕府进行了残酷的镇压。

1868 年，在鸟羽、伏见的两场战役中，日本幕府军被击溃，幕府将军德川庆喜只好“奉还大政”，日本的第 122 代天皇明治掌握了政权，并且进行了审时度势的改革，人称“明治维新”。

富国强兵的明治维新

1868 年，日本明治天皇下诏开始改革。

在政治上，废藩置县，即废黜各地藩主大名的封地，在各地设立 3 府 72 县，由中央政府统一管辖。

在经济上，推动地税改革，大力发展资本主义工商业。

在阶级关系上，实行士农工商的四民平等政策，取消法律上的阶级隔阂，除皇族外，其他阶层都可以通婚。当然如今的日本皇族也可以与平民通婚了，但皇族女孩嫁给平民，必须放弃皇族的头衔，例如，明仁天皇的孙女真子内亲王于 2021 年 10 月嫁给出身平民的男友之后，便注销了皇籍，从一个娇贵的公主变为了一个普通的平民。当时的大名（各地藩主）成了日本的华族，明治天皇给予他们贵族的头衔，实行国家奉养，所以明治维新对他们冲击不大，但下层的武士就很惨。因为他们只会打仗，不会种地或者做生意，而国家改革也照顾不到他们的利益，好在国家发放了一笔高昂的“遣散费”，有能力的武士靠着这笔钱，成了早期的资本家，没能力的武士，将这笔钱挥霍一空后，彻底地沦为平民中的“贫民”。

在文化教育上，日本实行向西方学习的政策，甚至连欧美的礼仪、饮食习惯都学，日本之所以这样做，就是要将日本打造成比欧美人还要欧美的现代化国家。

经过明治维新，日本开辟了资本主义的发展道路，实现了富国强兵，但依然保留了大量的封建残余。这里的封建残余主要是针对天皇的权力。天皇依然是日本的神，天皇掌握军队，控制内阁政府，不久

便形成了军国主义，给亚洲各国和人民带来了深重的灾难。

明治维新，日本踏上了工业革命的末班车。

一、选择题

明治维新期间，日本政府推行“改历”“易服”“剪发”等措施，以改变中世纪的风俗习惯，倡导西方人的生活方式。这体现的改革政策是（　）。

A. 废藩置县　　B. 殖产兴业　　C. 文明开化　　D. 富国强兵

二、评说本课重难点

重点：明治维新的主要措施及作用。

难点：明治维新的背景及对日本产生的影响。

本章思维导图

王老师划重点

第八章 资本主义制度笼罩下的全球新形势

- 殖民地人民的反抗斗争
  - 拉美独立运动领导人：玻利瓦尔、圣马丁
  - 1857年，印度民族大起义，领导人之一：章西女王
- 俄国改革
  - 彼得一世改革
    - 目的：富国强兵
    - 内容：①加强中央集权 ②兴办手工工场 ③创办新式军队 ④向西方学习文化、礼仪等
    - 影响：俄国强大，成为欧洲强国
  - 亚历山大二世改革
    - 目的：废除农奴制，扫除资本主义发展障碍
    - 性质：资产阶级性质改革
    - 影响：俄国走上资本主义道路，且保留封建残余
- 美国内战
  - 原因：南北两种资本主义不同发展模式
  - 过程：1861年开战，1865年结束，北方胜利
  - 影响：为资本主义工业化发展创造条件
- 日本明治维新
  - 开始：1868年，明治天皇改革
  - 内容：加强中央集权，鼓励“殖产兴业”等
  - 影响：日本走上资本主义发展道路，但保留封建残余

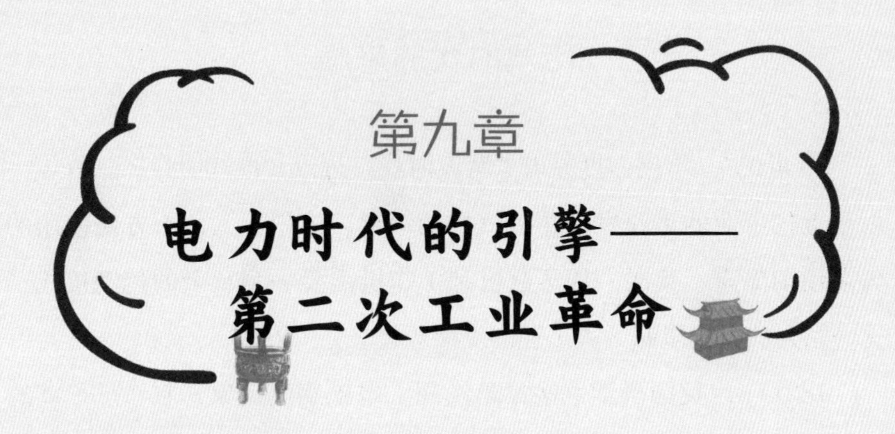

第九章

电力时代的引擎——第二次工业革命

1. 科技领域的创新与社会变化

电气时代的来临

19 世纪 70 年代，世界由“蒸汽时代”进入“电气时代”。首先，由于近代工业的迅速发展，蒸汽机功率慢，体积庞大，不方便使用的弊端逐渐显露。其次，从蒸汽机到工作机需要一套复杂的传动机构，这一系列的因素限制了大工业的发展规模。

1831 年，英国科学家法拉第发现了电磁感应现象，制作了早期的发电机。从此，电力作为新能源进入生产领域，并日益显示出它极大的优越性。

首先，电能可以通过发电厂和电力网，便于传输和分配，电动机能满足工业对小型动力装置的要求。其次，电力代替了笨重的蒸汽机，节约了大量的煤炭。最后，电能与其他能源相比，更容易促进生产过程的机械化和自动化。

电气时代的来临，大大增加了社会物质财富，人们的物质生活变得更加丰富多彩，城市化速度空前加快。1879 年，发明大王爱迪生发明了电灯，人类从此告别了夜晚点蜡烛的时代。电灯让大城市成为一个个的“不夜城”，美国建立了一座大型的火电站，为电话、洗衣机等各式各样电器的使用提供了源源不断的能源，人类真正进

爱迪生曾被老师嘲笑为“低能儿”，但这个“低能儿”却发明了电灯，照亮了世界。

入了“电气时代”，电气时代取代了蒸汽时代，标志着第二次工业革命的到来。

汽车的诞生

自法拉第发现电磁感应原理之后，经过几十年的苦心研究，1881 年，法国工程师古斯塔夫·特鲁夫发明了铅酸电池三轮电动汽车。电动汽车的发明便利了人们的出行，公交公司大量装备电车，缓解了城市的交通压力。然而电动汽车需要一直给电池充电，跑的路程太近，它的性能软肋限制了交通事业的发展。于是人们开始研究用柴油做燃料的内燃机。

就在各国科学家摩拳擦掌，潜心研究的时候，一个德国青年科学家，他对研制内燃机产生了浓厚的兴趣，他的名字叫罗斯·奥古斯特·奥托。奥托很小的时候父亲便去世了，他中学没有读完便辍学了，但这并没有影响他才华的施展。他开过杂货铺，当过推销员。不久，他听到法国科学家雷诺瓦尔研制煤气发动机的消息，只有 29 岁的奥托开始自学发动机的原理。

不得不说，有时候天才不需要老师，而是需要悟性的。1862 年 2 月，奥托制造出一台四冲程引擎工作样机。但这台新引擎在使用的过程中遇到了困难，特别是在点火装置方面，有很多难题没有解决，奥托便把它搁置一边，着手改进二冲程内燃机。

1862 年，奥托研制的中压煤气发动机试验成功，他认识到内燃机压缩行程的重要性。1864 年，奥托找到了投资方，在资金的支持下，他在德国的科伦建造了世界第一个内燃机工厂。1867 年，他们的内燃机在巴黎世界博览会上赢得一枚金牌，从此人类进入了内燃机时代。

有了发动机，汽车的研制便被提上了日程。1886 年，德国人本茨研制出世界第一辆内燃机汽车，根据本茨名字的发音将汽车起名为奔驰，如今奔驰车已经成为成功人士身份和地位的一种象征。在汽车制造业领域，美国的福特公司虽然起步较晚，但不久便超越了其他汽车公司。1913 年，福特汽车公司研制出汽车行业中的第一条流水线，这一创举使 T 型车总销量突破 1500 万台。而公司创始人福特先生被尊称为“为世界装上轮子”的人。

内燃机的应用，不仅促进了汽车的发展，随后轮船、飞机、拖拉机陆续出现，人们生产生活的效率和品质，得到了极大的提升。

化学工业的发展

火药是中国的“四大发明”之一，传入欧洲之后，却改变了欧洲中世纪的格局。但中国发明的火药是黑火药，硝石、硫黄、木炭或其他可燃物为主要成分，点火后能速燃或爆炸。黑火药爆炸威力较小，所谓的军事武器只是烟花爆竹的加强版。西方诺贝尔发明的火药是黄火药（炸药），主要成分是硝化甘油。黄火药爆炸威力巨大，主要用于工业生产、矿业生产等领域，中国的黑火药和诺贝尔发明的黄火药有明显的区别。

中国火药的发明和道士有着密切的关系。中国古代的一些帝王将相，沉迷于长生不老、修炼成仙，于是一些道士、方士为了谋取富贵，便积极迎合他们，声称可以炼制“仙丹”。道士们在炼丹房将一些易燃物、化学物高温加热，发生了剧烈的爆炸，于是不经意间，就发明了火药。道士们做了试验，却不清楚其中的科学原理，所以只能算“半个科学家”。

而诺贝尔发明的黄火药，则是经过上百次试验，好几次诺贝尔都险些被炸死。经过不懈的努力，他获得了硝化甘油引爆物的专利，建成了世界上第一座硝化甘油工厂，又发明了以硅藻土为吸收剂的安全炸药，还发明了雷管等，诺贝尔的科学发明为他积攒了巨大的财富，他临死前，将自己的遗产全部捐赠给一个基金会，设置了诺贝尔奖，涵盖化学、物理、医学、生物、文学、和平、经济六大类，专门奖励那些为科技发明和人类文明做出突出贡献的科学家和社会学家。

两次工业革命的不同

第二次工业革命与第一次工业革命相比较，有以下显著的不同。

首先是技术领域不同，第一次工业革命以技术为主，发明者主要是一线工作的工匠，他们凭借的是多年的观察、实践得出来的经验，在原有技术领域进行了进一步的创新，更新了技术；而第二次工业革命以科学实验为主，研究主体是接受了大学理工科教育的研究型人才，他们的发明大多诞生在实验室里。

其次是国家不同，第一次工业革命诞生地是英国，第二次工业革命诞生地为德国、美国。说起来挺有趣，为什么英国最早完成了原始积累，却没有继续进行技术更新？因为英国太有钱了，而且殖民地广大，市场和利润都有了，科学反而陷入了静态发展，而且科学的创新需要投入金钱，英国资本家正沉浸在躺着赚钱的快乐中，对科学技术的投入不太感冒。而德、美两国属于后起之秀，他们没有英国那样雄厚的经济基础，这反而刺激他们在生产效率的提升方面进行了大刀阔斧的投入，因此英国在第二次工业革命之后，科学技术领域逐渐落伍了。

再次是组织形式不同，第一次工业革命组织形式是工厂，第二次工业革命组织形式为垄断企业。即某一个行业或者几个行业，在生产、销售等各领域，被若干财团所操控。例如，由摩根第一国民银行、洛克菲勒（约翰）、库恩－洛布、芝加哥、梅隆、杜邦、波士顿、克利夫兰组成的“美国八大财团”，他们控制着美国的国民经济，在美国呼风唤雨，而美国总统和政府也只是他们手中的提线木偶。

最后，第一次工业革命时，主要以轻工业为主，资金少，技术相对落后，单个企业独自发展，没有力量形成垄断；第二次工业革命时，主要集中在重工业，技术烦琐，资金投入大，各企业大鱼吃小鱼，小鱼吃虾米，小企业被纷纷淘汰，渐渐形成了一些巨无霸企业，它们不仅垄断国内某一行业的市场，也垄断了国际市场。例如，19 世纪末的中国，由于大部分地区没有通电，美国洛克菲勒财团便将发明的煤油灯，紧急输入中国市场，小小的煤油灯就为洛克菲勒财团赚了大钱。从此只要有钱赚，资本便无处不在，西方资本主义发展由自由资本主义上升为垄断资本主义，垄断资本主义也被称为“托拉斯帝国主义”。

工业革命后的社会大变样

西方各国成为工业化国家之后，社会出现了以下的变化。

第一，人口增长。随着生产力的发展，导致农业、工业、医学等领域都出现了大幅度的进步。人类富裕之后，妇女生育的热情显著提高，不少家庭向往生孩子，各发达资本主义国家人口都达到了几千万，20 世纪初，美国人口超过了一亿。

第二，受教育程度的提高。工业化社会，教育与工业相接轨，教育为工业培养工作人才。例如，19 世纪初，德国的职业教育特别发达，很多德国小孩选择了读“技校”，随着技术强国理念的普及，如今德国的工业品牌享誉世界。除了职业教育之外，各资本主义国家的基础教育、大学教育都有了很大的发展，英法两国实行了免费义务教育，提升了普通大众的知识水平，促进了社会的发展。

第三，城市化速度加快。类似伦敦、巴黎这些欧洲大城市，人口早已达到了一百万。我国古代农业社会时期，一些城市人口也达到了百万，例如，唐朝的长安，北宋的开封，明清的北京、南京、苏州等城市，但中国古代的城市人口规模是涵盖了城市周围的农村

人口以及大量的流动人口，此外还有庞大的皇族系统，一个王爷养了多少仆婢、杂役？还有首都附近驻扎的庞大军队。他们都聚集在大城市里，但他们非但不能直接创造物质财富，反而在消耗财富。尽管中国古代的工商业发达，但广大市民却仍然以种地为主。而工业革命后的欧洲城市人口，是有固定职业和工资收入的，这就是工业文明和农耕文明的区别。

第四，环境污染和贫富分化的加剧。随着工业化、城市化进程的加快，欧洲城市出现了严重的负面问题。例如，工厂排放大量的废气、废水，严重危害了人们的身体健康，资本家攫取了社会财富，而工人得到的物质回报却日益减少，贫富分化的产物是社会道德的急剧沦丧，每一个人都生活在焦虑不安之中。工人们的生活悲惨，最终酿成了美国芝加哥工人大罢工、法国巴黎公社起义等激烈的冲突与对抗。

一、选择题

1866 年，人们铺设了一道横越大西洋的电缆，建立了东半球与美洲之间直接的通信联络。其主要技术来源于（　）。

A. 工业革命　　B. 第二次工业革命

C. 新航路开辟　　D. 第三次科技革命

二、读文思考

西方成为工业化国家之后，与工业革命前相比，西方社会都出现了哪些变化？

2. 一个诞生科学家和艺术家的时代

近代物理学之父——牛顿

工业革命时期有两个著名的科学家，他们就是牛顿和达尔文。中国著名相声表演艺术家牛群和冯巩，在《瞧这两爹》的相声中，牛群说给儿子起名为“牛顿”，在一边的冯巩调侃解释说：“长得像头牛，反应还很迟钝。”冯巩的幽默解释，引起了现场和电视机前观众的哄堂大笑，然而现实中的牛顿却并非如此。

牛顿出生在一个平民家庭，小时候学习成绩一般，但他非常擅长思考，有时候思考过度，甚至会忘了手中的事情。据说他在一次实验的途中，想煮几个鸡蛋来充饥，但过了好一会儿，他才发现自己竟然把怀表给煮了，这个事情被传出来之后，人们都笑着说他是一个“怪人”。

牛顿的科学贡献主要集中于牛顿力学的发明和数学微积分的发明，这两项发明，为工业数学应用中的计算、测量，做出了突出的贡献。牛顿也被后人称为“近代物理学之父”。

达尔文和他的《物种起源》

中世纪晚期，西方自然科学兴起，科学理论的发展对基督教的原始教义形成了无形的冲击，例如，天文学家布鲁诺因为坚持“日心说”，反对教会的“地心说”，而被宗教法庭判处了死刑；发明天文望远镜的伽利略坚持“日心说”，被教会法庭判处终身监禁；天文学家哥白尼是“日心说”的发起人，但他一直没有发表自己的科学著作《天体运行论》，而是在他生命弥留之际，才公开发表。教会气得破口大骂，但他们对待一个快死的人，又能怎么样呢？总而言之，中世纪时期，基督教会一直在阻碍科学的发展，因为科学发展的同时，教会的权威也在被一点点地松动。

中世纪结束后，西方历经文艺复兴、宗教改革、启蒙运动。到了19世纪，人类的思想有了飞速的转变，人们更愿意相信科学，而不是神学。与此同时，西方社会经历了工业革命，在物理学、化学等领域取得了举世瞩目的成就，这也刺激了生物学的发展，一个叫达尔文的英国生物学家，写了一本名为《物种起源》的书。该书对古生物学、生物地理学、形态学、胚胎学和分类学等许多领域进行了细致的研究，最终达尔文以自然选择为中心，从变异性、遗传性、人工选择、生存竞争和适应等方面论证物种起源。

关于人类起源，中世纪一直流传“上帝造人说”，达尔文的“物种起源”理论却主张人是由猿猴进化而来的，这遭到教会的猛烈抨击。但工业革命后的教会，已经无权审判世俗案件，所有的案件必须由国家法院审理。所以达尔文比较幸运，他没有像布鲁诺那样，在广场上被教会焚烧而死，这就是时代进步的一个表现。

达尔文的成功，离不开他的妻子艾玛。艾玛是达尔文的贤内助，

达尔文认为，人类是由猿猴进化而来的。

她告诉达尔文在《物种起源》一书中，要多一些论证，少一些批判，正因为妻子的帮助，达尔文的书才被更多的世人接受。《物种起源》刚一问世，便销售一空，达尔文也成为当年“作家富豪榜”上的风云人物。

文学巨匠和他们的巨作

19 世纪，是资本主义文明的上升期、确立期，也是人类道德急剧沦丧的时期，人们更在乎金钱，而不是伦理道德。很多文学家针对这一颓废现象，开始了批判文学的创作，其中最有代表性的是法国文学家巴尔扎克和俄国文学家托尔斯泰。

巴尔扎克年轻时开过工厂，也经过商，但他没有管理才能，很快欠了一屁股债。这时的巴尔扎克和如今很多年轻人一样，感到迷茫、困惑，甚至有了一种人生挫败感，直到有一天他认识了法国大作家雨果。雨果发现眼前的这个年轻人，很有想象力，非常适合写作，便鼓励他从事写作事业。从此巴尔扎克步入文坛，而他早年投资工商业的失败经历，使他更了解虚伪欺诈、钩心斗角等人间百态，这些都成了他写作的素材，巴尔扎克开始了他长达二十多年的批判文学创作。

巴尔扎克的代表作是长篇小说《人间喜剧》，这部书是他的小说集，包括了他所编写的九十多部中长篇小说。其中《高老头》《欧也妮·葛朗台》是他的著名代表作。

《高老头》讲述了一个可怜的法国老人，他只有两个女儿，他毕生的希望便是女儿们能嫁入豪门，而他最终也得偿所愿，大女儿嫁给了贵族，二女儿嫁给了银行家。但令他万万没有想到的是，女儿和女婿联合起来，将他赶出家去，并且勒索了他最后的“保命钱”。最终在一个寒冷的冬夜，他孤寂地死在破旧的公寓里。

《欧也妮·葛朗台》讲述了一个守财奴葛朗台，他是一个富商，但却吝啬无比，周围的邻居、生意伙伴都受过他的欺骗，可他却因为占了便宜，而时刻扬扬自得。在他临死时，他让女儿将家里全部的金子放在桌子上，他看着满桌金子，却无法带走，一时间急火攻心，最终死去。

虽然巴尔扎克写的是《人间喜剧》，但实际是一种悲喜剧、荒诞剧。他也因为写了《人间喜剧》，被人们称为“现代法国小说之父”。

比巴尔扎克晚几十年，在俄国也诞生了一位伟大的文学家，他的名字叫托尔斯泰。托尔斯泰出身贵族，但从小就父母双亡的他养成了

独立的习惯。青年时代的托尔斯泰迷上了文学写作，从此不能自拔，陆续写下了《战争与和平》《安娜·卡列尼娜》等传世之作。

托尔斯泰既同情底层农民，又不主张他们暴力革命，只宣扬空洞的博爱，所以托尔斯泰被称为“俄国革命的镜子”。

音乐天才贝多芬和美术大师凡·高

18 世纪晚期，德国出现了一位天才音乐家，他的名字叫贝多芬。贝多芬的父亲一心想让儿子成为莫扎特那样的音乐大家，所以对他进行了严格的训练。年幼的贝多芬在父亲的威逼下，学会了演奏钢琴、小提琴等乐器。但父亲的压力，却使贝多芬性格变得执拗，影响了他的一生。无独有偶，近代舞蹈巨星迈克尔·杰克逊也是在父亲的威逼下，苦学艺术，但他并不喜欢父亲，他在遗嘱中也没有提到父亲的名字，看来家庭教育确实是一门大学问啊。

贝多芬的成名作是第三交响曲《英雄交响曲》，这首曲子旋律幽美，气势高昂、磅礴，至今仍会被作为很多大型音乐剧、舞台剧的开幕曲。

贝多芬一生未婚，中年时不幸丧失了听力，但他依然编曲、演奏，直到死亡的那一刻。

19 世纪中期，荷兰诞生了一位后印象派画家，他的名字叫凡·高。何为后印象画派呢？在美学上讲，即不满足于刻板而片面的追求光和色，还要强调作品要抒发艺术家的情感。凡·高就是后印象画派的创始人之一。

凡·高出身贫苦，但他从小喜欢绘画，他曾到欧洲各地学习油画，并画出了很多品质高雅的作品。可凡·高个性古怪，不善于交际，他曾与高更一起绘画，但两个人性格都很强势，一次二人闹了不愉快，高更摔门而去，而梵高情绪也异常激动，竟然割掉了自己的耳朵，而且还画了一幅《割耳朵后的自画像》。自画像里的梵高，头缠绷带，面孔消瘦，眼睛深陷，流露出悲愤和绝望的感情。凡·高的画养肥了一大批艺术收藏者和文化古董贩子，但他自己却一生贫穷。因为性格怪异，他在中年时代，住过几年精神病医院，在精神病医院里，凡·高依然坚持画画。

1890 年，凡·高从精神病医院出院，他在一处麦田，画完了人生中最后一幅作品《麦田群鸦》，然后朝自己胸口开了一枪，一代画家就此陨落。

一、选择题

他出生在德国的一个音乐世家，28 岁就患有耳疾，后双耳完全失聪，《英雄交响曲》是他的代表作，他是（　）。

A. 达·芬奇　B. 莎士比亚　C. 贝多芬　D. 巴尔扎克

二、读文思考

近代科学技术推动了生产力的发展，促使社会文明进步，但为什么基督教会却会阻碍科学技术的进步呢？

本章思维导图

王老师划重点

第九章 电力时代的引擎——第二次工业革命

第二次工业革命
- 时间：19世纪60、70年代
- 成就
  - 电力的应用
  - 内燃机的发明
  - 汽车、飞机的问世
  - 化学工业的发展
- 影响：生产力大为提高，资本主义进入垄断时代

工业化国家的社会变化
- 人口增长与大众教育水平提高
- 城市化进程加快
- 环境污染和贫富分化加剧

近代科学与文化
- 科学
  - 牛顿：万有引力定律
  - 达尔文：《物种起源》
- 文学
  - 巴尔扎克：《人间喜剧》《欧也妮·葛朗台》《高老头》
  - 列夫·托尔斯泰：《战争与和平》《安娜·卡列尼娜》
- 艺术
  - 音乐：贝多芬《英雄交响曲》
  - 美术：凡·高《向日葵》

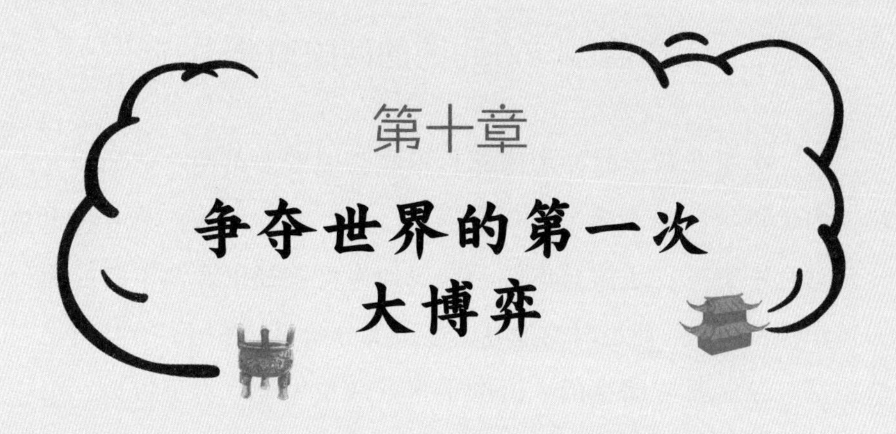

第十章

争夺世界的第一次大博弈

1. 第一次世界大战

同盟国与协约国的两阵对垒

第二次工业革命时，德国起步很晚，但发展很快，例如，发电机、内燃机等高端发明都出现在德国。但工业的发展，只有技术领先是远远不够的，还需要广阔的殖民地来为其提供源源不断的廉价原料和倾销市场。而当时的世界已经被瓜分殆尽，德国只有从英国、法国等“第一批吃螃蟹的人”的手里夺取殖民地。也可以说，第一次世界大战是新老资本主义国家发展不平衡，而导致的不可协调的矛盾下的产物。

19 世纪后期，西欧各国由经济发展不平衡导致政治发展也失衡，各国为了利益，相互建立同盟。

法国和德国是欧洲内陆的两个大国，1870 年，两国爆发了普法战争，战争结束后，德国割占法国阿尔萨斯和洛林两个城市，并且狮子大开口，要求法国赔款 50 亿法郎，由此两国结下了深仇大恨。

沙皇俄国和奥匈帝国的民族构成中，斯拉夫人占有重要的地位，沙皇俄国仗着自己实力雄厚，称自己为“大斯拉夫”，言下之意，奥匈帝国是“小斯拉夫”，小弟弟要听大哥哥的，但奥匈帝国并不吃这一套，因此两国产生了矛盾。

德国与英国也有矛盾，英国与欧洲大陆隔着英吉利海峡，它是一个群岛国家，英国不希望欧洲大陆的某一国独自强大。法国大帝拿破仑时，英国跟在普鲁士、沙俄屁股后面打压拿破仑，如今德国打败了法国，独霸欧洲大陆，英国又开始着手收拾德国，英国的这一政策叫作“大陆均势”。

欧洲几个大国间有了这几组矛盾，便形成了新的组合。1882 年，德国、奥匈帝国、意大利组成了三国同盟，20 世纪初，英国、法国、俄国组成了三国协约。自此，欧洲的火药味十足，各种矛盾错综复杂，大战一触即发。

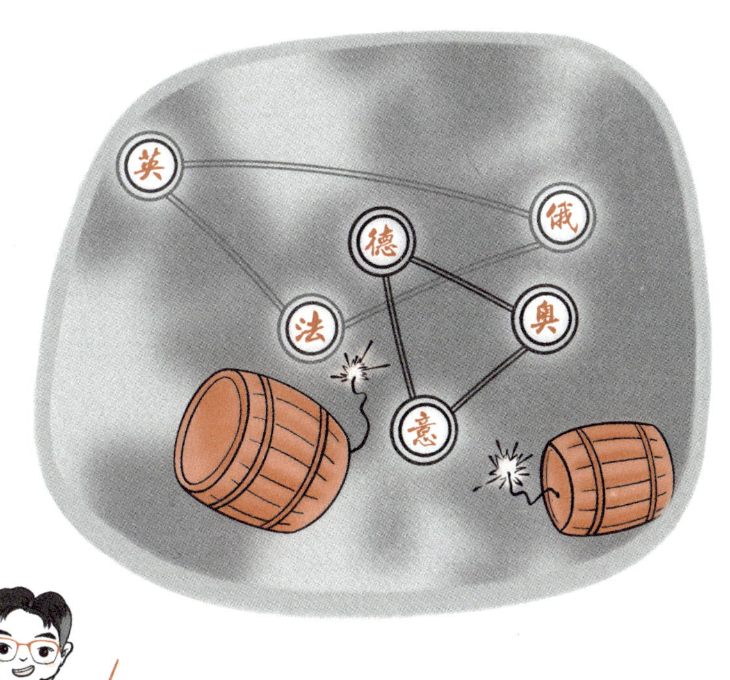

巴尔干半岛上燃烧的火药桶，
爆炸了整个欧洲。

世界大战的导火索——萨拉热窝事件

1867 年，奥地利和匈牙利两国合并为“奥匈帝国”。此外奥匈帝国还统治着捷克斯洛伐克、斯洛文尼亚、克罗地亚和塞尔维亚等国，所以说奥匈帝国是一个多民族组成的联合国家。

1889 年，奥匈帝国发生了一件大事儿，皇储鲁道夫与情妇，双双殉情。因为鲁道夫不喜欢原配夫人比利时公主斯蒂芬妮，而喜欢一个匈牙利贵族的女儿玛丽·维色拉，但西欧基督教下的婚姻只允许一夫一妻，为此他向教皇写信申请离婚，此时的教皇已经不是中世纪的教皇了，他哪里敢管这种事儿！教皇又写信给鲁道夫的父亲——奥匈帝国皇帝弗朗茨·约瑟夫一世。在信中，教皇让他们自己看着办，弗朗茨·约瑟夫一世大怒，囚禁了儿子，结果儿子自杀了。

老皇帝只有鲁道夫一个儿子，儿子自杀后，他便绝了后。无奈之下，他只好让自己的侄子费迪南大公做了皇储。费迪南大公很爱冒险，他曾全球旅行 10 个月，足迹踏遍了世界各个角落。当时的世界并不太平，俄国皇太子访问日本时，就遭遇了枪击，差点毙命。而费迪南大公却不怕，在旅行途中，他持枪猎杀黑熊、鳄鱼等一系列猛兽。费迪南大公的冒险精神为他日后在萨拉热窝被杀，埋下了深深的伏笔。

1914 年，费迪南大公携夫人索菲亚前往塞尔维亚访问。塞尔维亚广大青年对奥匈帝国的统治不满，他们期望塞尔维亚脱离奥匈帝国，实现民族独立，所以费迪南大公的一生，注定充满了各种风险，但他并不害怕，也没有加强自己的安保措施。

6 月 28 日，那一天阳光明媚，费迪南大公夫妇乘坐豪华车队出发，道路两旁人山人海。但在欢迎的人群中，也隐藏着几双冷酷的眼睛。塞尔维亚的热血青年伊里克、普林西普、格拉贝日等人手持炸弹，腰里别着手枪，埋伏在人群中，他们眼神冷峻地望着车队。忽然间，一颗炸弹扔了过去，费迪南大公的副官被炸弹碎片击伤，人群中传来一片尖叫声。随从们都建议费迪南大公打道回府，但费迪南大公却坚持按原计划进行。费迪南大公参加了仪式后，准备去医院看望受伤的副官。结果司机走错了路，将车开进了一个街道的拐角，而普林西普早已在此等候多时，只见他熟练地掏出手枪，干脆利索的连发两枪，费迪南大公夫妇双双中枪，死在了汽车的座位上。因为该事件发生在萨拉热窝，所以史称“萨拉热窝事件”。

老皇帝弗朗茨·约瑟夫一世的儿子死了，如今侄子也死了，他彻底绝后，也被彻底激怒，他下令对塞尔维亚发动军事进攻。而此时的欧洲已经形成了军事同盟，一点火星落下，就迅速燃起熊熊大火。很快沙俄、英、法、德、意等国陆续投入战争，一场局部战争迅速发展为世界大战，因为是人类历史上第一次世界性质的大战，所以又称“第一次世界大战”，一场人类灾难随即到来。

人间惨剧——第一次世界大战

“一战”初期，德国有强烈参与战争的欲望，因为只有战争，才能重新划分世界秩序。奥匈帝国仓促地对塞尔维亚宣战，德国起到了催化剂的作用。德国与奥匈帝国结成了同盟国，法国、英国、沙俄结成了协约国，上百万军队被拉上了战场，近千万人卷入了战争。

意大利本属于同盟国的阵营，但意大利以军事实力薄弱为借口，向德国勒索大量的武器装备，德国自己也正在备战，所以没有搭理意大利，结果意大利转而投向了协约国，意大利也有了“欧洲变色龙”的“美称”。意大利的加入，对协约国不但没有帮助，反而成了累赘，

它刚加入战争，便向俄国、法国求援，俄国、法国在前线与德国打得鸡飞狗跳，还要抽调军队救援意大利。即便各方救援，意大利军队在前线仍然屡战屡败，曾一夜之间，被同盟国军队俘虏了一万多人。

第一次世界大战，分前期战役和后期战役，前期战役主要是马恩河战役，后期为索姆河战役和凡尔登战役。马恩河紧邻法国首都巴黎，德国一路势如破竹，杀到了法国首都附近，在这里，德国聚集了 51 个师，总计 90 万人，英法联军聚集了 66 个师，总计 108 万人。战争仅进行了几天，双方便死伤十几万人，法国杀红了眼，最终艰难地打退了德军的进攻。

1916 年，协约国军队在法国北方索姆河地区展开了战略性进攻，英法联军投入了 86 个师，德军投入了 67 个师。在这场巨大的战役中，工业革命带来的新式武器全部投入了战场，MG–08 式马克沁重机枪，一分钟发射子弹 450 发，仅仅几个小时，便在抢滩登陆战中，打死了英军 60 000 人，英军营地尸横遍野，一片号嗨之声。而英国也投入有新武器——马克 I 型坦克，德国的封锁沟、地雷阵、铁丝网在坦克面前，不值一提。机枪子弹打不穿坦克的铁皮外衣。幸亏英国坦克是第一次上战场，性能比较差，在战场上坏了几辆，否则德军的处境会更加危险。索姆河战役双方死伤共百万人，被人称为“索姆河的地狱”。

索姆河战役爆发之前，在法国凡尔登，德国与法国也打了一场大战，这是一场决定战争胜利的关键之战。德国投入了 50 个师，法国投入了 75 个师。因为法国属于本土作战，战略物资运送比较方便，法国动用了 3900 辆卡车，运送近二十万援军支援前线，而德国则远道而来，补给困难，所以最终法国获得了胜利。凡尔登战役，双方死伤总计近百万人，后人称这次战役为“凡尔登绞肉机”。

在陆军大战的同时，英德双方在丹麦日德兰群岛进行了海军大战，德国的鱼雷艇神出鬼没，袭击英军的兵船、商船，英国损失了大量的军舰。但英国很快封闭英吉利海峡，选择闭门不出，虽然德国海军强大，但军舰毕竟不能按上轮子冲到陆地上作战，最终德国的强大海军游弋在英吉利海峡附近，无所事事，直到战败的那一天，被胜利的协约国下令全部摧毁。

在欧洲大战局势明朗之时，远在美洲的美国和远在亚洲的日本，也紧急加入了协约国，企图瓜分胜利果实，参与战后利益重新分配。

军败如山倒，墙倒众人推。1918 年底，德国见败局已定，宣布投降，第一次世界大战结束。第一次世界大战历时 4 年多，参与国家 30 多个。第一次世界大战后，欧洲的整体力量遭到了削弱，这反而促进了亚非拉殖民地人民的反抗，欧洲各国殖民秩序面临着前所未有的危机。本来欧洲各国进行世界大战，是为了重新划分世界殖民范围，却没想到杀敌一千，自损八百，无论战胜国还是战败国，都元气大伤，而美国、日本等依靠投机，在战后获得了巨大的利益，欧洲的世界地位进一步下降了。

一、选择题

第一次世界大战前，一位德国大臣说："皇上首要的和基本的思想就是粉碎英国的霸权，以有利于德国。"这表明德国参加第一次世界大战是为了（　）。

A. 扼杀巴黎公社　　B. 争夺世界霸权

C. 解放黑人奴隶　　D. 推动欧洲联合

二、读文思考

通过阅读本小节，你认为萨拉热窝事件爆发后，欧洲帝国主义国家对战争的态度是什么？产生这一态度的根本原因是什么？

2. 有一个国家叫苏联

二月革命

1861 年，沙皇俄国发动了农奴制改革。这一次改革为俄国资本主义发展开辟了道路，但同时保留了大量的封建残余。沙皇的权力仍然是至高无上的，广大农民依旧贫穷，俄国社会发展依然落后。但是俄国经济的缓慢增长，为工人阶级的发展壮大提供了客观条件。工人阶级相对农民阶级来说，虽然都是无产阶级，但工人的政治觉悟、文化水平、组织团结等各方面，都略高一些，所以工人是无产阶级革命的领导阶级，农民是重要组成力量。1903 年，俄国的工人阶级成立了第一个无产阶级政党——布尔什维克党，列宁是该党的领导人。

在第一次世界大战中，俄国加入了协约国阵营，对阵德国的东部防线。俄国几百万军队杀向战场，但因为工业发展落后，不少士兵手里还拿着弓箭，两个士兵才分到一支步枪，而且铁路运输滞后，不少部队只能靠步行进入战场，虽然他们的军队数量庞大，但不堪一击。俄国参战后，不仅没有帮上忙，还屡战屡败，战败激化了国内尖锐的阶级矛盾。

1917 年 3 月（俄历 2 月），俄国首都彼得格勒爆发了震惊世界的“二月革命”。广大工人、农民冲向皇宫，沙皇尼古拉二世命令警备

司令哈巴洛夫对彼得格勒罢工运动实行恐怖手段，更加激化了矛盾。支持俄国政府的支柱力量——军队、政府、资本家见局势失控，便果断抛弃了沙皇家族，建立了资产阶级临时政府，沙皇尼古拉二世只好退位。

来自十月的捷报

资产阶级临时政府成立后，选择继续战争，国内的阶级矛盾没有得到缓和，人民群众的生活待遇没有得到改善，这引起他们的强烈不满。

1917 年 4 月，布尔什维克党的领导人列宁发布了《四月提纲》，列宁认为：武装夺取政权的局面已经形成。该年 7 月，布尔什维克党组织群众游行，遭到了军警的开枪镇压，史称“七月流血事件”。事件爆发后，资产阶级临时政府与工人阶级政党布尔什维克党公开决裂。

1917 年 11 月 7 日（俄历 10 月），列宁披着一件呢子大衣，风尘仆仆地赶到彼得格勒的斯莫尔尼宫，这里聚集了大量武装起来的工人和农民，人群见列宁到来，顿时爆发出雷鸣般的掌声。列宁面色凝重地站在主席台大喊：“赤卫队的同志们，集合！出发！”

一群群的士兵、工人、农民潮水般涌向资产阶级临时政府指挥部——冬宫。临时政府的总统克伦斯基躲在地堡里，对手下十几个部长用颤颤巍巍的声音说：“我身为总统，要出去找增援部队。”手下考虑他的安全，拼命地阻止他，但他挣脱开众人的手，离开了冬宫，然后在夜幕的掩盖下，急匆匆地逃之夭夭。

就这样，起义的赤卫队攻占了冬宫，建立了史上第一个无产阶级政权——苏维埃。为了巩固新政权，列宁宣布《和平法令》，退出“一战”；在控制国家命脉的领域实行国有制；废除土地私有制，没收沙皇、地主、官僚的土地，分给农民耕种。

十月革命的胜利，宣告了马克思构想的社会主义革命也可以在落后的国家产生，并推动了国际无产阶级革命运动，鼓舞了殖民地半殖民地人民的解放斗争。中国共产党的成立，也或多或少受到了十月革命精神的洗礼和鼓舞。

社会主义革命的“第一导师”——弗拉基米尔·伊里奇·列宁。

一、选择题

列宁说："如果没有战争，俄国也许过上几年甚至几十年而不发生反对资本家的革命。"对这句话的正确理解是（　）。

A.“一战”是俄国十月革命爆发的根本原因

B. 没有“一战”就没有俄国的社会主义革命

C.“一战”激化了俄国的各种矛盾，推动了革命的发生

D. 俄国十月革命的爆发必须具备战争条件

二、读文思考

1917 年 3 月，尼古拉二世亲临战争前线指挥俄军东线作战，却再也没有回到冬宫……他成为俄国历史上最后一位沙皇。

问题：尼古拉二世亲临哪次战争前线指挥作战？他“再也没有回到冬宫”的原因是什么？

3. 战后秩序，条约保障

分赃协定——《凡尔赛条约》

1919 年 1 月，战胜国对战败国的瓜分大会，在法国巴黎的凡尔赛宫隆重召开，史称“巴黎和会”，条约签订地点在凡尔赛宫，所以称《凡尔赛条约》。主宰这场大会的是法国总理克里孟梭、英国首相劳合·乔治、美国总统威尔逊，史称“三巨头”。意大利总理奥兰多跟在三大国首脑的屁股后面，乐呵呵的不发一言，因为意大利就没打过什么胜仗，低调一点也算有自知之明。

在议事大厅门外，是战败国的代表们，他们垂头丧气地坐在冷板凳上，等待着议事大厅里三巨头的讨价还价。最终大佬们经过激烈的争夺，做出了以下决定。

第一，德国只允许保存 10 万陆军，1.5 万人的海军，不允许德军进入莱茵非军事区。

第二，法国收回普法战争中德国占领的阿尔萨斯和洛林，并且开采德国萨尔区的煤矿。

第三，德国承认奥地利、波兰独立，成立赔款委员会，商讨德国的赔款问题。德国全部的海外殖民地，遭到了战胜国的瓜分。西太平洋岛屿被日本占领，南太平洋岛屿归澳大利亚和新西兰占领，非洲的

殖民地被英国和法国占领。

除此之外，法国不依不饶地向德国索赔8000亿马克，德国代表一听，反而乐了。德国因为战争，本来就财政赤字，人口死了上百万人，国内又爆发了革命，德国皇帝威廉也跑了，现在德国属于无政府瘫痪状态，你要8000亿马克，问谁要啊？

英美强烈反对法国过度肢解德国，因为他们不期望德国垮了后，法国在欧洲称王称霸。美国在巴黎和会以后，还组织了一个道威斯计划，贷款帮助德国发展经济，以牵制法国，当然也为了“猪养肥了再杀”。与美国这种老谋深算相比，法国明显有一些急于求成了。

巴黎和会中，奥匈帝国被肢解为奥地利、匈牙利、捷克、斯洛伐克四个国家，剩余的领土被意大利、罗马尼亚、波兰共同瓜分。日本要求继承德国在中国山东的一切特权，这一霸道的决议遭到中国代表的拒绝，但列强支持日本，引起中国人民的愤怒，以至于爆发了震惊中外的五四运动。美国总统威尔逊将自己扮演成和平鸽的角色，他提出了十四点和平原则，但实际是谋求美国对世界的领导权，但该提议遭到了英法的拒绝。

《凡尔赛条约》是一场战胜国瓜分战败国的分赃会议，但战胜国之间也存在着各种矛盾，它并没有从根本上解决各国、各地区间的矛盾，世界局势依然动荡，各种力量依然在暗中较劲，企图掀起一场大的波澜。

凡尔赛和会，讨论的不是和平，
而是暴力威胁下的一场分赃。

二次分赃——《九国公约》

《凡尔赛条约》签订后，美国攫取世界霸权的算盘落空了，日本攫取山东权益的算盘也落空了，这导致他们情感上极度不满。但美日两国没有遭受大的战争创伤，不似英法那样元气大伤，所以美日两国很快将利益争夺焦点转移到亚洲、太平洋地区，尤其是对中国利益的争夺，双方的矛盾更是白刃化。

日本主张独霸中国，曾威逼利诱袁世凯签订灭亡中国的《二十一条》，美国希望以美国为核心的几个帝国主义大国共同控制中国，不希望日本独霸中国。美日对中国态度的不同，也反映了他们双方不同

的国情和诉求。日本是一个带有封建残余的帝国主义国家，除了看中中国的资源、市场，更希望获得中国的土地，日本渴望将中国变为它的殖民地，从政治领域直接控制中国；而美国是一个市场经济发达的帝国主义国家，相比土地，对中国的市场、资源更感兴趣，更希望从经济领域控制中国。

为了达成自己的利益诉求，1921 年，美国召集英国、日本、法国、意大利、荷兰、比利时、葡萄牙、中国，总计九国，在美国首都华盛顿举行国际会议。

该会议表面尊重中国的国家主权，但实际主张列强共同管理中国，中国代表提出废除一些不平等条约，都被与会列强明确拒绝。

华盛顿会议是《凡尔赛条约》的延续，历史称之为“凡尔赛华盛顿体系”。它重新调整了帝国主义国家在亚洲、太平洋的秩序，但实质仍然是帝国主义各国的一次分赃会议。可悲的是，无论是中国的北洋军阀，还是以后的国民党蒋介石，都以为中国主权为各国公认，进而放松了警惕。直到日本全面侵华时，蒋介石还寄希望于《九国公约》，期望美国站出来主持公道，而美国面对武装到牙齿的日本，也仅仅是喊了两嗓子，便鸦雀无声了。

一、选择题

在巴黎和会上，法国总理克里孟梭对表现出不满的其他国家代表说道："法国是这次战争最大的受害者，所以我们理所当然地应该拿更多的战利品。""但我们英国为这次战争出的力可不比你们法国少啊。"英国首相劳合·乔治站了起来，几乎是怒视着克里孟梭。上述情景体现出这次会议的目的是（　）。

A. 维护和平　　B. 加强合作　　C. 挑起战争　　D. 战后分赃

二、读材料，回答问题

"一战"后，苏俄自动退出了争霸的行列；德国和奥匈帝国战败，已没有资格参加角逐；所剩下的就是美、英、法、意、日五个主要战胜国。它们之间的经济、军事实力又相差甚远，这就要按战后的实力对比重新划分势力范围，建立战后世界新秩序。

问题：第一次世界大战后，建立了什么世界新秩序？

4. 苏联的社会主义建设

救急手段——新经济政策

十月革命俄国无产阶级登上历史舞台，俄国建立了苏维埃政权，简称“苏俄”。1922年，俄罗斯、南高加索联邦、乌克兰和白俄罗斯组成了苏维埃社会主义共和国联盟，简称“苏联”。

苏俄建国之初，国内外形势极其严峻。国内旧沙皇的军队和资产阶级临时政府的军队，二者相互勾结，企图绞杀刚刚诞生的苏维埃政权。而正在进行世界大战的协约国和同盟国，也因为苏俄的诞生，停止了激烈的战斗，他们从不同的方向进攻苏俄的边境。对于帝国主义的内部掠夺战争，他们或可以通过战后的谈判进行利益妥协，但对于苏俄“公有制”意识形态，他们则无法谈判，也无法妥协，必须无情绞杀。所以苏俄人民政权面临着极其严峻的历史局面。

反叛者忠于沙皇，因为白色是俄国皇室的代表颜色，所以他们又被称为“白卫军”；而苏俄军队叫“红军”，因为共产国际以红色代表革命的意思，以后的无产阶级革命者都被称为“红军”。历时两年的斗争，红军终于打败了白军和国外反动势力，但苏维埃也付出了惨重的代价。为了赢得战争的胜利，苏俄政府施行了“战时共产主义政策”。战时共产主义政策将一切战略物资收归公有，尤其是粮食，农民只允许保留口粮，不允许私藏粮食。为了保卫苏维埃，广大人民群众牺牲了自己的利益，支持战时共产主义政策。然而战争结束后，苏俄继续推行战时共产主义政策，引起了人民群众的强烈不满，部分地区甚至发动了暴动。

面对危机，布尔什维克党领导人列宁召开会议，决定实行新经济政策。该政策规定：以粮食税取代余粮收集制，允许雇用劳动力和出租土地，农民可以自由买卖纳税后的剩余产品，实行自由贸易；允许中小企业由私人经营，实行按劳分配制度。

新经济政策缓解了苏俄的压力，巩固了人民群众对新政权的信心，促进了国民经济的发展。

斯大林模式

1924 年，伟大的布尔什维克党领袖列宁同志，因疲劳过度，与世长辞。继任者为年富力强的斯大林。斯大林出身贫寒，他的父亲是一个脾气倔强的鞋匠，反复敲打斯大林，想让他子承父业。斯大林年轻气盛，不久便离家出走，加入了刚刚成立的布尔什维克党，为了党的事业，他曾经被沙俄政府流放 7 次。

十月革命胜利后，苏维埃政权建立，斯大林逐渐被委以重任，并于列宁去世后，担任苏联的总书记。斯大林提出要将苏联由落后的农业国发展为先进的工业国，建立工业化社会。1928—1937 年，苏联先后完成了第一个、第二个五年计划，工业生产总值位居欧洲第一，世界第二。而发达的美国正在闹资本主义经济危机，他们对苏联的模式感到异常震惊，曾派庞大的学习团队到苏联考察，而苏联成功的秘诀便是高度集中的计划经济模式，因为是在斯大林执政时期，所以又被

称为“斯大林模式”。

高度集中的计划经济即集中全国的人力、物力、财力进行工业化建设。资源、资金、人才完全由国家支配，而当时的苏联又优先发展重工业，为了进一步集中资源，苏联在农村采取了农业集体化，利用农业来补贴工业的发展。

两个五年计划完成之后，苏联建成了六千多个大企业，建立起钢铁、飞机、汽车、拖拉机、化学、重型机械、精密仪器等部门。而农业集体化之后，农村粮食产量也比沙俄时期增加了14%，因为农村也基本实现了工业化，例如，建设了很多拖拉机站，代替了原来的人力和畜力，所以粮食产量增长也是自然的事。

高度集中的计划经济体制使苏联由落后的农业国发展为先进的工业国，“二战”爆发时，德国对苏联实施了闪击战，一度夺取苏联的大片领土。然而等苏联稳定局势之后，所有的兵工厂立刻开工，坦克、飞机、迫击炮、反坦克枪、榴弹炮等武器源源不断地从流水线生产出来，有力地支援了前线，这自然得益于苏联强大的工业生产能力。而“二战”结束前夕，苏联对日宣战，仅十多天便让百万日本关东军土崩瓦解。单从武器对比看，苏联飞机、坦克的数量要远远的多于日本关东军，日本关东军面对苏联的滚滚铁流，不堪一击。

当然第二次世界大战结束之后，世界整体和平，脱离了战时体制，苏联高度集中的计划经济便展现出了弊端。它排斥市场经济，完全以行政管理的模式经营企业，导致体制僵化，效率日益低下，广大人民群众对逐年下降的生活水平日益不满。1953年，斯大林去世，之后的苏联领导人都试图改革斯大林体制，但因为种种原因，都未能成功，最终导致苏联解体。

什么是斯大林模式？它是一种高度集中的政治、经济体制。

历史小课堂

一、选择题

在苏俄实行某一政策后，农民可以公开售卖他们的产品，零售店和雇工少于20人的小工厂又可以在私营企业主的经营下营业，重工业、银行和矿山仍然保留在政府手中。由此可见当时苏俄实行的是（　）。

A. 战时共产主义政策　　B. 新经济政策

C. 斯大林模式　　D. 自由放任政策

二、读文思考

斯大林模式（高度集中的计划经济制度），为什么在战争时期能焕发出巨大的潜能?

5. 哪里有压迫，哪里就有反抗

印度的温和反抗——非暴力不合作

第一次世界大战期间，英国加紧了对印度的殖民掠夺，引起印度各界民众的强烈不满。1919 年，印度爆发了阿姆利则惨案，原因是英国殖民当局通过《罗拉特法》。该法案规定警察可任意逮捕官方所怀疑的人，不经公开审讯，可以长期监禁，印度人民彻底失去了人身自由。面对英国殖民当局的暴行，五万印度人上街游行，英国殖民当局选择开枪，打死三百多人，打伤一千多人，因为事发地在印度西北的阿姆利则，所以史称“阿姆利则惨案”。

面对英国殖民当局的倒行逆施，广大印度人民开始了抗争，要抗争就要有领袖，有组织，这样才会更加有力量，更加有凝聚力。而印度国民大会党的领导人甘地就被时局的发展推到了历史的前台。

印度国民大会党成立于 1885 年，它是一个资产阶级性质的政党，简称“国大党”，要求保护本国工商业和本国地主的利益。所以国大党从成立的那一天，便既有革命性又有妥协性。从民族情感上，它反对英国外来殖民者的统治，但又在政治、经济等领域与英国殖民者有千丝万缕的联系。根据国大党的两面性，1920 年，国大党领导人甘地号召“非暴力不合作运动”。

什么是“非暴力不合作运动”？非暴力即不允许暴力反抗英国殖民当局，因为甘地认为暴力会引起敌人强烈的报复，会引起更多的损失。不合作即选择“躺平”，不配合英国殖民当局做事儿，凡是英国殖民当局提倡的，甘地都反对，并且四处扩散他的理论，呼吁越来越多的人“躺平”。例如，他呼吁印度的年轻人不去英国殖民当局的政府、法院里上班，不去英国的学校读书；鼓励发展手工纺织业，不买英国的商品；拒绝纳税等。

但是甘地的这种温和的消极对抗，英国殖民当局同样不能容忍，英国人千里迢迢隔着大西洋、印度洋几万海里的路，前来殖民，那是为了获取廉价的资源和劳动力，他们会让你“躺平”？不！他们只会

绝不反抗，坚决“躺平”——甘地领导的非暴力不合作运动。

选择镇压，愤怒的印度人民开始了激烈的暴力对抗，出现了焚烧警察局事件。甘地一看，事情闹大了，已经超出“非暴力不合作”的宗旨，便果断与暴力者划清了界限，但甘地依然被英国殖民当局逮捕入狱。“非暴力不合作运动”就这样，悄然落下了帷幕。

晚年的甘地经常绝食，以感悟人生的大道，他认为暴力是不对的，英国人也是人，同样也有爱，完全可以通过感化，来换取他们的良知。甘地的“非暴力不合作运动”，从宏观历史看依然有一定的历史意义，它表明了印度人民反抗的决心，增强了印度人民的自尊心和自信心，同时又避免了大规模的流血事件，保证了资产阶级的利益。

时机刚好的埃及的华夫脱运动

埃及的历史充满了沧桑，埃及曾被波斯、罗马、马其顿、阿拉伯、奥斯曼土耳其占领。1882 年，英国人打跑了奥斯曼土耳其，埃及又一次轮换了主人。在开罗的上空，降下了奥斯曼帝国的“月亮旗”，然后又升起了大英帝国的“米字旗”。

对于这一次易主，埃及人可能司空见惯了，但第一次世界大战使英国实力受到重创，对埃及的控制有一些力不从心。埃及人见状，便跃跃欲试。

随着埃及资本主义经济的发展，埃及已经具备了成立资产阶级政党的条件。不久埃及官员扎格鲁尔成立了华夫脱党，华夫脱党的宗旨便是争取民族和国家的独立，在斗争技巧方面，扎格鲁尔比印度的甘地“脑洞”更大，他选择奔赴英国伦敦上访、请愿。英国政府和议会使劲揉了揉眼睛，认为他不是发烧就是疯了，干脆将他驱逐出境。

扎格鲁尔的外交失败传到了埃及，埃及的学生、工人、商人、知

识分子都愤怒了，他们走上街头，展开旗帜，不少人开始组成暴力组织。英国人刚刚经历了第一次世界大战，不想再次动兵，于是急忙和扎格鲁尔谈判。

1922年，英国和埃及签订了协议，埃及同意英国在埃及驻军，并且经营苏伊士运河，而英国承认埃及独立。至此埃及华夫脱党、扎格鲁尔领导的华夫脱运动取得了局部胜利。第二次世界大战后，英国再一次遭到了重创，埃及趁机收回了苏伊士运河，并取消英国在埃及驻军，至此埃及才真正走上了独立的道路。看来帝国主义之间的战争，一定程度上有利于被压迫民族的解放。

墨西哥的改革

从航海家哥伦布踏上美洲那一天开始，墨西哥便沦为了西班牙的殖民地。一直到19世纪上半期，南美洲各地掀起了民族独立运动，西班牙才被墨西哥人打跑，并取得了独立。但西班牙人走了，并没有意味着危险也消失了，美国人、法国人又盯上了墨西哥。墨西哥被迫又进行了长达几十年的抗法、抗美的军事战争。

1876年，军官迪亚斯发动了军事政变，并担任了总统。迪亚斯执政时期，大力发展资本主义大农业，为了圈占土地，他动用警察为大庄园主站台。大量的农民失去了土地，从而使农民更加痛恨迪亚斯政权。而迪亚斯政权的外交，更是一团糟，美国一直想控制墨西哥的市场，对此迪亚斯无可奈何，只是在没人的时候，空发牢骚地说："墨西哥挨着美国，真够倒霉的。"除此之外，他没有任何办法。

对内欺压百姓，对外软弱无能，那迪亚斯能做些什么呢？他只想巩固自己的权力，当了将近30年总统，起初的他对其他总统候选人进行了无情的打击，后来他干脆直接在候选人名单上只填写他一个人的名字，选票上只有一个选项，也就不必费心思打击他人了。

俗话说，多行不义必自毙。1910 年，迪亚斯政权被推翻，迪亚斯流亡法国，不久病死。1917 年，墨西哥颁布了《1917 年宪法》，它规定了总统的任期，保护本国资本主义工商业的发展，限制外国人优先经营的特权，保护劳动工人的权益。该宪法是一部资产阶级宪法，但没有得到有效实施。

1934 年，卡德纳斯担任墨西哥总统，他进行了一系列改革，史称“卡德纳斯改革”。改革措施如下：打击大庄园主的势力，进行土地改革；确立中央集权的资产阶级民主政治体制；将服务业和大型工厂收归国有，努力发展经济，提高国民的文化水平等。

卡德纳斯改革让《1917 年宪法》真正得以实施，为墨西哥社会和经济发展做出了重要的贡献。

一、选择题

甘地在《印度自治》中说："正是由于机器使印度赤贫遍野。曼彻斯特给我们造成的伤害难以估量。由于曼彻斯特，印度的手工业差不多消亡了。"材料反映出（　）。

A. 甘地具有反工业化倾向

B. 印度手工业即将消亡

C. 甘地倡导"回到纺车去"

D. 甘地致力于解决民生问题

二、名家品历史

1920 年 8 月 1 日，甘地第一次发动了非暴力不合作运动。"不合作"的纲领包括：受封者退回爵位封号、抵制立法机构选举、抵制在政府机关和法院工作；拒绝在英国学校读书；提倡手纺车运动以抵抗英国货物泛滥。在运动后期，提出拒绝纳税的要求。12 月，在国大党年会上通过了以自治为目标的不合作纲领。

——齐世荣、吴于廑主编《世界史》

本章思维导图

王老师划重点

第十章 争夺世界的第一次大博弈

- 时间：1914－1918年
- 历史事件：萨拉热窝事件
- 交战双方：德国、奥匈帝国 VS 英法俄美日等国
- 重大战役：1916年，凡尔登战役
- 影响：欧洲衰落，美国崛起，
  殖民地半殖民地民族解放运动
- 性质：帝国主义的掠夺战争

列宁
十月革命

- 二月革命：推翻沙皇统治
- 十月革命：推翻资产阶级临时政府
- 性质：社会主义革命
- 影响：建立人类历史上第一个无产阶级政权

- 巴黎和会：处置战败国，划分世界殖民利益
- 九国公约：维持几个帝国主义国家共同支配中国的局面
- 凡尔赛-华盛顿体系：协调列强在欧洲、亚洲的利益关系

- 苏联工业化：优先发展重工业，高度集中的计划经济
- 新经济政策：允许部分领域发展资本主义经济
- 农业集体化：用农业补贴工业，尽快实现工业化

- 印度非暴力不合作运动：不配合英国人统治秩序，
  但不采取暴力
- 埃及华夫脱运动：埃及脱离英国的殖民统治
- 卡德纳斯改革：完善1917年宪法，促进墨西哥经济的发展

第十一章

第二次世界大战

1. 资本主义的修补——罗斯福新政

泡沫经济下的繁荣和危机

19 世纪末，美国作为第二次工业革命的发起国之一，它的技术、市场、殖民地范围都取得很大的发展。第一次世界大战后，欧洲各国整体衰落，美国却成为世界的金融中心，成为资本主义阵营的头号大国。

自资本主义诞生以来，过度炒作，抬高商品价格，进而疯狂吸金，便是资本的一个典型的特征。例如，17 世纪，荷兰就爆发了著名的“郁金香事件”。荷兰商人观察到奥斯曼土耳其的郁金香花，十分的美丽、鲜艳，而欧洲没有郁金香。一部分荷兰商人引进了一些郁金香贩卖到了欧洲，引起欧洲市场的火爆。荷兰商人见状，立即大喜，并疯狂地炒作价格，价格最高时，郁金香花的价值等同于黄金。但实际上郁金香就是一种普通的花儿，它远不如黄金值钱，最终这个人为吹起的价格“大气泡”被“啪”的一下扎破了，价格暴跌至泡沫时的百分之一，很多贷款囤积郁金香的商人，纷纷上吊自杀，荷兰各大城市陷入了混乱，据说这是人类历史上第一次大规模的经济危机。

20 世纪初，美国成为世界的金融中心后，垄断资本家控制的股市也出现了三百年前荷兰“郁金香热”的苗头。1929 年，美国股市达到了十几年来的最高峰，所有的经济专家、资本家、政府高官都为当前的经济形势拍手叫好，因为美国的工业产值（实体经济）发展也很好，1929 年比 1921 年的产值增加了一倍，确实有足够的实力支撑金融市场（虚拟经济）。但殊不知，这一切都是假象。

美国等资本主义国家奉行放任自由的资本主义经济，即政府不干预，完全靠市场调解，但市场不考虑人们的消费能力，资本家为了获取利润，一方面拼命生产，一方面又拼命压低工人的工资。这样就造成了一个问题，一方面市场剩余产品过多，另一方面广大工人消费水平低，买不起东西。美国政府、大资本家不想给工人涨工资，就鼓励工人向银行借钱消费，银行见经济形势大好，便大肆放贷，一时货币急剧增加，流入市场的货币增多，又进一步刺激了市场的虚假繁荣。

终于在 1929 年 10 月 24 日这一天，美国的股票市场“爆炸”了，随之上演了股票大跌，银行关门，资本家破产、自杀，工人失业、挨饿等人间惨剧，因为这一天是星期四，后来称其为“黑色星期四”。

经济危机发生后，美国总统胡佛仍然相信市场，不主张政府干预经济，结果局势越来越恶化，很多人住进了贫民窟，大家痛恨胡佛的不作为，便把贫民窟叫作“胡佛村”。不久，美国的经济危机发展为世界性的经济危机，德国、日本因为发展落后，又有军国主义色彩，于是纷纷走上了法西斯道路，那么作为一个资本主义阵营的头牌——美国，究竟又该何去何从呢?

银行关门、企业倒闭、工人失业——1930 年，美国资本主义发展史上最黑暗的一年。

治疗经济危机的灵丹妙药——罗斯福新政

1932 年，这一年是美国总统的竞选年。共和党候选人为美国总统胡佛，民主党候选人为美国纽约州州长罗斯福。面临愈演愈烈的经济大危机，如何让美国摆脱危机，成为二位竞选者的竞选话题。此时的胡佛已经身败名裂，但他却愈挫愈勇，希望继续当选下届总统，罗斯福有丰富的从政经验，但不幸中年得了脊髓灰质炎症，下身彻底瘫痪，他坐着轮椅竞选。面对经济危机，罗斯福说：“很多事情有助于任务的完成，但这些绝不包括空谈，我们必须行动，立即行动！”

经过激烈的竞争，罗斯福当选为美国第 32 任总统。新官上任三把火，罗斯福上任后便制定了一系列的措施以恢复经济的发展。

第一，通过《紧急银行法》，对银行进行整顿，恢复银行的信用。经济危机爆发前，为了刺激经济的发展，银行资本家进行了大量的不良放贷，经济危机后，放贷的本息无法收回，变成了死账。而且美国市民为了维持生活，纷纷去银行取款，俗话说“手里有钱，心中不慌”，但却差一点把银行的保险库给取空了，最终银行破产了。罗斯福新政做的第一件事儿，便是给银行输血。罗斯福政府对所有银行进行逐个审查，淘汰了一部分经营不善和实力薄弱的中小银行，对大银行提供了巨额货款和担保，以加强银行的经营能力。《紧急银行法》通过后，经过整顿，全国 3/4 的银行和交易所恢复营业。

第二，通过《全国工业复兴法》，规定各行业公平竞争，防止盲目竞争引起生产过剩，提高工人工资，保障最低工资和限制最高工时。这条法令执行起来是最难的，因为限制资本家的生产规模，便是减少他们的利润；保障工人的工资和缩短他们的劳动时间，实际也是增加了他们的成本，变相减少了他们的利润。美国的政治体制是三权分立，总统掌握行政权，议会掌握立法权，最高法院掌握司法权。总统的政令需要拿到议会审核，而议会里的议员几乎都是资本家或者依靠资本家吃饭的知识分子，《全国工业复兴法》在议会里遭到了否决。罗斯福又提交最高法院审核，最高法院又进行了否决，但罗斯福顶住强大压力，推行了将近两年，最终使该法案深入人心。

第三，调整农业法案，通过《农业调整法》，政府鼓励农民宰杀牲口，毁坏农产品，然后出资补贴。为什么一方面美国人饿肚子，一方面又要销毁多余农产品呢？这就是马克思所说的资本主义制度的罪恶，生产资料私有制与社会大生产之间的矛盾。资本主义制度下，剩余产品太多，人们购买力又太低，所以吃不上饭。只有销毁过多剩余

产品，维持市场价格平衡、稳定，使流通环节活跃起来，市场复苏，人人都有工作才能吃上饭。

第四，以工代赈。为了解决失业问题，政府投入巨资雇用了大批失业人员，让他们去进行公共设施的建设，什么修水库、修路、修机场等，有的地方实在没什么可修的了，当地政府就雇用一大帮人去挖大坑，挖完之后又填上土，然后再挖、再填。以工代赈不是单单的工程建设，而是为了让失业的人有活儿干，至于干什么，有没有现实意义，其实都无所谓。

第五，通过《社会保障法》，对一些老弱病残和一些没有生存能力的人，实行政府救济。

经过罗斯福一个任期的努力，美国经济慢慢恢复起来，逐渐摆脱了经济危机。罗斯福新政的灵丹妙药其实很简单，就是政府干预经济，给过热的经济降温，对市场进行国家调控。但资本主义国家能否以此摆脱经济危机？答案是不能的，因为资本主义国家的基本矛盾没有改变，罗斯福新政只是对生产关系的局部调整，此后十几年或者几十年，资本主义国家便会再来一次或大或小的经济危机或者是经济疲软期。

一、选择题

罗斯福在一次演讲中称：“我向你们保证，我对自己立下誓言，要为美国人民实行新政。”“新政”采取的最重要手段是（　　）。

A. 整顿银行，恢复信用　　B. 稳定农产品的价格

C. “以工代赈”，增加就业　　D. 国家全面干预经济

二、读文思考

为什么说“1933 年罗斯福‘新政’把美国拉回人间，并挽救了资本主义世界”。

2. 疯狂法西斯

意大利的扩张

“一战”爆发时，意大利背叛同盟国，加入了协约国，成了欧洲人尽皆知的“变色龙”。“一战”结束后，意大利作为可悲的战胜国，因为贡献太小，并没有得到多少实际好处，经济反而处在崩溃的边缘。就在这时，来自意大利费拉拉省的一个名叫墨索里尼的投机分子跳上了意大利的政坛。

墨索里尼出身贫寒，求学阶段曾因为打架被学校开除，后来浪迹社会，以四处打短工来维持生存。第一次世界大战爆发后，墨索里尼当兵从军，在残酷的战争中，他侥幸地活了下来，并且在战后成功从政。1921 年，墨索里尼成立意大利国家法西斯党。1922 年，墨索里尼组指挥黑衫军一路杀向首都罗马。意大利国王伊曼纽尔三世见墨索里尼如此生猛，索性直接让他当了意大利的总理，从此意大利彻底走上了法西斯道路。可以说，在法西斯党的历史上，后来的希特勒都属于墨索里尼的学生，希特勒也是靠模仿墨索里尼的套路，成功夺取了德国政权。

墨索里尼掌权后不久，便爆发了经济危机，意大利无力拯救经济，只好借对外侵略来转移国内的不满。于是意大利盯上了北非又穷又大的国家——埃塞俄比亚。

早在 1894 年，意大利就曾入侵过埃塞俄比亚，结果被手持大刀、长矛的埃塞俄比亚人击败。如今意大利卷土重来，决定实施二次入侵。这一次，德国在意大利身后呐喊助威，英法胆怯，不敢制止，间接充当了意大利的帮凶。

1935 年，意大利正式入侵埃塞俄比亚，埃塞俄比亚的武器与上一次反侵略战争没有太大区别，依然是大刀、长矛，但意大利军队却配备了坦克、飞机、重机枪。结果埃塞俄比亚军队一触即溃，很快便被意大利吞并。

平民希特勒粉墨登场

“一战”后，德国的经济遭受到致命的创伤，法国军队闯进德国的重工业区，连拆带卸，装上卡车，将德国重工业设备全部拉回法国。法国的釜底抽薪，让德国的经济更是雪上加霜。除此之外，德国还要支付战胜国的赔款，法国曾一度向德国要 8000 亿马克的战争赔偿，一副要对德国敲骨吸髓的节奏，后来美国还算冷静，制止了法国的疯狂勒索，才避免德国的彻底崩溃。

相对于经济疲软来说，民族自尊心产生的强烈挫败感，才是德国人挥之不去的心理阴影。昔日的德意志帝国是何等的辉煌，昔日的日耳曼人是何等的耀眼。而如今沦为任人宰割的战败国，而德国魏玛政府却软弱无力，几乎是破罐子破摔，它无法给陷入迷茫的德国人找到一条崭新的出路。这个时候，一个来自因河畔布劳瑙地区的疯狂小伙登上了历史舞台，他的名字叫阿道夫·希特勒。

希特勒是一个性格孤僻的人，他的父亲喝了酒后经常揍他。父亲希

望希特勒当一个公务员，但希特勒的梦想却是当一个画家，为此他偷偷地报考了美术学院，但却落榜了。最后竟然流落街头。他当过车站搬运工、清洁工、流浪汉，最后甚至沦为了乞丐。沿街乞讨的希特勒却眼见着犹太资本家过着花天酒地的生活，从此他开始痛恨犹太人。

就在希特勒人生陷入低谷时，第一次世界大战爆发了，他选择了当兵。在战场上，希特勒被任命为传令兵，他每天的工作便是骑着自行车在阵地上来回传递情报，这个工作十分危险，但希特勒干得很认真，枪林弹雨居然没有打中他，几乎可以说是一个奇迹。但在战争后期，他不幸中了毒气，眼睛几乎失明，就在他快康复的时候，却接到了德国战败的消息。希特勒当晚失眠，在医院里气愤地摔东西。

战争结束后，希特勒复员，他被分配到军队系统一个情报部门工作，他的任务是监督德国工人党的一些情况，结果希特勒却加入了德国工人党，并很快成为这个党的党魁。此后他举行个人演讲，他用雄浑、亢奋的声音，大肆煽动德国民众的不满情绪，不久他将“德国工人党”改名为纳粹党。

1923 年，希特勒在慕尼黑的一家啤酒馆发动政变，史称“啤酒馆政变”，政变因为准备不足，最终失败，希特勒被法院审判。在法庭上，希特勒慷慨演讲，他质问法官和检方是否为德国人，是否爱国，希特勒的诡辩，让一些旁听者叫好，一度引起了法院极大的恐慌。

因为啤酒馆政变，希特勒入狱 9 个月，不过他很快被释放。又恰逢世界各地闹经济危机，德国经济更是雪上加霜，很多老百姓饿着肚子，希特勒便趁机大肆宣传，抨击政府。

1932 年，纳粹党成为国会第一大党。1933 年，经过议会选举、总统兴登堡任命，希特勒当上了德国总理。1934 年，兴登堡病死，希特勒就任总统兼总理。对内他制造了“国会纵火案”，打击德国共产党。

20 世纪的“战争狂人”——阿道夫·希特勒。

迫害犹太人，将他们关进集中营残杀；对外他将军队开进莱茵非军事区，吞并奥地利、捷克斯洛伐克，不久又入侵波兰，挑起了第二次世界大战。

疯狂的日本法西斯

在世界经济大危机时，亚洲东部的岛国日本受到了很大的冲击。欧美国家为了克服本国的危机，纷纷提高关税，实行贸易保护主义，日本的对外出口贸易直线下降。而日本农民大多没有土地，他们租地主的土地耕种，忍受沉重的地租剥削。

内忧外患之下，广大日本青年毕业即失业，他们精神亢奋，成了社会不安定因素之一。为了应对危机，日本决定扩军备战，煽动民族仇恨，吸收大量青年参军，他们将目标投放到了隔壁邻居中国的身上。

此时的中国刚刚结束了军阀混战，正陷入国共内战的艰难时期，这对日本来说，属于天赐良机，但日本政府忌惮国际局势。因为《华盛顿公约》明确规定，名义上中国主权完整，但实际上由几个帝国主义国家同时支配，英美法德各国在中国都有现实利益，所以日本政府本打算统筹谋划，不能急于求成。但日本军人却按捺不住了，他们决定绕过政府，直接采取行动。

按照 1889 年制定的《大日本帝国宪法》规定，军队听命于天皇，日本政府无权管理军队，而此时的裕仁天皇实际也是一个战争狂人，他默许日本军人的野蛮行为，这导致日本军队像一匹脱缰的野马，肆无忌惮地奔向中国。

1931 年，日本关东军制造了九一八事变，占领了中国东北三省；1933 年，日本关东军强迫国民党政府签订《塘沽协定》，国民党当局承认河北东部为非武装区，中国军队撤离该地区，最终导致的结果是四年后卢沟桥事变发生时，日军的刺刀直接抵到了北平城下；1935 年，日本特务头子土肥原贤二企图制造华北五省自治，并怂恿汉奸殷汝耕成立伪冀东防共自治政府。

即便日本军队如此卖力地大肆侵略，但仍然有一部分法西斯极端分子嫌弃日本政府和军部动作太慢。1936 年 2 月 26 日的深夜，被称为“少壮派”的陆军士兵冲进首相冈田启介的家里，冈田启介已经近七十岁了，他听到外面的喊杀声，表情痛苦地说：“这一天还是来了！”他的秘书松尾扛起吓傻的首相，将他藏在厕所里，然后他一个人跑到院子里大喊："天皇陛下万岁！"叛军士兵举起枪"啪"的一声，松尾倒在了血泊里。叛军认为他是首相，随之又跑去杀其他的大臣。

教育大臣渡边锭太郎、财政大臣高桥是清被叛军杀害，天皇的侍卫长铃木贯太郎被叛军打了三枪，见他还没死，丧心病狂的叛军士兵抽出刀，打算一刀结果老铃木的性命，铃木夫人挡在丈夫的身上，大喊："要砍就砍我吧！"铃木夫人给裕仁天皇当过保姆，叛军没人敢动手，他们向日本铃木夫人深深鞠躬，然后转身离去。

日本天皇躲在皇宫里，听闻军队出现了叛乱，还听闻叛军要拥立他的弟弟雍仁为新天皇。裕仁顿时恼羞成怒，他将平叛不力的陆军高级将领叫到皇宫，劈头盖脸一通训斥，限他们当晚必须控制局势，平定叛军。

最终，发生在2月26日的"二·二六兵变"以失败告终。但面对国内已经疯狂了的失业、贫困人员，以及青年人，日本决定加快侵略中国的步伐，以缓和国内矛盾。1937年7月7日，震惊中外的卢沟桥事变发生，日本全面侵华战争正式爆发。

一、选择题

1935年，意大利侵略了下列哪一个国家，并于1936年宣布正式吞并该国家（　）。

A. 英国　　B. 法国　　C. 埃塞俄比亚　　D. 日本

二、读文思考

通过阅读本小节，日本走上法西斯对外侵略的道路，有哪些方面的原因？

3. 人类的噩梦—— 一场史无前例的大厮杀

欧洲全面战争的大爆发

面对纳粹德国的疯狂入侵，英法两国似乎吓破了胆子，他们采取“绥靖政策”。绥，本义是借以登车的绳索，引申为安定、安抚。靖，安定之意。即用姑息养奸的策略，牺牲弱小国家的利益，以保全英法两国的和平。

在纳粹德国侵略捷克斯洛伐克的苏台德地区时，英国首相张伯伦坐飞机前往德国南部首府慕尼黑，他将在这里与希特勒会谈。希特勒一身灰绿色的军大衣，袖子上戴着纳粹袖章，而张伯伦则穿着一身黑西服，卑微地站在希特勒面前。希特勒强迫张伯伦同意德国占领苏台德地区，张伯伦紧张地说：“我同意，但您能不能不采取武力？”希特勒点头同意，张伯伦恳求希特勒写一张纸条，以便自己回英国交差，希特勒冷笑了几声，随便找了一张纸，给他写了几个字。张伯伦如获至宝，立刻揣到怀里。回到英国后，张伯伦掏出希特勒的“承诺书”，兴奋地对媒体记者说：“这是历史上第二次英国首相从德国带回保持尊严的和平，我相信这就是我们一个时代的和平。”

在英法的纵容下，苏台德地区被德国占领，不久希特勒又吞并了整个捷克斯洛伐克。张伯伦拿着希特勒的“承诺书”欲哭无泪，大呼

上当！但希特勒的脚步并没有因为张伯伦的眼泪而停止，不久他盯上了波兰。但打波兰这件事非同小可，因为波兰与东边邻居苏联都是斯拉夫人，同文同种；波兰与英法是军事同盟国，缔结方有义务在一方被侵略时出兵救援。但希特勒是战争狂人，他可不管盟国不盟国的。可为了减少伤亡，他还是做了一些准备。

1939 年 8 月，纳粹德国与苏联签订了《苏德互不侵犯条约》，德国暂时稳住了苏联，苏联得到了备战的时间，而且德国与苏联约定共同瓜分波兰。此时的波兰就犹如一匹斑马，它还在悠闲吃草，狮子和老虎却已经在暗自开会，在商讨对它的瓜分权。

1939 年 9 月，德国军队执行了白色方案，波兰战役正式爆发。德军投入了 44 个师，其中 7 个装甲师，4 个轻装甲师，4 个摩步师，1939 架飞机，2800 辆坦克，共计 88.6 万人。而波兰方面只有步兵、骑兵，还有少量的坦克和飞机，这就是典型的工业国家对农业国家的碾压。

德国第一轮飞机轰炸，短短的几个小时，波兰的工业设施、飞机场就化为了一片废墟。而面临德国的第二轮坦克平推，波兰派出的是手持战刀的骑兵，结果可想而知，骑兵全部阵亡，战马也成了人家的战利品。不到一个月的时间，波兰首都华沙便被德国占领。而波兰的盟国英、法，为了应对国际舆论，对德宣战，但他们是“宣而不战”，躲在边境上喝咖啡、听音乐，坐等波兰灭亡，当时的人称之为“奇怪的战争”或者叫“静坐战”。

德国突袭波兰标志着第二次世界大战的全面爆发。不久希特勒北攻丹麦、挪威，荷兰、比利时主动投降。1940 年 5 月，德军绕过法国边防马其诺防线，从比利时攻击法国，仅六个星期，法国灭亡。希特勒出现在法国首都巴黎，面对一片片的万岁声，此时的他感到自己成了世界的主宰。为了乘胜追击，希特勒命德国空军一波波地轰炸英国首都伦敦，伦敦市区四分之三的建筑物被毁坏，但英国没有投降，只是元气大伤。在战争晚期，德国又研制出 V1 导弹，结果英国上空天天都是“嗡嗡”的声音，不少英国人因此变得神经衰弱。

代价惨痛的欧洲战略转折点

《苏德互不侵犯条约》签订后，苏联被麻痹了好一会儿，而德国却磨刀霍霍，一直也没有掉以轻心。苏联单纯地认为，英国垮台之前，德军不会进攻苏联。确实如此，希特勒的最初目标确实是打下英国之后，再东攻苏联。但没想到英国上下同仇敌忾，执行绥靖政策的首相张伯伦辞职，换上了暴脾气的丘吉尔，丘吉尔以钢铁般的意志，率领英国人民顶住了德国空军的狂轰滥炸。

希特勒见英国一时难以攻克，不禁心血来潮，进行了战略大调整。1941 年 6 月 22 日凌晨，他下令德国东部边防军出动 550 万人、4900 架飞机、4300 辆坦克、47 000 门大炮、190 艘军舰闪击苏联。

面对德国的闪击战，苏联仓促应战，损失巨大。几个月下来，便丧失了三分之一的领土、上百万军队，德军一度攻打到莫斯科近郊。很多人劝斯大林迁都，但斯大林拒绝了。1941 年 11 月，莫斯科保卫战打响了，斯大林召集军队在莫斯科红场阅兵，斯大林亲临现场，激励士气。受阅官兵参加典礼后，直接开赴战场，与远道而来的德军，进行了殊死拼杀。

在这场战役中，苏联军队死伤大约一百万人，但德军损失也很大，因为莫斯科的冬天来了，零下四十多度的严寒曾经打败了昔日的拿破仑大军，而如今德军也陷入到了这一困境，天寒地冻，枪栓都拉不开。

苏联对德军实行了“焦土政策”，德军所到之处，不给他们留一颗粮食，最终苏联取得了莫斯科保卫战的胜利。

不甘失败的德军决定进攻苏联的南部重镇——斯大林格勒（今为伏尔加格勒）。1942 年 7 月，德军和苏军都倾注了大量的军队，双方集结在斯大林格勒，准备展开一场大规模的战争。8 月 23 日，德军进行了侵苏以来第二次大规模的空中攻击，斯大林格勒变为一片火海。9 月 13 日，德军在坦克和火炮的掩护下攻入市区。

1942 年 9 月，苏联调集重兵开始围剿德军，德军因为后勤补给不足以及恶劣的天气，作战越来越困难。德国第六集团军被苏军重创后，被围困了起来。第六集团军司令保卢斯给希特勒发电，请求让他突围，但希特勒拒绝了他。为了安抚保卢斯的情绪，希特勒任命他为元帅，但仅过了一天，保卢斯便投降了。远在德国的希特勒不知道保卢斯投降，还给他举办了隆重的葬礼。直到后来他得知真相，气得大骂保卢斯是懦夫，胆小鬼，但为时已晚。

1943 年，苏联在付出了惨重代价后，终于取得了斯大林格勒战役的胜利，该战役是欧洲战场的转折点，从此苏军开始转向战略反攻，而德军逐步走向防守，攻守态势发生了根本的转变。

自毁前程的日本法西斯

日本全面侵华伊始，曾妄图“三个月灭亡中国”，但很快他们便陷入了中国人民汪洋大海般的包围之中。日本在中国扶持溥仪、汪精卫等一批汉奸控制沦陷区后，将自己的主要精力投入到北进和南下两种战略，企图称霸世界。所谓北进即进攻苏联，与盟国纳粹德国东西夹击，摧毁苏联。1939 年，为了实践北进战略，日本制造了诺门罕战役，结果被工业化强大的苏联给打得满地找牙，最终只能灰溜溜地取消了北进计划。而所谓的南进战略，便是侵略东南亚，获得宝贵的石油、橡胶等战争资源。可是东南亚是英美法的殖民地，南进势必与西方列强发生矛盾，而日本选择了铤而走险。

1941 年 12 月 7 日，日本 300 余架飞机袭击了美国夏威夷海军军港——珍珠港，摧毁美国舰船 20 余艘，炸死炸伤 3000 多人。珍珠港战役爆发不久，日军随即向东南亚进攻，打开了通向印度洋的通道。对日本的突然袭击，美国人民彻底愤怒了，在国会上，早已下身瘫痪的美国总统罗斯福面对众多的记者，竟然吃力地站了起来，并大喊：“宣战！”

面对日本偷袭美国珍珠港一事，英国首相丘吉尔、中国国民党总裁蒋介石却异常高兴，据说在美国被袭击的当夜，蒋介石一度精神兴奋，竟然深夜爬了峨眉山。因为此前美国只是军事援助，而如今美国要直接参战了。美国的工业产值世界第一，具有较强的军工生产能力，什么航母、坦克、飞机、吉普车，美国能在很短的时间内，流水线地生产出来，然后源源不断地开向战场。

珍珠港战役爆发后，德国、日本、意大利三个法西斯国家陆续对英美中苏等国宣战，组成法西斯阵营，而英美中苏也陆续对法西斯国家宣战，组成了反法西斯阵营，并发表《联合国家宣言》。

1942 年 6 月 4 日，美日双方在中途岛发生了激烈的海战，日军损失 4 艘航空母舰、1 艘巡洋舰、332 架飞机。美方损失航空母舰和驱逐舰各 1 艘、飞机 147 架。日本经此一战，一蹶不振，以后只能被动防御，所以说中途岛战役是太平洋战场的战略转折点。该战役的胜利深深鼓舞了反法西斯同盟国家的士气。

邪不胜正——法西斯阵营的瓦解

在“一战”中，意大利就以战斗力弱而闻名，到了“二战”，作为法西斯阵营的首创者，在没什么损耗的情况下竟然也吃不住了。整个“二战”，意大利几乎没和盟国打过硬仗，昔日法国在被德国灭亡前夕，意大利想趁火打劫，墨索里尼派出一支军队向法国进军，结果却被濒临灭亡的法国全部歼灭。意大利的惨败，让希特勒大跌眼镜，但希特勒还是安慰墨索里尼，说胜败都是兵家常事儿！

此后意大利又进攻过希腊、北非，但都以失败告终，虽然纳粹德国一直支援意大利，但国内还是爆发了政治、经济双重危机。意大利国王曼努尔三世免去墨索里尼的一切职务，墨索里尼被囚禁起来，后来希特勒派伞兵将他救出，命他和残部在意大利北部建立了一个傀儡政府，墨索里尼从此彻底沦为了希特勒的“宠物狗”。墨索里尼被捕后，意大利又一次当了变色龙，宣布对德国宣战，加入反法西斯阵营。

1945 年是法西斯崩溃的一年，纳粹德国兵败如山倒。该年 4 月，苏军攻陷柏林总理府时，希特勒在总理府的地下室，喝完毒药，立即扣动扳机，一声清脆的枪响，显赫一时的纳粹德国随之灭亡了；该年 8 月，中国军队掀起了全面反攻，苏联对日宣战，美国向日本广岛、长崎投放了两颗原子弹，为了不被灭族，日本天皇在阴冷的防空洞宣布投降，第二次世界大战结束。

从鸦片战争以来，中国爱国军民一直反抗帝国主义的侵略，爱国人士为了挽救民族危亡，分别进行了洋务运动、戊戌变法、辛亥革命等活动，但都以失败告终。如今中国在付出了惨重代价之后，打垮了日本帝国主义，国际地位得到了大大提高，也重建了中国人的民族自尊心和自信心，并对维护世界和平和人类文明做出了巨大的贡献。

将工业革命成果，发挥得淋漓尽致，
又破坏得淋漓尽致的第二次世界大战。

一、选择题

第二次世界大战中，世界反法西斯联盟建立的标志是（　）。

A. 雅尔塔会议的召开　　　B. 诺曼底登陆

C. 斯大林格勒保卫战的胜利　　　D.《联合国家宣言》的签署

二、填空题

下边第二次世界大战进程示意图中“？”处应该填入的内容是（　）。

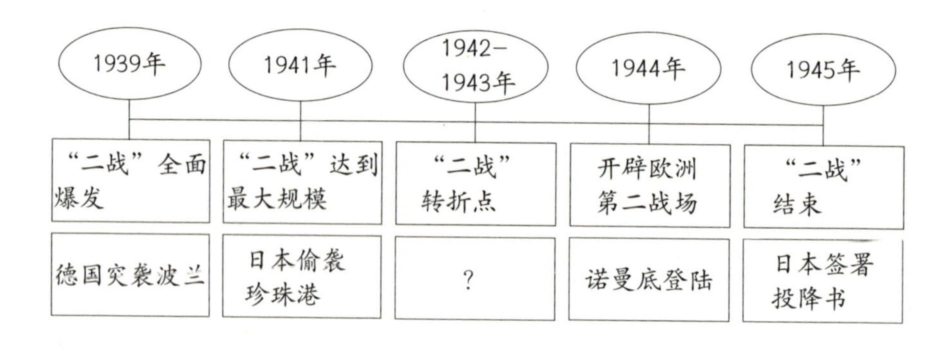

本章思维导图

王老师划重点

第十一章 第二次世界大战

- 罗斯福新政
  - 经济危机
    - 根本原因：资本主义制度的基本矛盾
    - 直接原因：股票投机活动
  - 罗斯福新政措施
    - 整顿金融体系
    - 颁布《全国工业复兴法》
    - 以工代赈，增加就业
    - 建立社会救济制度
  - 罗斯福新政意义
    - 积极作用：美国经济恢复和发展
    - 局限：无法解决资本主义国家的基本矛盾
- 法西斯国家的侵略扩张
  - 意大利法西斯
    - 1922年，墨索里尼上台
    - 大事件：入侵埃塞俄比亚
  - 德国法西斯
    - 1933年，希特勒上台
    - 措施：打击进步力量，扩军备战，对外侵略
  - 日本法西斯
    - 原因：日本遭受经济危机的重创
    - 大事件：二·二六兵变（1936年）
      全面侵华战争（1937年）
- 第二次世界大战

  - 全面爆发标志：1939年，德国入侵波兰
  - “二战”进程
    - 1940年，德国灭法国
    - 1941年，德国突袭苏联
    - 1941年，日本偷袭美国珍珠港
  - “二战”转折
    - 1942－1943年 斯大林格勒战役，苏军获胜
    - 1942年，美日中途岛海战，美军获胜
  - “二战”结束
    - 1945年5月，德国投降
    - 1945年8月，日本投降

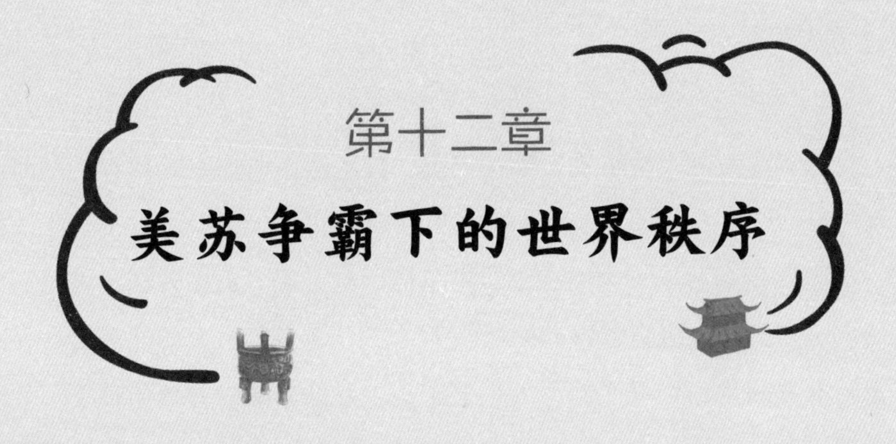

第十二章 美苏争霸下的世界秩序

1. 剑拔弩张下的平静——冷战格局

冷战的发生

第二次世界大战末期，纳粹德国、日本法西斯还在垂死挣扎的时候，美、英、苏三国就开始研究战后世界格局的分配问题。

1945年2月，三大国在苏联雅尔塔召开会议，英国首相丘吉尔回忆说："我的一边坐着巨大的俄国熊，另一边坐着巨大的北美野牛，中间坐着的是一头可怜的英国小毛驴。"可见英国国力衰弱丧失了话语权，在"二战"中，英国付出代价很大，但战功却很小，因此没有实力与美苏讨价还价。

雅尔塔会议的中心议题有三个，第一，如何尽快打败德国；第二，战后对德国进行占领；第三，在战后成立联合国。雅尔塔会议是美苏开始研究战后问题的开端。

"二战"后，美苏的战时同盟随即瓦解，美国是资本主义阵营的老大哥，而苏联则是社会主义阵营的代表，美苏双方的矛盾，不仅掺杂了国家利益的纷争，还存在不可协调的意识形态之争。

为了拓展自己的势力范围，苏联拉拢了东欧各国，美国拉拢了西欧各国。英法德等西欧国家都在战争中遭受了重创，其根源便是资本主义经济危机引发的市场不平衡，从而导致阶级矛盾和民族矛盾产生，由此引发了世界大战。这个时候，倾向社会主义的思想开始在西方蔓延，各个国家的共产党活动频繁，对此美国极为恐慌。英国首相丘吉尔也在一旁大声疾呼：“从波罗的海的什切青到亚得里亚海边的里雅斯特，一幅横贯欧洲大陆的铁幕已经降落下来。”美国为了控制西欧，防止苏联共产主义思潮的渗入，对西欧实行了经济援助，因为该提案的策划人是美国国务卿马歇尔，所以又称之为“马歇尔计划”。自1947年后的四五年间，美国向欧洲提供金融、技术、设备等各种形式的援助，合计131.5亿美元。

1947年，美国总统杜鲁门声称希腊与土耳其受到了共产主义的威胁，杜鲁门在国会大声呼吁要抵制苏联等社会主义国家。这篇演说产生的政治思想被称为“杜鲁门主义”，杜鲁门主义的出台标志着美苏关系的破裂，冷战的开始。

因为美苏都是超级大国，两国都掌握了核武器技术，他们谁都不敢开第一枪，努力避免擦枪走火而引起第三次世界大战，但双方又确实剑拔弩张，采用除了战争以外的各种方式进行竞争，所以历史称这一现象为“冷战”。

德国的分裂

德国战败后，德国首都柏林被美、苏、英、法四国占领，经过短暂的协商，柏林被一分为二，东柏林归苏联，西柏林归英、美、法。除了首都被分裂之外，德国东西两端也被瓜分。1949年，美国控制的德国西部，建立了德意志联邦共和国，简称“联邦德国”，是为“西德”；苏联控制的德国东部，建立了德意志民主共和国，是为“东德”，从此德国正式走向了分裂。

由于柏林城地处德国的东北部，处于苏联的控制区。1948 年，苏联对柏林施行了交通管制，封锁了所有通往西柏林的道路，导致西德的物资无法由陆地交通运往西柏林，西柏林 200 多万居民产生了严峻的生活问题，他们每天大约需要 4500 吨物资维持生存，对此美英两国展现了其强大的空运实力。以当时美军主力的运载重 3.5 吨的 C47 运输机来说，起码要飞几百架次，而之后即使换成了载重 10 吨的 C54 运输机，飞行的次数也足以把飞行员累吐血。而由于当时能进入西柏林的航线只有 3 条宽 32 公里，高度在 3000 米以下的通道，为了容纳更多的运输机，从西德法兰克福起飞到西柏林的空中，共划分出上下重叠的 5 层飞行路线，同时并用。在运输高峰期，西柏林上空昼夜 24 小时

柏林一分为二，冷战的标志性产物。

飞机声轰鸣不断，平均每一分钟，就有一架飞机降落。这样的空运奇观一直持续了 11 个月。

1961 年，苏联修建了举世瞩目的柏林墙。柏林墙以铁丝网和砖石为材料，后期又加盖了瞭望塔、混凝土墙、开放地带以及反车辆壕沟组成的边防设施，修建柏林墙的目的是防止东柏林的居民逃往西柏林。

柏林墙的修建，标志着冷战对峙的局面基本形成。

北约和华约的对峙

1949 年，在美国的主导下，加拿大、英国、法国、意大利、荷兰、比利时、卢森堡、葡萄牙、丹麦、挪威和冰岛共 12 个创始成员国在美国签署了《北大西洋公约》，决定成立北大西洋公约组织，简称“北约”。北约是一个军事同盟组织，它表面的宗旨是维护地区的和平，实际是一个对抗以苏联为首的社会主义国家的军事组织。

1955 年，苏联连同东欧七国缔结《华沙公约》，简称“华约”。华约也是一个军事同盟组织，是一个对抗以美国为首的资本主义国家的军事组织。

美苏两国军事组织的成立，标志着美苏冷战格局正式形成。

一、选择题

美国总统杜鲁门上台后曾一再声称：“全世界都应该采取美国的制度”，“不管我们喜欢与否，未来的国际经济格局将取决于我们”。材料反映了（　　）。

A. 美国宣布将参加“一战”　　B. 美国称霸世界的野心

C. 德国的分裂　　D. 美国经济出现了滞胀

二、历史趣闻

柏林墙的砖头可以卖钱

众所周知，柏林墙是冷战的产物，当年苏联花费巨资修建了它。1990 年，伴随着苏联领导人戈尔巴乔夫的“新思维”，东欧发生了剧变，民主德国政府开始拆除柏林墙。

在柏林墙拆除的同时，大批商人、艺术爱好者冲到现场捡拾砖头、瓦砾。在商人眼里，这些东西可以用来收藏，卖钱；在艺术爱好者眼里，它是一种历史文化的见证。当时柏林墙的碎石头，经过简单的打磨，最便宜的大概 6.99 欧元，最贵的 23.99 欧元。还有一些大的商人收购了整面完好无损的柏林墙，价格可以卖到一万欧元。

2. 资本主义国家的新变化

抱团取暖的欧洲各国

第二次世界大战后，在美国马歇尔计划的扶持下，欧洲各国迅速恢复了元气，到了20世纪50年代初，各国基本恢复到战前水平。

西方各国为了吸取战争教训，开始走向了联合的道路，他们走向联合的原因大致有四条：

第一，西方各国，尤其是法德两个内陆大国，从中世纪以来就连年战争，第一次世界大战、第二次世界大战使欧洲遭受了毁灭性打击，原因无非是殖民地的争夺、世界市场和原料的争夺以及一些民族问题。各国都在考虑：既然可以为利益而战，那为什么不能为了利益而合作呢？

第二，“二战”后，美国援助西欧，西欧各国天天看美国的脸色行事，虽然他们之间有很深的渊源，也有着抵御苏联的共同目标，但总被人家压着，还是会很不舒服。此外，除美国之外，还有强大的苏联虎视眈眈，总之美苏争霸的格局，使西欧各国普遍有联合起来的利益需要。

第三，“二战”爆发后，世界兴起了以信息技术为核心的第三次科技革命，西欧各国市场狭小，科技投入落后，因此必须走联合的道路，才能实现真正的强大。

第四，欧洲有共同的文化和民族认同感。在罗马帝国时代、法兰

克帝国时代，欧洲是统一的。中世纪以后，西方经历了文艺复兴、宗教改革、启蒙运动，这些西方文明是欧洲各国的共享成果。

有了以上的合作需求，欧洲开始走向了联合。1951 年，法国、意大利、比利时、荷兰和卢森堡以及西德签署为期 50 年的《欧洲煤钢共同体条约》（又称《巴黎条约》）。1958 年，六国又建立了欧洲经济共同体和欧洲原子能共同体；1967 年，以上三个组织合并为欧洲共同体，简称“欧共体”。

欧共体的出现，促进了欧洲经济的共同发展，提高了欧洲整体国际地位。1993 年，欧共体改名为欧盟。

美国的发展和日本的崛起

第二次世界大战后，美国成了唯一的受益国，因为美国的本土没有遭受到攻击，工业体系完整，又取得了西欧的控制权。

1944 年，美国召集英国、法国等 22 个国家在布雷顿森林小镇开会。美国对大家说：“现如今，各地物价飞涨，货币混乱，为了稳定世界货币秩序，我提议，美元与黄金挂钩，各国货币与美元挂钩。”各国连忙问为什么，美国大声说：“因为我有足够的黄金储备，可以保障美元货币的坚挺，你们能吗？”各国面面相觑，只好默认了美元作为世界货币的说法。此后，世界市场的大宗贸易，只能用美元结算，而在这段时间，美国仅凭躺着印钱，就足够丰衣足食了。

1947 年，美国倡导成立关税贸易总协定，作为推行贸易自由化的临时契约。协定规定：贸易自由化、不准提高关税、不准设置贸易壁垒、公平竞争等原则。因为美国是当时最大的贸易出口国，其他国家很难与美国竞争，所以美国主张贸易自由。1995 年，关税贸易总协定改名为世界贸易组织。可是风水轮流转，近几年来，美国经济开始出现下滑，美国前总统特朗普便提出“美国优先的战略”，曾一度考虑退出世界贸易组织，但因为种种原因，美国还是没有“退群”。

此外美国还主导成立了世界银行和世界货币基金组织，总之在“二战”后的很长一段时间，美国成了世界的经济霸主，美国经济取得了优先发展的地位。

“二战”后，日本一度被美国占领，美国大兵在日本的土地上横冲直撞，而日本人在大街上见到美国士兵，必须九十度鞠躬，显示自己的彻底臣服。但美国并不想摧毁日本，而是想将它变为反抗苏联、对抗中国的桥头堡。抗美援朝后，美国将大量的军事订单交给日本做，日本的工厂昼夜加工，大量的美元流入了日本，从而刺激了日本经济的发展。

自从全世界都用美元，印钱成为美国人快速致富的一条捷径。

战后，日本将战前打仗的那股劲全部用到了科技创新和技术发展领域，终于在20世纪70年代，成为仅次于美国的世界第二大经济大国。

日本成为经济大国后，又积极谋求政治大国的地位，想要挣脱束缚，发展军事力量，否认侵略历史。日本这种倒行逆施的行为，遭到“二战”中饱受日本侵略的亚洲国家的反对，各国纷纷举行抗议活动，防止日本法西斯主义死灰复燃。

福利制度的到来

在罗斯福新政时期，美国曾对社会底层人民实行过救济制度，但救济制度是临时性的，没有具体的法律约束。其实世界大战的爆发，抛开国际矛盾，国内矛盾也是一个危险的火药桶，而产生国内矛盾的原因，又无非是贫富差距、种族问题。例如，“二战”爆发前，为什么日本、德国会走上法西斯道路，就是因为底层人民无法生存，希特勒、东条英机等战争狂人趁机煽动人民的不满情绪，才兴起了法西斯主义。

第二次世界大战后，已经经济复苏的各国，普遍建立了社会保障制度，保障了最底层人民的衣食住行。20世纪50年代，美国修订《社会保障法》，扩大受益群体，提高最低工资，资助贫困学生等。

迄今为止，丹麦、挪威、瑞典、芬兰、冰岛等北欧国家的福利，仍是世界较高的。北欧国家人口少，资源丰富，特色产业突出，所以他们有足够的条件实行高福利政策。除了医疗、养老这些普通福利外，还有“上学不花钱，学生在校吃饭有补助”这类的福利。一位美国社会学家说过：“出生在20世纪的瑞典好比是抽中大奖。”这说明，连一些美国人也羡慕瑞典的福利制度。社会保障制度的建立，降低了资本主义国家的阶级矛盾，有利于经济的健康发展，但它不能解决资本主义国家的基本矛盾。

一、填空题

20世纪50年代初，法国和__________等六国组建欧洲煤钢共同体。1958年，六国又建立了欧洲经济共同体和__________。1967年，这三个组织合并为__________，简称“欧共体”。

二、选择题

第二次世界大战后，西欧经济迅速恢复和发展的原因包括（　　）。

①凭借原有的工业基础　　②马歇尔计划的援助

③采用最先进的科学技术成果　　④制定恰当的经济发展政策

A. ①②③　　B. ②③④　　C. ①②③④　　D. ①②④

3. 一个超级国家的消亡——苏联解体

社会主义力量的壮大

“二战”结束后，苏联红军在西进的过程中，相继解放了捷克斯洛伐克、波兰、匈牙利、罗马尼亚、保加利亚等东欧国家，东欧诸国解放后，他们本国共产党组织成为执政党，并追随苏联，建立了社会主义国家。

在亚洲，从中国共产党成立到中华人民共和国成立，中国共产党领导中国人民坚持了28年的斗争，终于推翻了帝国主义、封建主义、官僚资本主义三座大山，1953—1956年，中国进行了社会主义三大改造，正式建立社会主义制度。中国加入社会主义阵营，大大壮大了社会主义阵营的力量。还有朝鲜、越南等国家也相继走上了社会主义道路。

在拉丁美洲，岛国古巴出现了一位天才般的革命英雄，他的名字叫菲德尔·卡斯特罗。卡斯特罗创立了古巴共产党，推翻了本国大独裁者巴蒂斯塔的统治，使古巴走上了社会主义道路。卡斯特罗还有一个弟弟，名叫劳尔·卡斯特罗，他们兄弟长期治理古巴，因为他们都叫卡斯特罗，后人为了区分，便称呼哥哥为“老卡斯特罗”，称呼弟弟为“小卡斯特罗”。2016年，“老卡斯特罗”去世，享年90岁，

2021年，“小卡斯特罗”宣布退休。

20世纪五六十年代，世界上有十多个大的国家加入了社会主义阵营。为了巩固社会主义阵营，在经济领域，苏联成立了经互会，全称为“经济互助委员会”；在军事领域，苏联成立了华约。中华人民共和国成立初期，苏联在人才、技术、资金等方面也给予了一定的支持和帮助，双方签订了《中苏友好同盟互助条约》。

两次不彻底的改革

1953年，苏联第二代领导人斯大林溘然长逝，今天我们评价斯大林往往会一分为二地区别看待，斯大林的一生伴随着巨大的功勋和很大的过失。先说他的功绩，在他执政时期，苏联用很短的时间实现了工业化，工业产值一度位居欧洲第一，世界第二。也是在他执政时期，苏联打败了强悍的纳粹德国，对维护世界和平做出了巨大的贡献。再说他的过失，在“二战”爆发前，他将政治运动扩大化，大肆清洗了许多优秀的指战员，造成了社会的极大恐慌，史称“大清洗运动”；他创立的高度集中计划经济体制，即斯大林模式，在战后无法调动人们的生产积极性，也无法适应激烈的世界市场竞争，久而久之，斯大林模式产生出严重的弊端。为了挽救危局，斯大林的后继者赫鲁晓夫和勃列日涅夫都做出了积极的改革，但收效甚微。

1953年，赫鲁晓夫当选为苏联共产党中央委员会第一书记，面对日益僵化的斯大林体制，赫鲁晓夫对其进行了改革。

赫鲁晓夫的政治改革，主要是在苏共二十大会议上，他发布了《关于个人崇拜及其后果》一文。由于该文是在二十大闭幕时发布的，所以又称为“秘密报告”，这份报告将斯大林时期所犯的一系列错误，全部归结为

斯大林个人原因造成的。虽然“秘密报告”打破了对斯大林的个人崇拜，但全盘否定斯大林，也造成严重的后遗症。

赫鲁晓夫的经济改革包括：发动垦荒运动，大力种植玉米；取消农产品义务交售制，进行收购制；改革工业管理体制等。赫鲁晓夫的经济改革取得了一定的成效，苏联经济得到了发展，但因为没有从根本上突破斯大林模式，改革效果非常有限。

1964 年，赫鲁晓夫因改革出现错误以及个人崇拜等问题，被迫下台。随后勃列日涅夫继任为苏联最高领导人。勃列日涅夫是军人出身，所以他将改革的重心从经济领域转移到军事领域。在他执政期间，苏联的重工业得到了飞速发展，在核武器、常规武器、航天技术等方面都可以与美国抗衡。美国见在地球上已经无法和苏联竞争了，1983 年，美国提出了“星球大战”计划，打算打造一只太空部队。美国仗着自己财大气粗，认为若是苏联也搞，经济必然拖垮！殊不知，苏联不搞，经济也已经垮了。常年的军备竞赛，导致苏联轻工业品发展落后，人们生活水平常年得不到提高，有一个笑话说，苏联人开着飞机去抢购面包，因为飞机很多，但面包很少，这就是勃列日涅夫改革过于发展重工业的结果。

东欧剧变和苏联解体

20 世纪 80 年代以来，苏联陷入了积重难返的境地，1985 年，年仅 54 岁的戈尔巴乔夫出任苏联共产党总书记。戈尔巴乔夫不负众望，刚刚就任，便进行了历史上著名的戈尔巴乔夫改革。

戈尔巴乔夫实施加速经济改革的方案，但收效不佳。戈尔巴乔夫于是又转向了政治领域的改革，1988 年，戈尔巴乔夫提出取消苏联共产党的领导地位，提出实行多党竞选，一时间各种党派如同雨后春笋般冒了出来，他们煽动民众对一些社会问题的不满情绪，矛头直接对准苏联共产党，而苏共一筹莫展，执政地位摇摇欲坠，他们根本无法在议会里应对那些巧舌如簧、义正词严的、受到美国指使的一些所谓民主分子。戈尔巴乔夫又开展思想多元化运动，马列主义不再是社会的唯一信仰，顿时，思想的洪水一经开闸，便在整个苏联社会蔓延。而美国则鼓励戈尔巴乔夫，让他抓紧推倒眼前的这堵墙，在西方的“和平演变”之下，苏联领导人背离社会主义方向，放弃了共产党的领导地位。

戈尔巴乔夫改革不久，苏联下面的加盟共和国以及实行社会主义制度的东欧各国纷纷陷入了混乱，随之而来的是苏联解体，东欧剧变，东欧各国共产党领导人或被杀或被迫辞职，社会主义阵营顷刻间土崩瓦解。

美苏领导人肯尼迪和赫鲁晓夫在古巴导弹危机中相互进行核讹诈。

一、选择题

1949 年初，苏联外交部长莫洛托夫在联合国大会上发表声明："美国现在正以经济方式向东欧社会主义国家渗透，因此，我们不得不采取必要的措施对其回击，以巩固我们的社会主义阵营。"为此，苏联和东欧国家采取的相应措施是（　）。

A. 向古巴运送导弹　　B. 成立经济互助委员会

C. 成立华约组织　　D. 支持民主德国成立

二、读文思考

通过阅读本小节，苏联作为昔日强大的国家，为什么会最终走向解体的命运呢？

4. 亚非拉国家的新发展

第三世界国家的崛起

第二次世界大战后，西方主导的世界殖民体系遭到了毁灭性的打击，亚非拉地区的国家纷纷取得了本民族的独立。就在他们载歌载舞庆祝独立的时候，美苏争霸的阴霾笼罩在和平世界的上空，为了反对冷战，他们大多选择不卷入大国之间的冲突。中华人民共和国刚刚成立时，为了对抗美国的封锁，曾采取“一边倒”的策略，即倒向社会主义阵营的一边。但中华人民共和国领导人很快转变方向，采取了独立、自主的外交方针。

为了加强第三世界国家之间的联系，1955 年，29 个亚非国家和地区的政府代表团在印度尼西亚万隆召开了亚非会议。这是亚非国家和地区第一次在没有殖民国家参加的情况下讨论亚非人民切身利益的大型国际会议。由于在万隆召开，所以被称为“万隆会议”。

万隆会议的主要议题便是讨论保卫和平、民族独立、发展民族经济、加强亚非国家之间的经济文化交流、共同抵制美国与苏联的霸权主义等重大问题。

万隆会议标志着发展中国家作为一支独立的政治力量走上了国际舞台，中国提出的“和平共处五项原则”受到与会国家的重视和认

携手迈向中非合作的新时代。

可。在万隆会议中，周恩来总理儒雅的外交风采得到各国代表的好评。2015年，为纪念万隆会议召开60周年，亚非拉各国在印度尼西亚首都雅加达举行重要会议，中国国家主席习近平发表《弘扬万隆精神　推进合作共赢》的重要讲话，受到各国代表的高度重视。

非洲的独立之路

自新航路开辟以来，非洲大陆便沦为了西方列强的殖民地，西方列强在非洲掠夺奴隶，挖掘矿产，犯下了滔天的罪行。

两次世界大战结束后，欧洲各国的地位直线下降，无暇顾及他们

在非洲的殖民地，这对非洲人民来说，是一个争取民族独立的黄金时期，而非洲人民也恰恰利用好了这一难得的历史契机，实现了民族的独立，而民族独立的第一炮是在位于北非的埃及打响的。

19 世纪末，埃及沦为了英国的殖民地。20 世纪二三十年代，埃及爆发了华夫脱运动，英国被迫承认埃及独立，但英国依然在埃及驻军、苏伊士运河依然归英国所有。为了加强对埃及的控制，英国积极扶持埃及末代君主法鲁克。法鲁克也心甘情愿地被英国人利用，于是乎，埃及名为独立，实际却陷入了内外勾结的黑暗之中。

埃及国王法鲁克是一个吃喝嫖赌无一不做的昏君，虽然这样的国王很受英国人的喜爱，但埃及人民却不干了，1952 年，一个名为“自由军官”的组织，推翻了法鲁克的统治，法鲁克逃亡意大利，自此埃及实现了真正的独立，并收回了被英国控制的苏伊士运河。

埃及开创了非洲独立的先河，此后陆续有非洲国家实现了民族独立。1960 年，喀麦隆、多哥、马达加斯加、刚果（金）、索马里、达荷美（现名贝宁）、尼日尔、上沃尔特（现名布基纳法索）、象牙海岸（现名科特迪瓦）、乍得、乌班吉沙立（现名中非）、刚果（布）、加蓬、塞内加尔、马里、毛里塔尼亚和尼日利亚等 17 个国家宣布独立，这一年也被称为“非洲独立年”。1990 年，非洲最后一块殖民地纳米比亚宣告独立，这也标志着非洲彻底终结了西方列强长达六百多年的殖民统治，完全独立。

巴拿马人民的抗美斗争

巴拿马是位于中美洲最南部的国家，以前的巴拿马是哥伦比亚的一个省，在 20 世纪初，美国策动其独立，从此控制了巴拿马。为了航运便利，美国开凿了沟通大西洋和太平洋的巴拿马运河。巴拿马运河的交通地位十分重要，它位于美洲中部的一块狭窄的地段，西濒太平洋，东临大西洋，连接南北美大陆，不仅是国际航运和贸易的捷径通途，还是重要的军事战略要道。

1914年，巴拿马运河正式通航，极大地缩短了美国东西海岸间的航程，比绕合恩角缩短了14800公里。在第二次世界大战中，美国的舰队大多是顺着巴拿马运河驶入太平洋，与日本的联合舰队决一死战的。

美国强迫巴拿马政府签订了一次性买断巴拿马运河的合同，并且要求其政府不得插手运河的相关事务。美国不仅用巴拿马运河实现军事目的，还在和平时期的运河上设置了路卡，开起了“收费站”，过往商船都要缴纳过路费，这一笔笔财富都进了美国人的口袋。见此情景，分文不赚的巴拿马政府心急如焚。

1977年，经过几十年的斗争，巴拿马政府收回了运河的一部分权利。1999年底，巴拿马政府收回了运河的全部主权。而美国虽然不舍，但几十年来，也赚得盆满钵满了，面对国际舆论的压力和巴拿马人民的斗争，美国只好忍痛割爱了。

一、选择题

“二战”后，非洲民族独立运动如火如荼，各国为争取经济和政治独立进行着不懈的斗争。下列史实标志着非洲国家最终实现政治独立的是（   ）。

A. 埃及收回苏伊士运河主权　　B. 古巴建立人民政权

C.1960 年非洲 17 个国家独立　　D. 纳米比亚独立

二、读材料，回答问题

在东方的中国，有着与非洲共同的历史遭遇。周恩来说：“非洲人民是勤劳勇敢的，它的落后并不是自己造成的。”“西方的近代文明，在很大程度上，是依靠牺牲亚非国家取得的。”

问题：中国与非洲“共同的历史遭遇”主要指什么？

本章思维导图

王老师划重点

第十二章 美苏争霸下的世界秩序

- 冷战
  - 冷战的发生
    - 开始：1947年，杜鲁门主义的出台
    - 发展：马歇尔提出“欧洲复兴计划”
  - 德国分裂
    - 在英美法控制区建立“西德”
    - 在苏联控制区建立“东德”
  - 北约华约对峙：标志着两极格局正式形成
- 战后资本主义新变化
  - 欧洲的联合
    - 1967年，欧共体建立
    - 作用：加强欧洲合作
    - 欧盟：1993年，欧共体改名为欧盟
  - 美国和日本的崛起
    - 美国崛起原因：拓展市场，应用最新科技
    - 日本崛起原因：美国扶持，引进技术
  - 社会保障制度的建立
    - 西方建立“福利国家”
    - 美国制定《社会保障法》
- 社会主义的发展和挫折
  - 社会主义阵营力量的扩大
    - 经互会的建立
    - 中苏关系的巩固
  - 苏联的发展与改革
    - 赫鲁晓夫改革：集中在经济领域
    - 勃列日涅夫改革：集中在军事领域
  - 苏联解体
    - 原因
      - 体制僵化，社会矛盾尖锐
      - 戈尔巴乔夫改革失败
      - 美国的“和平演变”
    - 教训：改革不能急于求成，不能放弃党的领导
- 亚非拉国家的发展
  - 万隆会议（1955年）
  - 非洲独立年（1960年）
  - 收回巴拿马运河（1999年）

第十三章

多极化世界的新局势

1. 地球村的建立和完善

联合国的作用

“二战”结束前夕，在雅尔塔会议中，苏美英决定在战后成立联合国，以维护世界和平。1945 年 10 月，中国、法国、苏联、英国、美国以及大多数其他签字国批准了《联合国宪章》。1947 年，联合国大会正式将 10 月 24 日设为联合国日。

联合国设立安全理事会，负责联合国全权事务。安理会由中国、美国、苏联（后来为俄罗斯）、英国、法国担任常任理事国。五大常任理事国具有提案权和表决权，表决权必须全票一致通过才能执行，因此常任理事国具有很大的权力。

联合国总部设在美国纽约，办公经费由会员国按照国家大小、经济发展水平等指标进行摊派，美国既是联合国安理会常任理事国又是世界上最发达的国家，本应缴纳最多的会员费，但事实上，美国一直拖欠联合国会费。

美国很多行动都是绕过联合国进行的单边行动。例如，制裁伊朗、进攻伊拉克、干预叙利亚内政，都没有得到联合国授权，但其依然我行我素，于是拖欠会费也成了“情理之中”的事儿。

联合国成立之初，虽然一直被美国所操控，但依然发挥了重大的作用。例如，联合国派出的各国维和部队，维和部队负责维护动乱国家或者地区的秩序，并且提供人道主义的救助。中国曾多次派维和部队前往世界各地，履行维护世界和平的光荣义务。

此外，联合国在发展国家之间的友好关系；改善贫困地区人民的生活，战胜饥饿、疾病和扫除文盲，并鼓励各国尊重彼此的权利和自由；协调各国行动；评估气候变化、鼓励科学研究等方面都做出了重大的贡献。

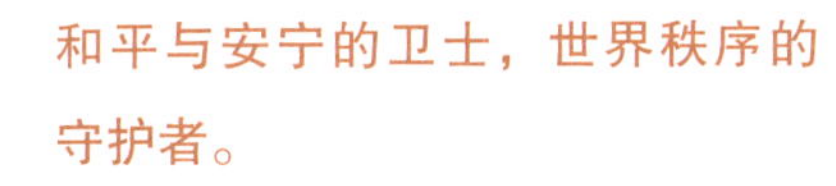

和平与安宁的卫士，世界秩序的守护者。

一、选择题

1948 年 5 月，第一次阿以战争爆发，联合国安理会通过了第 50（1948）号决议，决定设立联合国巴勒斯坦停战监督组织，这是联合国部署的第一次维和行动。截至 2017 年底，联合国总共实施了 71 项维和行动。这说明（　）。

A. 联合国有权干预国际上一切事务

B. 维和行动消除了地区霸权与冲突

C. 联合国致力维护国际和平与安全

D. 只有安理会才有权决定维和行动

二、读文思考

阅读本小节，回答联合国存在的积极作用。

2. 冷战后的世界格局

霸权主义和地区冲突

冷战结束后，世界整体趋向和平，但地区冲突依然存在。冷战时，美苏争霸犹如狮虎斗，同时他们也是丛林法则的制定者。苏联解体、东欧剧变以后，世界开始朝着多极化趋势发展，各个地区的民族矛盾、种族矛盾反而更加激烈了。

美国不仅没有制止各地的冲突，还成了很多地区冲突的挑起者。例如，1999 年，美国对南联盟共和国进行 78 天的大轰炸，南联盟的总统米洛舍维奇被美军逮捕，不久转交给国际法庭审判，2006 年，米洛舍维奇死在了监狱。

2003 年，美国又以伊拉克藏有“大规模杀伤性武器”为由，绕过联合国直接入侵伊拉克。同年伊拉克总统萨达姆被美军逮捕，三年后萨达姆被处以绞刑。最为戏剧性的是，2020 年时任美国总统特朗普说：“鲍威尔不是说伊拉克有‘大规模杀伤性武器’吗？他们没有，但是我们去打了一仗！”时隔 17 年伊拉克战争真相大白，伊拉克根本没有大规模杀伤性武器，美国才是罪魁祸首。

世界多极化趋势的发展

苏联解体后，两极格局终结。美国企图建立以自己为核心的“单极世界”，但随着日本、欧盟、中国、俄罗斯等国家和组织的崛起，美国的“单极世界梦”最终成了“镜中花，水中月”。

20世纪70年代，日本变成了世界第二大经济体，经济实力强大后，日本又想谋求政治大国的地位，虽然遭受到亚洲各国的反对，但日本的实力确实不容小觑，如今的日本已经成为一个名副其实的发达国家。

欧盟自成立以后，所有的资源都进行共享。例如，欧盟成员国可以在欧盟国家购买产品；欧盟各国人民到任何一个欧盟国家工作、学习、旅游都可以免签证；欧盟各国可以自由购买或出售欧盟房产；在欧盟旅游时，参与国的国民可以在任何欧盟国家都享受到医疗保健服务。经过若干年的发展，欧盟逐渐摆脱了对美国的依赖，在国际事务中发挥着日益重要的作用。

俄罗斯继承了苏联遗留下来的庞大工业设施和巨大的军事力量，以“战斗民族”自居。俄罗斯建国后，曾一度被国内垄断寡头所控制，直到出现了英雄式的领导人普京。普京以铁腕手段遏制了寡头，提高了国内民众的生活水平，也使俄罗斯再次自信地站上了世界的政治舞台。俄罗斯与中国签订《中俄睦邻友好合作条约》，中俄关系的和平、稳定，极大维护了世界和平，也有助于两国经济、文化、军事等领域的深度交流。

中国自改革开放以来，国民生产总值有了巨大的飞跃。2010年，经济总量超过了日本，稳居世界第二的宝座。中国作为世界上最大的发展中国家，资源丰富，幅员辽阔，中国人勤劳、善良、忠诚的品性深深感动着世界其他国家和地区的人民。

总之，当今世界正在朝“一超多强”的多极化趋势发展，世界多极化趋势有利于世界的和平与稳定。因为各种力量的平衡和制约，避免了新的世界大战的爆发，维护了世界和平与安全。

苏联陨灭，美国衰落，中国、日本、欧盟等势力崛起，世界又进入了一个大转型时期。

一、选择题

苏联解体后，日本、中国和俄罗斯等具备较强综合实力的国家，推动世界格局的发展方向是（　）。

A. 多极化趋势　　B. 金砖国家格局

C. 单极世界　　　D. 华盛顿体系

二、读文思考

阅读本小节，你认为在当今多极化趋势的世界浪潮中，中国应该如何做？

本章思维导图

王老师划重点

第十三章 多极化世界的新局势

联合国与国际安全
- 成立时间：1945年10月
- 地点：美国纽约
- 重要组织
  - 联合国大会
  - 安理会五大常任理事国（中国、美国、法国、苏联（后为俄罗斯）、英国）
- 国际安全组织：维和部队

冷战后世界格局
- 霸权主义和地区冲突
  - 时代主题：和平与发展
  - 威胁和平因素：霸权主义，民族主义
  - 美国霸权主义表现：2003年，美国对伊拉克发动军事行动
- 世界多极化趋势的发展
  - 欧盟成立，作用日益重要
  - 日本谋求政治大国地位
  - 中国综合国力增强
  - 广大第三世界国家成为重要力量